轨道交通法律法规

（第三版）

彭扬华　编著

中国铁道出版社有限公司

2024年·北　京

内 容 简 介

本书是一本理论与实际相结合的普法读本。全书共分为五章,主要包括法律基础、铁路运输合同、铁路安全生产、铁路交通事故应急救援和调查处理、危险品运输。

本书可作为铁路大中专院校铁路相关专业的法律基础教材,也可作为铁路站段职工培训基础教材。

图书在版编目(CIP)数据

轨道交通法律法规/彭扬华编著. —3 版. —北京:
中国铁道出版社有限公司,2024.8
ISBN 978-7-113-31228-2

Ⅰ.①轨… Ⅱ.①彭… Ⅲ.①铁路法-中国
Ⅳ.①D922.296

中国国家版本馆 CIP 数据核字(2024)第 091476 号

书　　名:轨道交通法律法规	
作　　者:彭扬华	

责任编辑:曾丽辰	编辑部电话:(010)63583273
封面设计:郑春鹏	
责任校对:苗　丹	
责任印制:高春晓	

出版发行:中国铁道出版社有限公司(100054,北京市西城区右安门西街 8 号)
网　　址:http://www.tdpress.com
印　　刷:三河市宏盛印务有限公司
版　　次:2012 年 3 月第 1 版　2024 年 8 月第 3 版　2024 年 8 月第 1 次印刷
开　　本:787 mm×1 092 mm　1/16　印张:10.75　字数:269 千
书　　号:ISBN 978-7-113-31228-2
定　　价:39.80 元

编　委　会

代　序

写在《轨道交通法律法规》再版时

很荣幸成为《轨道交通法律法规(第三版)》的编委,作为从事法律工作三十多年的法律工作者,特别是一直从事与铁路安全生产和经营相关的法律工作者,对本书感到很亲切。本书内容全面、实用,是一本具有较高指导价值的法律教材和工具书。

法治作为一种社会状态已经深入社会经济生活过程中,规范和改变社会经济生活。铁路作为国民经济的大动脉,在国家经济建设和人们生活中有着举足轻重的地位,地铁、轻轨、城际铁路等重要的交通工具影响着人们生活方式,相关法律、法规对规范有序地保障轨道交通的安全运营起着不可替代的作用。

法治的实现需要有完备的法律制度,包括立法、执法、司法、守法到法律监督等方面。法治是社会公正和公平的重要保障。法治的实行,有助于维护社会的公正和公平,保障公民的合法权益,防止违法行为的发生。在法治社会中,每一个公民都应有法治意识,相信法律、尊重法律、遵守法律、捍卫法律权威,这是建设法治社会、法治国家的重要基础。

《轨道交通法律法规》从 2012 年 3 月出版至今,已经是第三版。本书对强化法治建设、依法治企、安全管理起着重要的作用。

2024 年 6 月

第三版 前言
Qianyan

本书自 2012 年 3 月出版以来，被多所高等职业院校选作铁道类专业基础课教材。随着铁路体制改革和新的法律法规实施，我们组织相关人员在听取读者反馈信息后进行了第三次修订。

根据近几年法律法规修订情况，本次对第二章、第三章、第五章涉及民法、安全生产、城市轨道交通运营管理、危险化学品安全管理、铁路危险货物运输安全监督管理等内容进行了全面修订。由于社会主义法治建设的不断进步，相关法律法规的修订也在持续进行中，为适应不断变化的社会需求，我们本着在高等职业院校中普及法律法规知识，倡导学生做遵纪守法的新时代大学生，并为今后从业奠定相关法律法规基础。在编写过程中，我们注重所写内容通俗易懂，并结合法律条文与案例进行分析讲解。

由于时间仓促，有不完善之处，敬请广大读者批评指正，本书也借鉴引用一些专家学者的论著，并得到原广州铁路运输中级法院副院长许峻的指导和长沙轨道交通运营有限公司杨斌先生的大力支持，在此一并表示感谢。

编　者
2024 年 3 月

近年来大规模铁路建设,特别是高速铁路的建设与发展,使铁路安全管理面临许多新情况、新问题、新挑战。"安全责任大如天""安全工作压倒一切",提高安全意识很重要的一点是全面提高全路干部职工的法治意识和安全管理人员依法管理安全的工作能力,以适应铁路改革新形势的要求。

本书内容主要分为六章。第一章法律基础:介绍法律一般性入门知识。第二章铁路运输合同:介绍民法的基础知识,以及《中华人民共和国合同法》和《中华人民共和国铁路法》相关内容。第三章铁路安全生产:首先介绍安全生产法这个安全法规领域的基本法,然后分别介绍生产安全事故报告和调查处理条例、铁路安全管理条例等法规。第四章铁路交通事故处理:介绍铁路交通事故调查处理规则的主要内容与特点。第五章铁路交通事故应急救援:介绍铁路交通事故应急救援和调查处理条例及救援规则。第六章危险品运输:主要介绍危险化学品安全管理条例相关内容。

本书出版两年以来,得到了相关专家、领导和职业院校、现场单位的认可,而随着铁路体制的改革和《铁路安全管理条例》的实行,修订本书部分内容也成为必然。本书修订的内容主要有:第一版的第三章第五节涉及《铁路运输安全保护条例》的内容及第一版第五章第一节涉及《铁路运输安全保护条例》的内容在第二版调整为《铁路安全管理条例》对应的内容;添加附录,收录了铁路交通事故(设备故障)概况表、铁路交通事故基本情况表和铁路交通事故处理报告表三个报表样式,方便读者查阅。此外,对第一版中一些小的文字错误也进行了修订。

欢迎各位同仁和读者对本书提出批评和建议,以便在下一版的修订中更加完善。

编 者
2014 年 6 月

第一版 前言 *Qianyan*

安全是铁路运输的生命线，是运输生产永恒的主题，铁路运输安全不仅影响着铁路的生产效率和经济效益，也对社会政治和经济造成重大影响。在铁路运输业快速发展的同时，大量新技术、新设备的投入使用以及一些新的安全生产法规陆续出台，对铁路从业人员的专业素质提出了更高的要求，与此同时，由于我国经济与建设立法滞后，法制不够健全和完善，公民法治观念淡薄，守法意识不强等原因，经济活动中的违约、欺诈、拖欠贷款、恶意串通、合同陷阱等行为不断出现。铁路货物运输合同货损纠纷、铁路旅客运输合同人身损害赔偿纠纷以及铁路建设中其他各种法律纠纷大量增多，不仅影响了铁路企业的正常经营活动，而且严重损害了铁路企业的合法权益。这种状况在客观上就要求铁路企业及其从业人员要学会运用法律武器解决这些纠纷，掌握解决民事纠纷的基本常识和技巧。

本书作为湖南高速铁路职业技术学院自编教材曾在铁道运输系、社科系使用过两届，对教学工作收到了良好的效果。为了更好地用于教学，使本书更加紧密联系铁路运输生产实际，特邀请广州铁路运输中级法院政研室副主任陈雪梅、华南理工大学法学院许晓雨参与了本书的编写工作，并对本书作了案例补充。广州铁路运输中级法院许峻副院长审阅了全稿，并提出了宝贵建议。本教材参考了国内众多专家学者的研究资料，中国铁道出版社及长沙铁路西南铁运书店对本书的出版、发行给予了大力支持与帮助，在此一并表示感谢。

本教材可作为铁路大中专院校铁路相关专业的法律基础教材，也可作为铁路站段职工培训基础教材，是一本理论与实际相结合的普法读本。

由于时间仓促，作者水平有限等原因，难免有不足之处，敬请读者指正。

编 者
2012 年 2 月 8 日

目录
Mulu

第一章
法律基础

第一节 法的一般原理

一、法的起源

法律不是自古就有的,也不是永远存在的。原始社会没有法律,调整人们的关系和行为靠氏族习俗,这种习俗是全体氏族成员在长期的共同劳动中逐渐形成的,主要靠全体氏族成员的自觉遵守。随着经济的发展,人们生产出的产品,除了满足自己需要以外还有剩余,这样产生了物品交换,出现了社会大分工,而随着生产力的发展,原来的氏族习俗已无法调整这种关系,这时国家出现,调整人们之间新的关系的法律规范也就出现了。法律的产生开始是以习俗的形式出现的,后来逐步发展成为文字的形式。从开始的诸法合体,发展到当今的各法律部门详细地划分,经历了漫长的岁月。

现代社会由于政治、经济、文化活动的频繁,以及人与人之间、人与自然之间和人与社会之间关系的复杂,更需要法律发挥协调、平衡、规范、导向的作用。

二、法律的概念及特征

(一)法律的概念

法律有两种含义。广义的法律是指国家制定或认可的所有规范性文件的总和,包括国家最高权力机关制定的基本法,如《中华人民共和国宪法》《中华人民共和国刑法》等;也包括国家最高权力机关、最高行政机关及其所属部门、各级地方权力机关和行政机关制定的从属于法律的规范性文件。狭义的法律专指国家最高权力机关制定的规范性文件。安全生产法律、法规属于广义范畴。

(二)法律的特征

一般来说,法律、法规具有如下特征:

1. 权力性

法是国家制定或认可的,具有国家权力所表现的某些特征。法由国家制定或认可,表明法是一种社会规范,规定人们或社会可以做什么,不可以做什么,禁止做什么,具有普遍的约束力。

2. 强制性

法是由国家的强制力保证实施的。法的后盾是国家,国家是法的实施机关。法对国家内的所有人均具有约束力,必须强制实行,任何单位和个人均不得例外。

3. 规范性

法是一种社会规范。所谓社会规范是指社会模式、规则。人们在日常生活中有许多规范,法律规范便是其中之一。但法律规范是一种特殊的社会规范,不同于一般的社会规范。特殊性是指其具有规范性、概括性、可预测性的特点。规范性是指人们在一定情况下可以做什么或不应该做什么,也就是对人们的行为规定了模式、标准和方向;概括性是指法律规范的对象是一般的人、抽象的人,而且在同样的情况下是可以反复使用的;可预测性是指人们有可能预测到国家对自己的行为持什么态度,会产生怎样的法律后果,应承担什么样的法律责任。

三、法的作用

法的作用指法的规范作用,包含以下方面:

1. 指引作用:指法律具有指引人们如何行为的功能。
2. 评价作用:指法可以为人们提供判断、衡量他人行为是否合法或违法以及违法的性质和程度的标准。
3. 教育作用:指通过法的实施对人们今后行为可发生的某种影响。
4. 预测作用:指人们可以依据法律规范事先预计到人们相互间行为的结果。
5. 强制作用:指通过法的强制力来制裁、处罚违法犯罪行为,预防违法犯罪行为,增进全社会的安全感。

四、法的渊源

(一)法的渊源的表现形式

法的渊源仅指法的效力渊源。在我国,法的渊源是指我国国家机关制定的、具有不同效力和作用的法律的各种具体表现形式。主要形式有以下几点:

1. 宪法

宪法是由全国人民代表大会通过和修改的国家根本大法。在我国法的渊源体系中,宪法具有最高的法律地位和效力。

2. 法律

由全国人民代表大会和全国人民代表大会常务委员会分别制定和修改的法律,可分为基本法律和基本法律以外的法律两种。

3. 行政法规

行政法规是指国家最高行政机关即国务院制定的规范国家行政管理活动的一种规范性文件。

4. 地方性法规、自治条例和单行条例及规章

(1)地方性法规、自治条例和单行条例。地方性法规由省、自治区、直辖市的人民代表大会及其常务委员会根据本行政区域的具体情况和实际需要制定,但不得同宪法、法律、行政法规相抵触。民族自治地方的人民代表大会有权依照当地民族的政治、经济和文化的特点,制定自

治条例和单行条例。自治区的自治条例和单行条例,报全国人民代表大会常务委员会批准后生效。

(2)规章。规章分国务院部门规章和地方人民政府规章两种。

5. 国际条约

国际条约是指两个或两个以上国家关于政治、经济、贸易、文化、军事、法律等方面规定其相互间权利和义务的各种协议。

(二)法的渊源的效力等级

各种法的渊源都具有法的效力,但它们的效力等级又是有差别的。

1. 宪法具有最高的法律效力,一切法律、行政法规、地方性法规、自治条例和单行条例、规章都不得同宪法相抵触。

2. 法律的效力高于行政法规、地方性法规、规章。行政法规的效力高于地方性法规、规章。

3. 地方性法规的效力高于本级和下级地方政府规章,省、自治区的人民政府制定的规章的效力高于本行政区域内的较大的市的人民政府制定的规章。

4. 自治条例和单行条例依法对法律、行政法规、地方性法规作变通规定的,在本自治地方适用自治条例和单行条例的规定;经济特区法规根据授权对法律、行政法规、地方性法规作变通规定的,在本经济特区适用经济特区法规的规定。

5. 部门规章之间、部门规章与地方政府规章之间具有同等效力,在各自的权限范围内施行。

6. 特别规定优于一般规定、新的规定优于旧的规定的原则。同一机关制定的法律、行政法规、地方性法规、自治条例和单行条例、规章,特别规定与一般规定不一致的,适用特别规定;新的规定与旧的规定不一致的,适用新的规定。

五、法的分类

1. 根据法的创制和适用主体的不同,可分为国内法和国际法。
2. 根据法律效力、内容和制定程序的不同,可分为根本法和普通法。
3. 根据适用范围的不同,可分为一般法和特别法。
4. 根据法律规定内容的不同,可分为实体法和程序法。
5. 根据法律的创制和表达形式的不同,可分为成文法和不成文法(习惯法)。

六、法的效力

法的效力是指法具体生效的范围及法在适用对象、时间和空间三方面的效力范围。

(一)法的对象效力

1. 中国公民、法人或其他组织在中国领域内一律适用中国法,在国外仍受中国法的保护并履行中国法定义务,同时也遵守所在国的法。

2. 我国法律对外国的适用包括两种情况:

(1)在中国领域内的外国人,除享有外交特权、豁免权或法有另外规定者外,一律适用我国法律。

(2)外国人在中国领域外对中国或中国公民、法人犯罪,按中国刑法规定的最低刑为三年以上有期徒刑的,可适用中国刑法规定,但按犯罪地的法不受处罚的除外。

(二)法的空间效力

1. 有的法在全国范围有效。

2. 有的法在一定区域内有效。

3. 有的法具有域外效力。

(三)法的时间效力

法的时间效力是指法的效力的起止时限以及对其实施前的行为有无溯及力。

1. 法开始生效的时间:一是自公布之日起生效;二是公布后经过一段时间生效。

2. 法终止生效的时间:一是以新法取代旧法,使旧法终止生效;二是有些法完成了历史任务而自然失效;三是发布特别决议、命令宣布废止某项法;四是法本身规定了终止生效的日期。

注意:法的溯及力,指新法颁布后对它生效前所发生的事件和行为可加以适用的效力。法原则上不溯及既往,但法律有特别规定的除外。

第二节　我国法律规范

一、法律规范

法律规范是指国家机关制定或认可,反映统治阶级意志,并以国家强制力保证实施的行为规则。法律规范是构成法的"细胞"。一国的法就是该国全部法律规范的总和。

(一)法律规范的构成要素

1. 假定

假定也称之为适用条件部分。一个法律规范并非在任何条件下和任何情况下都能适用。适用某一法律规范,必须具备一定的条件或出现一定的情况。凡是规定何种条件或情况下可以适用该规范的那个部分,就是法律规范的适用条件部分。

2. 处理

处理即行为规则本身,也称之为行为模式部分。行为模式部分是法律规范的核心,为人们的行为提供一种模式和标准,即允许、禁止或要求主体作一定的行为或不作一定的行为。

3. 后果

法律后果是指主体的行为符合或违反该规范行为模式部分的要求将会产生的结局。这种法律后果大体上可以分为两类:一类是积极性的法律后果,即这种行为将得到法律的认可,保护乃至奖励;另一类是消极性的后果,即这种行为将得不到法律的承认、保护,有时甚至要予以撤销或制裁。

法律条文是法律规范的文字,法律规范是法律条文内涵的意思表示。法律规范与法律条文不具有一一对应关系。一般而言,法律规范由多个法律条文组成。

(二)法律规范的分类

法律规范是用以调整社会关系的。社会关系的复杂性,决定了法律规范的多样性。把多种多样的法律规范,根据一定的标准加以分类研究,有助于对法律规范性质、内容和特点的了解,这对正确制定和实施法律是很有意义的。

根据对主体的要求的性质,法律规范可以分为以下几方面:

1. 授权性规范

授权性规范是授予主体某种权利的法律规范。它既不规定主体必须作某种行为,也不规定主体不得作某种行为,而是赋予主体作或不作某种行为的可能性,至于是否作或不作这种行为,由主体自行抉择。表述这类规范多用"有权""可以""得"等字样。

2. 义务性规范

义务性规范是规定主体必须作某种行为的规范。法律条文中多用"义务""必须""应当"等字样。

3. 禁止性规范

禁止性规范是规定主体不得作某种行为的规范,多用"禁止""不得""不准"等字样。

二、我国法律体系

(一)法律体系的概念

法律体系是指由一国各个法律部门的现行法律规范所组成的有机统一整体。根据法律规范所调整的对象的性质以及调整方法的不同,法律规范可划分为若干个法律部门,这些法律部门互相配合和协调一致,从而形成一个有机统一的法律体系。

(二)法律部门的构成

根据法律规范所调整的社会关系的性质,通常是把调整同一类性质的社会关系的法律规范划分为一个法律部门。我国法律体系主要由以下几个法律部门构成:

1. 宪法及宪法相关法。
2. 民法商法。
3. 行政法。
4. 经济法。
5. 社会法。
6. 刑法。
7. 诉讼与非诉讼程序法。

三、我国立法体制和程序

立法是指我国国家机关依照其法定的职权和程序,制定、修改和废止法律文件以及认可法律规范的活动。

(一)立法体制

立法体制是指有关法的制定的权限划分所形成的制度。

立法体制的核心是立法权限的划分。我国于 2000 年 3 月 15 日第九届全国人民代表大会第三次会议通过的《中华人民共和国立法法》,并经 2015 年和 2023 年两次修订,将我国立法权限划分如下:

1. 全国人民代表大会制定和修改刑事、民事、国家机构和其他的基本法律。

全国人民代表大会常务委员会制定和修改除应当由全国人民代表大会制定的法律以外的其他法律;在全国人民代表大会闭会期间,对全国人民代表大会制定的法律进行部分补充和修改,但不得同该法律的基本原则相抵触。全国人民代表大会可以授权全国人民代表大会常务委员会制定相关法律。

2. 国务院根据宪法和法律,制定行政法规。

国务院有关部门认为需要制定行政法规的应当向国务院报请立项。

行政法规由国务院有关部门或者国务院法制机构具体负责起草,重要行政管理的法律、行政法规草案由国务院法制机构组织起草。行政法规在起草过程中,应当广泛听取有关机关、组织、人民代表大会代表和社会公众的意见。听取意见可以采取座谈会、论证会、听证会等多种形式。行政法规草案应当向社会公布,征求意见,但是经国务院决定不公布的除外。

3. 中央军事委员会根据宪法和法律,制定军事法规。

中央军事委员会各部、战区、军兵种、中国人民武装警察部队,可以根据法律和中央军事委员会的军事法规、决定、命令,在其权限范围内,制定军事规章。军事法规、军事规章在武装力量内部实施。

4. 省、自治区、直辖市的人民代表大会及其常委会根据本行政区域的具体情况和实际需要,在不同宪法、法律、行政法规相抵触的前提下,可以制定地方性法规。

设区的市的人民代表大会及其常务委员会根据本市的具体情况和实际需要,在不同宪法、法律、行政法规和本省、自治区的地方性法规相抵触的前提下,可以对城乡建设与管理、环境保护、历史文化保护等方面的事项制定地方性法规,法律对设区的市制定地方性法规的事项另有规定的,从其规定。设区的市的地方性法规须报省、自治区的人民代表大会常务委员会批准后施行。省、自治区的人民代表大会常务委员会对报请批准的地方性法规,应当对其合法性进行审查,同宪法、法律、行政法规和本省、自治区的地方性法规不抵触的,应当在四个月内予以批准。

5. 国务院各部、委员会、中国人民银行、审计署和具有行政管理职能的直属机构,可以根据法律和国务院的行政法规、决定、命令,在本部门的权限范围内,制定规章。

6. 民族自治地方的人民代表大会有权依照当地民族的政治、经济和文化的特点,制定自治条例和单行条例。自治区的自治条例和单行条例,报全国人民代表大会常务委员会批准后生效。自治州、自治县的自治条例和单行条例,报省、自治区、直辖市的人民代表大会常务委员会批准后生效。

7. 经济特区所在地的省、市的人民代表大会及其常务委员会根据全国人民代表大会的授权决定,制定法规,在经济特区范围内实施。

（二）立法程序

立法程序是指有关国家机关制定、修改和废止法律或其他法律规范的步骤和方法。

它通常包括四个步骤:提出法律议案、审议法律草案、通过法律和公布法律。

四、法的实施

法的制定和生效之后,就存在着实现的问题,也就是法的实施。法的实施是指法在社会生活中的具体运用和实现。法的实施主要包括法的执行、法的遵守和法的监督。

（一）法的执行

法的执行,简称执法,从广义上说,是指国家行政机关、司法机关及其公职人员,依照法定职权和程序,具体实施法律的活动。从狭义上说,是指国家行政机关在行使职权过程中,贯彻和实施法律的活动,本书在此采用广义的解释,即包括行政执法和司法。

1. 行政执法,是指国家行政机关(包括中央人民政府和地方各级人民政府)在行使行政管理的过程中,组织、贯彻、实施宪法和法律的活动。

行政执法原则包含以下方面:

(1)依法行政原则

依法行政原则要求执法主体的设立及其职权的设定必须有法律依据,执法行为必须合法,执法程序必须符合法律要求。

(2)执法合理原则

执法合理原则要求行政机关的执法活动必须符合立法的目的,最大限度地尊重公民的权利和自由,尽可能考虑公民的便利,做到适宜、适当、合理、公正。

(3)执法效率原则

执法效率原则要求行政机关在对社会实行组织和管理的具体活动中,做到迅速、及时、准确、有效。

2. 司法,是指司法机关依照法定职权和程序,运用法律处理案件的专门活动。

(1)特征

①主体为国家的司法机关。在我国,人民法院和人民检察院行使国家司法权(审判权和检察权)。

②职权法定。司法机关依法处理案件,只有司法人员才能行使司法职权,其他任何机关、组织、个人无权行使。

③程序法定。司法机关处理案件必须依法定职权严格按照法定程序进行,不得违反法定程序办案。

④以国家强制力为后盾。司法机关依法作出的各种裁判一经生效,对有关当事人就具有法律约束力,必须切实执行,如果拒不执行判决或裁定,司法机关可依法强制执行。

(2)基本要求

司法的基本要求是正确、合法、及时。

(二)法的遵守

1. 守法

(1)法的遵守

法的遵守,是指一切国家机关、武装力量、各政党和社会团体、各企业事业单位和全体公民,都必须遵守法律的规定,严格依法办事。

(2)守法的基本要求

①在主体上,要求一切组织和一切个人都必须遵守法律。不仅一切国家机关、武装力量、政党、社会团体、企业事业单位、集体组织和全体公民都要守法,而且在我国领域内的外国组织、外国人和无国籍人也必须守法。

②在范围上,要求遵守国家机关制定的所有规范性法律文件和非规范性法律文件。

③在内容上,要求正确享用法定权利,切实履行法定义务,与一切违法犯罪行为作斗争。

2. 违法

(1)违法的含义

违法是相对守法而言的,是指国家机关、企业事业单位、社会团体或者公民因违反法律规定,致使法律所保护的社会关系和社会秩序遭受破坏,依法应承担法律责任的行为。

（2）违法的构成

违法应当包括下列条件：

①侵害了法律所保护的社会关系和社会秩序。其具体表现可能是物质的，如国家、集体对公共财产的所有权、公民的财产权等；也可能是非物质的，如公民的人身权和知识产权等。

②行为人具有违反法律规定的行为及其由这种行为所造成的后果。单纯的思想或意识活动，并不能构成违法。

③违法的主体必须是具有法定责任能力和行为能力的自然人、法人或其他社会组织。

④行为人在主观上是出于故意或过失。

案例点击

20××年×月×日上午，为切实加强秋冬森林防火工作，××镇开展森林防火巡逻，发现有村民王某在山上烧草木灰且没有采取任何安全措施，对森林防火造成严重的安全隐患。护林员和村干部立即上前劝阻，但王某非但不听还拿锄头威胁工作人员。无奈，工作人员只好拨打了报警电话。接到报警后，××派出所民警立即赶至现场，对王某做进一步的思想教育，劝说其不要继续烧草木灰消除隐患。没想到王某对民警的劝说也是置若罔闻，仍然一意孤行，甚至在劝阻过程中对民警恶语相向、拳脚相加。在民警反复警告无果后，现场出警人员对王某采取强制措施。最终，王某因阻碍人民警察依法执行职务被县公安局给予行政拘留处罚。

试分析本案中村民王某违法行为的构成要件。

村民王某违法行为构成的四要件：违法行为侵害客体；违法行为以及该行为造成的后果；违法主体的责任能力和行为能力；行为人的主观上心理状态。

（3）违法的类型

按照违法行为的具体性质、危害程度和所承担的法律责任的不同，违法行为可分为：

①刑事违法。

②民事违法。

③行政违法。

④经济违法。

⑤违宪。

3. 法律制裁

实施违法行为的责任人应当承担相应的法律责任，国家机关依照法律规定对其实施相应的法律制裁。法律制裁包括民事制裁、行政制裁和刑事制裁。

（三）法的监督

法执行的基本要求是正确、合法、及时，那么一旦法的执行出现偏差如何处理呢？在这种情况下，要加强法的监督才能使法的执行完全地正确、合法、及时。

法的监督是指国家机关、社会组织和公民对各种法律活动的合法性依法所进行的监察和督促。

1. 国家机关的监督

国家机关的监督包括国家权力机关的监督、国家行政机关的监督和国家司法机关的监督。

(1)国家权力机关的法律监督,是指各级人民代表大会及其常务委员会对法的创制和实施活动的合法性的监督。

(2)国家行政机关的监督包括上级行政机关对下级机关、政府各部门之间、行政机关对企业事业单位和公民执行遵守法律、法规等活动的合法性所进行的监督。

(3)国家司法机关的监督包括检察监督和审判监督。

2. 社会监督

社会监督是社会力量对法的创制和实施活动的合法性、合理性所进行的监督。它与国家机关监督密切相关,相辅相成,是我国法律监督体系的重要组成部分。其具体包括社会组织的监督、新闻舆论的监督和人民群众的监督等。

(1)社会组织的监督包括工会、共青团、妇联组织等人民团体以及群众性的专门性、学术性团体所进行的监督,主要形式是建议、批评、申诉、控告和举报等。

(2)新闻舆论的监督主要是通过报纸、杂志、广播、电视等新闻媒体,经过自己的调查和了解,将行政执法和司法过程中出现的违法失职行为和不公正现象公之于众,督促有关机关对此予以纠正。

(3)人民群众的监督可以采用各种形式进行,如向国家机关的信访人员和机关写信面谈或向有关国家机关建立的举报中心举报;直接向司法机关和其他机关申诉、控告等。同时,各级干部还可直接同群众见面,举行现场办公会,倾听人民群众的意见和建议,接受人民群众的监督。

第三节　安全生产法律基础

一、安全生产法规的概念与特征

(一)安全生产法规的概念

安全生产法规是指调整在生产过程中产生的同劳动者或生产人员的安全与健康,以及生产资料和社会财富安全保障有关的各种社会关系的法律规范的总和。安全生产法规是国家法律体系中的重要组成部分。人们通常说的安全生产法规是指对有关安全生产的法律、规程、条例、规范的总称。例如,全国人民代表大会和国务院及有关部委、地方政府颁发的有关安全生产、职业安全卫生、劳动保护等方面的法律、规程、决定、条例、规定、规则及标准等,均属于安全生产法规范畴。

安全生产法规有广义和狭义两种解释。广义的安全生产法规是指我国保护劳动者、生产者和保障生产资料及财产安全的全部法律规范。这些法律规范都是为了保护国家、社会利益和劳动者、生产者的利益而制定的,例如,关于安全生产技术、安全工程、工业卫生工程、生产合同、工伤保险、职业技术培训、工会组织和民主管理等方面的法规。狭义的安全生产法规是指国家为了改善劳动条件,保护劳动者在生产过程中的安全和健康,以及保障生产安全所采取的各种措施的法律规范。例如,劳动安全卫生规程,对女工和未成年工劳动保护的特别规定,关于工作时间、休息时间和休假制度的规定,关于劳动保护的组织和管理制度的规定等。安全生产法规的表现形式是国家制定的关于安全生产的各种规范性文件,可以表现为享有国家立法的机关制定的法律,也可以表现为国务院及其所属的部、委员会发布的行政法规、决定、命令、指示、规章以及地方性法规等,还可表现为各种劳动安全卫生技术规程、规范和标准。

安全生产法规是党和国家的安全生产方针政策的集中表现,是上升为国家和政府意志的一种行为准则。它以法律的形式规定人们在生产过程中的行为准则,规定什么是合法的,可以去做;什么是非法的,禁止去做;在什么情况下必须怎样做,不应该怎样做等,用国家强制性的权力来维护企业安全生产的正常秩序。因此,有了各种安全生产法规,就可以使安全生产工作做到有法可依、有章可循。谁违反了这些法规,无论是单位或个人,都要负法律责任。

(二)安全生产法规的特征

安全生产法规是国家法规体系的一部分,因此具有法的一般特征。

我国安全生产法律制度的建立与完善,与党的安全生产政策有密切的关系。这种关系就是政策,就是法规的依据,就是法规政策的条文化。

随着我国法治建设的发展,有关安全生产方面的法律、法规已逐步完善,用法治的手段来维护企业的安全生产秩序,保证国家安全生产的目的,已成为现实和发挥重要的作用。

我国安全生产法规具有以下特点:

1. 保护的对象是劳动者、生产经营人员、生产资料和国家财产。

2. 安全生产法规具有强制性的特征。

3. 安全生产法规涉及自然科学和社会科学领域,因此,安全生产法规既具有政策性特点,又有科学技术性特点。

二、安全生产法规的本质与作用

(一)安全生产法规的本质

安全生产工作的最基本任务之一是进行安全生产法治建设,即以法律、法规来规范企业经营者与政府之间、劳动者与经营者之间、劳动者与劳动者之间、生产过程与自然界之间的关系,把国家保护劳动者的生命安全与健康,生产经营人员的生产利益与效益,以及保障社会资源和财产的需要、方针、政策具体化、条文化。通过制定法律、法规,建立起一套完整的、符合我国国情的、具有普遍约束力的安全生产法律规范,以使企业的生产经营行为及其过程有法可依、有章可循。我国的安全生产法规已初步形成一个以宪法为依据的,由有关法律、行政法规、地方性法规和行政规章、技术标准组成的综合体系。制定和发布这些法规的国家机关不同,其形式和效力也不同。这是一个多层次的、依次补充和相互协调的立法体系。

在现行的安全生产法规体系中,除法律、法规外,为数众多的是国务院有关部门和省、自治区、直辖市人民政府在其职权范围内制定和发布的行政规章。这些行政规章,是依据法律、法规的规定,就安全生产管理和生产专业技术问题作出的实施性或补充性的规定,具有行政管理法规的性质。此外,县级以上人民政府及政府部门,还制定和发布了大量的从属性规范性文件,如实施办法、细则、通知等。这些行政规章和从属性、规范性的文件,是对安全生产法律、法规的重要补充,是贯彻实施法律、法规,建立安全生产工作秩序的必要依据。

（二）安全生产法规的作用

安全生产法规的作用主要表现在以下几个方面：

1. 为保护劳动者的安全与健康提供法律保障

我国的安全生产法规是以搞好安全生产、工业卫生、保障职工在生产中的安全、健康为目的的。它不仅从管理上规定了人们的安全行为规范，也从生产技术上、设备上规定实现安全生产和保障职工安全与健康所需的物质条件。多年来，安全生产工作实践表明，切实维护劳动者安全与健康的合法权益，单靠思想政治教育和行政管理是不够的，不仅要制定出各种保证安全生产的措施，而且要强制人人都必须遵守规章，尊重自然规律、经济规律和生产规律，尊重群众，保证劳动者得到符合安全与卫生要求的劳动条件。

2. 加强安全生产的法治化管理

安全生产法规是加强安全生产法治化管理的章程，很多重要的安全生产法规都明确规定了各个方面加强安全生产、安全生产管理的职责，推动了企业对劳动保护工作的重视，把这项工作摆在领导和管理的重要议事日程。

3. 指导和推动安全生产工作，促进企业安全生产

安全生产法规反映了保障生产正常进行、保护劳动者在生产过程中的安全与健康所必须遵循的客观规律，对企业搞好安全生产工作提出了明确要求。同时，由于它是一种法律规范，具有法律约束力，要求人人都要遵守，对整个安全生产工作的开展具有用国家强制力推行的作用。

4. 提高生产力，保证企业效益的实现和国家经济建设的顺利发展

安全生产是关系到企业切身利益的大事，通过安全生产立法，使劳动者的安全与健康得以保障，职工能够在符合安全与卫生要求的条件下从事劳动生产，激发劳动积极性和创造性，从而促使劳动生产率的大大提高。同时，安全生产技术法规和标准的遵守和执行，必然提高生产过程的安全性，使生产效率的实现得到保障，从而提高企业的生产效率和效益。

安全生产法律、法规对生产的安全卫生条件提出与现代化建设适应的强制性要求，使企业在生产经营决策上，以及在技术、装备上，采取相应措施，以改善劳动条件、加强安全生产为出发点，加速技术改造的步伐，推动社会生产力的发展和提高企业生产力的水平。

在我国的现代化建设过程中，安全生产法规以法律形式，协调人与人之间、人与自然之间的关系，维护生产的正常秩序，为劳动者提供安全、卫生的劳动条件和工作环境，为生产经营者提供可行、安全可靠的生产技术和条件，从而推动生产力的发展，促进国家现代化建设的顺序进行。

三、安全生产法律体系

安全生产法律体系是一个包含多种法律形式和法律层次的综合性系统，从法律规范的形式和特点来讲，既包括作为整个安全生产法律法规基础的宪法规范，也包括行政法律规范、技术性法律规范、程序性法律规范。按法律地位及效力同等原则，安全生产法律体系分为以下七个门类：

（一）宪法

宪法是安全生产法律体系框架的最高层级，"加强劳动保护，改善劳动条件"是有关安全生产方面最高法律效力的规定。

（二）安全生产方面的法律

1. 基础法

我国有关安全生产的法律包括《中华人民共和国安全生产法》和与其平行的专门法律和相关法律。《中华人民共和国安全生产法》是综合规范安全生产法律制度的法律，适用于所有生产经营单位，是我国安全生产法律体系的核心。

2. 专门法律

专门安全生产法律是规范某一专业领域安全生产法律制度的法律。我国在安全生产专业领域的法律有《中华人民共和国矿山安全法》（以下简称《矿山安全法》）、《中华人民共和国海上交通安全法》（以下简称《海上交通安全法》）、《中华人民共和国消防法》（以下简称《消防法》）、《中华人民共和国道路交通安全法》（以下简称《道路交通安全法》）。

3. 相关法律

与安全生产有关的法律是指安全生产专门法律以外的其他法律中涵盖有安全生产内容的法律，如《中华人民共和国劳动法》《中华人民共和国建筑法》《中华人民共和国煤炭法》《中华人民共和国铁路法》《中华人民共和国民用航空法》《中华人民共和国工会法》《中华人民共和国全民所有制工业企业法》《中华人民共和国乡镇企业法》《中华人民共和国矿产资源法》等。还有一些与安全生产监督执法工作有关的法律，如《中华人民共和国刑法》《中华人民共和国刑事诉讼法》《中华人民共和国行政处罚法》《中华人民共和国行政复议法》《中华人民共和国国家赔偿法》《中华人民共和国标准化法》等。

（三）安全生产行政法规

安全生产行政法规是由国务院组织制定并批准公布的，是为实施安全生产法律或规范安全生产监督管理制度而制定并颁布的一系列具体规定，是我们实施安全生产监督管理和监察工作的重要依据。我国已颁布了多部安全生产行政法规，如《国务院关于特大安全事故行政责任追究的规定》和《铁路安全管理条例》等。

（四）地方性安全生产法规

地方性安全生产法规是指由有立法权的地方权力机关——人民代表大会及其常务委员会和地方政府制定的安全生产规范性文件，是由法律授权制定的，是对国家安全生产法律、法规的补充和完善，以解决本地区某一特定的安全生产问题为目标，具有较强的针对性和可操作性。

（五）部门安全生产规章

地方政府安全生产规章，根据《中华人民共和国立法法》的有关规定，部门规章之间、部门规章与地方政府规章之间具有同等效力，在各自的权限范围内施行。

国务院部门安全生产规章，由有关部门为加强安全生产工作而颁布的规范性文件组成。从部门角度可划分为：交通运输业、化学工业、石油工业、机械工业、电子工业、冶金工业、电力工业、建筑业、建材工业、航空航天业、船舶工业、轻纺工业、煤炭工业、地质勘探业、农村和乡镇工业、技术装备与统计工作、安全评价与竣工验收、劳动保护用品、培训教育、事故调查与处理、职业危害、特种设备、防火防爆和其他部门等。部门安全生产规章作为安全生产法律法规的重要补充，在我国安全生产监督管理工作中起着十分重要的作用。

地方政府安全生产规章一方面从属于法律和行政法规，另一方面又从属于地方法规，并且不能与它们相抵触。

（六）安全生产标准

安全生产标准是安全生产法规体系中的一个重要组成部分，也是安全生产管理的基础和监督执法工作的重要技术依据。安全生产标准大致分为设计规范类；安全生产设备、工具类；生产工艺安全卫生；防护用品类四类标准。

（七）已批准的国际劳工安全公约

国际劳工组织自1919年创立以来，一共通过了185个国际公约和为数较多的建议书，这些公约和建议书统称国际劳工标准，其中70％的公约和建议书涉及职业安全卫生问题。我国政府为国际性安全生产工作已签订了国际性公约，当我国安全生产法律与国际公约有不同时，应优先采用国际公约的规定（除保留条件的条款外）。

四、安全生产法律运行机制

实现企业的安全生产目标，需要通过工程技术的对策、教育的对策和管理的对策来完成。管理的对策中包含行政、法制、经济、文化等手段。显然，法治对策是保障安全生产的重要手段之一。国家的安全生产法治对策是通过法规、制度、监察、指导、监督等手段来实现的。

（一）落实安全生产责任制度

安全生产责任制度就是明确企业一把手是安全生产的第一责任人；管生产必须管安全；全面综合管理，不同职能机构有特定的安全生产职责。如一个企业，要落实安全生产责任制度，需要对各级领导和职能部门制定出具体的安全生产责任，并通过实际工作得到落实。

（二）实行强制的国家安全生产监察

国家安全生产监察就是指国家授权行政部门设立的监察机构，以国家名义并运用国家权力、对企业、事业和有关机关履行安全生产职责、执行劳动保护政策和安全生产法规的情况，依法进行的监督、纠正和惩戒工作，是一种专门监督，是以国家名义依法进行的具有高度权威性、公正性地监督执法活动。

（三）推行行业的综合专业化安全管理

这是指行业的安全生产管理要围绕着行业安全生产的特点需要，在技术标准、行业管理条例、工作程序、生产规范，以及生产责任制度方面进行全面的建设，实现专业化安全管理的目标。

（四）依靠工会发挥群众监督作用

群众监督是指在工会的统一的领导下，监督企业、行政和国家有关劳动保护、安全技术、工业卫生等法律、法规、条例的贯彻执行情况；参与有关部门制定安全生产和安全生产法规、政策的制定；监督企业安全技术和劳动保护经费的落实和正确使用情况；对安全生产提出建议等方面。

复习思考题

1. 什么是法律？法律有哪些特征？
2. 在我国，法的渊源主要有哪些？
3. 我国法律规范如何分类？
4. 行政执法原则与司法的特征是什么？

5. 如何加强法的监督才能使法的执行完全地正确、合法、及时？

6. 安全生产法规的概念与特征是什么？

7. 安全生产法规的作用是什么？

8. 按法律地位及效力同等原则，安全生产法律体系分为哪些门类？

第二章
铁路运输合同

第一节　民法基础

人一出生,首先涉及是家庭关系、父母子女关系、抚养教育与监护代理关系等;而人又是社会的人,自然不可避免地与社会发生关系,于是有了人身权和财产权等社会关系。即使人离开了人世,也与社会、家庭有着各种各样的关系,如婚姻关系的消灭和财产关系的继承。总之,人时时刻刻都与平等地位的其他组织和个人发生各类的财产关系和人身关系,所有这些平等主体之间关系都属于本章民法的范畴。

民法与其他的法律一样,是一定经济基础的上层建筑。与其他的法律部门相比,民法与经济基础(生产关系)更为密切,更为直接。民法是社会经济生活的法律表现,所以恩格斯认为民法准则只是以法律形式表现了社会的经济生活条件。

一、民法的概念和调整对象

1. 民法的概念

民法一词历史悠久,来源于古罗马时期的"市民法",主要内容是调整自然人之间关系的民事规范。后来民法成为世界各国法律体系中的一个独立的法律部门。

我国是到清朝末年才制定民律的草案。1986 年 4 月 12 日第六届全国人民代表大会第四次会议通过并于 1987 年 1 月 1 日起施行《中华人民共和国民法通则》。1988 年针对《中华人民共和国民法通则》施行过程中的一些问题,最高人民法院印发《关于贯彻执行〈中华人民共和国民法通则〉若干问题的意见(试行)》的通知。2020 年 5 月 28 日,《中华人民共和国民法典》(以下简称《民法典》)由第十三届全国人民代表大会第三次会议正式通过。《民法典》被称为"社会生活的百科全书",是新中国成立以来第一部以"法典"命名的法律,也是新时代我国法治建设的重大成果。《民法典》在中国法律体系中具有重要地位,是一部固根本、稳预期、利长远的基础性法律,对推进全面依法治国、加快建设法治国家,对发展社会主义市场经济、巩固社会主义基本经济制度,对坚持以人民为中心的发展思想、依法维护人民权益、推动我国人权事业发展,对推进国家治理体系和治理能力现代化都具有重大意义。

《民法典》主要内容包括总则、物权、合同、人格权、婚姻家庭、继承和侵权责任以及附则共 7 编 84 章,1260 条,于 2021 年 1 月 1 日起施行,《中华人民共和国婚姻法》《中华人民共和国继承法》《中华人民共和国民法通则》《中华人民共和国收养法》《中华人民共和国担保法》《中华人民共和国合同法》《中华人民共和国物权法》《中华人民共和国侵权责任法》《中华人民共和国民法总则》同时废止。

民法指调整平等主体的自然人、法人和非法人组织之间的人身关系和财产关系的法律规范的总称。

2. 分类

从两种意义上理解民法的概念。

(1)从广义上理解,民法是指所有的民事法律规范,包括《民法典》《中华人民共和国专利法》《中华人民共和国商标法》《中华人民共和国著作权法》等单行的民事法律和众多的民事法律规范、条例以及其他法律中的民事条款。

(2)从狭义上理解,民法专指《民法典》。

3. 民法的调整对象

《民法典》第二条明确地规定了我国民法的调整对象——调整平等主体的自然人、法人和非法人组织之间的人身关系和财产关系。这是对民法调整对象的科学定义,包含了3个要素:

(1)平等主体

平等主体是指当事人参加民事活动时法律地位是平等的,不存在领导和被领导、服从和命令的关系。

财产关系是因物而发生的人与人之间的关系,而人身关系是因与人有关的某些方面的条件而发生的社会关系,两者看来差别很大,为什么民法把它集合在一起作为自己的调整对象?因为民法在调整社会关系中,都有平等的属性。在具体的民事法律关系中,当事人平等的享有权利,平等的承担义务。

案例点击

李某(女)在网上看到某公司招聘销售经理的信息,认为自己的各项条件均符合其工作所需,于是在网上投递了简历。确认某公司收到简历后,李某一直没有等来该公司的回复,于是打电话询问应聘情况。工作人员答复说,他们的销售经理职位仅招男性,因为需要出差。李某告知该公司自己完全可以胜任出差,于是不甘心又到招聘现场去应聘,依然被以同样理由拒绝。李某认为,销售经理职位并非只有男性才可胜任,该公司仅因自己是女性就拒绝,给自己的身心带来极大伤害。案例中,该公司的行为侵害了李某的平等就业权,因此李某有权通过法律途径维护其合法权益。

---

(2)财产关系

财产关系是指人们在占有、支配、交换和分配物质财富过程中所形成的具有经济内容的社会关系。

财产关系是建立在平等、自愿的基础上,且大多是等价有偿的,体现在民法的所有权、使用权、经营权、知识产权、继承权等。财产关系包括财产的流转关系和财产的所有关系(但并非一切财产关系都由民法来调整)。

所有关系是前提,也是结果。流转关系是手段。流转关系主要体现为债的法律关系。所有关系体现为物权的绝对的法律关系。随着社会的发展,法律开始不仅仅关注静态的安全,更关注动态的安全。商品经济社会中,法律更注重商品的流通,而不是商品的归属。

(3)人身关系(人身非财产关系)

人身关系是指与人身不可分离而以特定精神利益为内容的社会关系。它基于一定的人格和身份而产生,不具有直接经济内容。

"人"是指人格,"身"是指身份。民法调整人身关系的规定,要分别就人格权和身份权作出,表现在生命健康权、姓名权、名誉权、肖像权、著作权、发明权等。人身权由民法确认后,仅由权利人自己享有,不可转让和继承(特别规定外)。

人格关系是每一个主体对自己的人格利益所拥有的,体现作为一个主体属性的人格利益。而身份关系是主体与主体之间的一种特别的联系,法律往往认为要做一个严格的界定。而且从社会发展的情况来看,法律上承认的身份关系越来越少。因为身份关系意味着要把两个特定的主体或多个特定的主体绑在一起,那必然会造成对当事人的自由的一种限制。

随着社会的发展,人类对自身属性的不断发掘,人格利益的部分越来越拓展。隐私权的保护以及隐私权的内容的拓展都体现了这样的一种价值观。

人身关系本身虽然不直接反映与财产关系之间的联系,但是有些人身关系往往是特定财产关系发生的前提。例如,身份关系的存在是继承财产的前提;对人身权的侵害也给民事主体带来直接的财产损失。

二、民法的基本原则

法律原则是指普遍适用于该法律调整范畴的基准性法律规范。这种原则性法律规范既是能引导出相应法律规范的依据,又是法律推理、法律推定所依赖的前提。法律的基本原则是指集中体现法律的特征和法律属性本质的,居于主导其他原则和法律制度地位的原则性法律规范。

民法的基本原则是民法的社会主义性质和我国社会的客观经济规律在民法中的集中体现,是民事立法、司法工作以及民事活动必须遵循的基本准则。

我国民法的基本原则有以下几点:

(一)平等原则

平等原则是民法的核心原则,也是宪法中自然人在法律面前一律平等原则的具体体现。国家对民事领域的干预,也不得违背这一原则。平等原则要求如下:

1. 任何当事人都只能以平等主体的资格参与民事活动。不得因职业、身份、年龄、民族、宗教信仰等方面的不同或所有制性质和经济实力的差异而处于特权地位。

2. 当事人平等地享受民事权利和承担民事义务。没有无义务的权利,也没有无权利的义务。

3. 当事人的民事权利平等地位受法律保护,即在适用法律上不得因民事主体的不同有任何特殊。

(二)自愿原则

自愿是指民事主体可以按照自己的判断设定自己的权利义务。在民事活动中,尊重当事人的自由选择,让当事人按照自己的真实意愿确定民事法律关系。自愿原则表现为财产自由原则、婚姻自由原则、契约自由原则、遗嘱自由原则等方面。

(三)公平原则

公平原则是指民事主体应依据社会公认的公平观念从事民事活动,合理确定各方的权利和义务,维持当事人之间的利益平衡。公平原则主要体现在以下方面:

1. 当事人的权利与义务的平衡。当事人之间设立的权利与义务应当是平衡的。但在合同关系中,公平不能要求绝对等价,即当事人主观上愿以此给付换取对方给付,即为公平合理。其判断依据一般采用主观等值原则,至于客观上是否等值,在所不问。

民事主体在精神利益关系上,也应贯彻公平原则。例如,共同的作品、发明、发现的署名先后,应当以贡献大小为序。

2. 当事人承担的民事责任的平衡。例如,在适用过错责任原则的情况下,当事人根据过错的大小,各自承担相应的责任。

法律规定,在一定情况下适用无过错责任原则。例如,从事高度危险作业,造成他人损害时,不论从事高度危险作业者有无过错,都应当承担民事责任,体现了对弱者的保护。

3. 风险负担的平衡。在合同履行过程中,有时会发生意外风险,风险损失应当由哪一方负担,应当根据公平原则确定。例如,在一般情况下,所有权转移,风险即随之转移。

这里需要注意,平等原则注重的是地位平等与形式平等,而公平原则注重的是结果公平与实质公平。

(四)诚信原则

诚信原则是诚实信用的简称,是指当事人在民事活动中应当真诚相待,恪守信用,不允许尔虞我诈、弄虚作假,用不正当的手段牟取利益。其主要体现在以下方面:

1. 要求当事人言而有信,遵守已经达成的协议,保护对方的合理期待。

2. 善意并尽合理的告知义务与披露义务。

3. 任何一方不得以不合理的方式导致另一方的不利益。

4. 以公平合理的方式,调整当事人之间的不合理与不公平的权利义务。

例如,假借订立合同,恶意进行磋商,导致他人丧失商业机会;或者故意隐瞒与订立合同有关的重要事实或者提供虚假情况,如建筑施工企业谎报资质等级,超出其实际资质等级许可的范围,订立施工合同等。

(五)守法原则

守法原则是指民事主体从事民事活动,不得违反法律。这不仅包括民法,还包括其他法律、行政法规的强制性规定。

(六)公序良俗原则

公序良俗原则是公共秩序和善良风俗的简称,是指民事主体的行为应遵守公共秩序,符合善良风俗,不得违反国家的公共秩序与社会的一般道德。公共秩序是指社会的存在及其发展所必要的一般秩序,包括经济秩序、政治秩序、生活秩序等。善良风俗是指社会的存在及其发展所必需的一般道德。作为民法基本原则的善良风俗,是将人们应当遵守的最低限度的道德法律化。

案例点击

　　欧先生与妻子陈女士结婚多年育有两女，因感情不和长期分居，分居期间欧先生和雷女士以夫妻名义同居，并且在生前立遗嘱将房产归雷女士一人继承。欧先生因病去世后，雷女士便凭该遗嘱诉至法院，要求继承房产。

　　但是在庭审中，陈女士提出，房产是他们夫妻婚内共同财产，与雷女士无关。而雷女士与欧先生长期以夫妻名义同居生活是违背社会道德的，也已涉嫌重婚罪。关于房产的份额，陈女士强调，该房产她享有50%的份额，欧先生所有部分应由她和女儿继承，与雷女士无关。

　　问题：雷女士能否继承欧先生的遗产？

　　法院认为，遗嘱虽系欧先生的真实意思表示，但违反了法律规定和社会公序良俗，损害了社会公德，破坏了公共秩序，应属无效。夫妻之间忠实义务是最基本的义务，配偶将夫妻共同财产擅赠情人，无论是婚内赠予，还是立遗嘱由情人继承，在法律上都将归于无效。

（七）绿色原则

绿色原则是指民事主体从事民事活动，应当有利于节约资源，保护生态环境。绿色原则的提出，传承了天地人和、人与自然和谐共生的传统文化理念。这一原则呼应了绿色发展的时代主题，有利于制止浪费资源、损害生态环境的行为。但对谁来评判当事人的行为是否符合绿色原则、行为的法律效力如何、怎样提出异议等，这些都还有待于进一步的司法实践和学理研究来加以完善。

此外，处理民事纠纷，应当依照法律；法律没有规定的，可以适用习惯。习惯是指在一定地域、行业范围内长期为一般人从事民事活动时普遍遵守的民间习俗、惯常做法等，但是不得违背公序良俗，适用习惯也不得违背法律的基本原则。另外，其他法律对民事关系有特别规定的，依照其规定。

三、民事主体

民事法律关系是指由民事法律规范调整的具有民事权利义务内容的社会关系。任何法律关系都是由主体、客体和内容所构成的。民事法律关系也不例外。

民事法律关系主体可以按照不同的标准予以划分，按其享有权利和承担义务的区别，分为权利主体和义务主体。我国的民事主体主要包括自然人、法人和非法人组织三大类。

（一）自然人

自然人是指依自然规律出生而取得民事主体资格的人。

1. 自然人的民事权利能力

（1）自然人的民事权利能力的概念

自然人的民事权利能力是指法律确认的享受民事权利和承担民事义务的资格。这种资格是自然人、法人和非法人组织能够从事民事活动，实际取得民事权利、承担民事义务的先决条件。因此，民事权利能力是任何民事主体所必须具有的前提条件；否则，不能成为民事主体。

（2）自然人的民事权利能力的开始及终止

①自然人的民事权利能力的开始。自然人的民事权利的开始是指自然人从什么时候起取得享有民事权利能力。

自然人的民事权利能力开始于出生。

《民法典》第十三条规定，自然人从出生时起到死亡时止，具有民事权利能力，依法享有民事权利，承担民事义务。可见，自然人的民事权利能力始于出生。自然人出生的认定理论上有多种观点，如"阵痛说""露出说""初声说""独立呼吸说"等。一般认为，出生应具备两个要件，一为"出"，二为"生"。按照当代医学公认的出生标准，民事实践中通常认为，胎儿脱离母体并能独立呼吸就有了独立的生命。可见，我国采纳的是独立呼吸说的标准。

案例点击

邻家有女初长成。其母记得 5 月 28 日生下该女，医院的接生簿上记载为 5 月 29 日；医院出具的出生证明上记载的是 5 月 30 日；当地派出所的户口本记载为 5 月 31 日。请问该女法定出生时间为哪一日？

案例分析：出生时间为 5 月 30 日。《民法典》第十五条规定，自然人的出生时间以出生证明为准；没有出生证明的，以户籍登记或者其他有效身份登记记载的时间为准。有其他证据足以推翻以上记载时间的，以该证据证明的时间为准。

《民法典》第十六条规定，涉及遗产继承、接受赠予等胎儿利益保护的，胎儿视为具有民事权利能力。但是胎儿娩出时为死体的，其民事权利能力自始不存在。

自然人的民事权利能力一律平等。

②自然人民事权利能力的终止。自然人的民事权利能力终于死亡。

死亡，在法律上有两种：一是自然死亡，二是宣告死亡。

自然死亡，亦称生理死亡，指自然人生命绝对消灭。确定死亡的具体时间，以医学上公认的死亡时间为准。现代医学主张停止呼吸、心脏停止跳动后、脑细胞死亡，生命完全终结时为自然死亡的标志。由于医学的发展出现了人体器官保持动作的方法，遂有脑细胞死亡说为标准的趋势。

宣告死亡，亦称法律推定死亡，指自然人失踪一定期限后，依照民事诉讼程序对他作出的法律推定死亡。

两种死亡，同样引起自然人的民事权利能力终止，使婚姻法律关系消灭，遗产继承人开始动作。

（3）宣告失踪与宣告死亡

①宣告失踪。宣告失踪是指关于自然人下落不明达到法定的期限，经利害关系人申请，人民法院依照法定程序宣告其为失踪人的一项制度。

《民法典》规定，宣告失踪的条件有以下几条：

a. 自然人下落不明满二年。下落不明是指自然人持续不间断地没有音讯的状态。自然人下落不明的时间自其失去音讯之日起计算。战争期间下落不明的，下落不明的时间自战争结束之日或者有关机关确定的下落不明之日起计算。日期无法确定的,由人民法院认定。

b. 利害关系人向人民法院申请。利害关系人指在法律上与失踪人有利害关系的亲属和其他民事主体,如配偶、子女、父母、祖父母、外祖父母、兄弟姐妹以及债权人、债务人等。利害关系人没有进行失踪宣告申请的,不能作失踪宣告。

c. 由人民法院依据法定程序进行宣告。

《民法典》第四十二条规定,失踪人的财产由其配偶、成年子女、父母或者其他愿意担任财产代管人的人代管。代管有争议的,没有前款规定的人,或者前款规定的人无代管能力的,由人民法院指定的人代管。

《民法典》第四十三条规定,财产代管人应当妥善管理失踪人的财产,维护其财产权益。失踪人所欠税款、债务和应付的其他费用,由财产代管人从失踪人的财产中支付。财产代管人因故意或者重大过失造成失踪人财产损失的,应当承担赔偿责任。

《民法典》第四十四条规定,财产代管人不履行代管职责、侵害失踪人财产权益或者丧失代管能力的,失踪人的利害关系人可以向人民法院申请变更财产代管人。财产代管人有正当理由的,可以向人民法院申请变更财产代管人。人民法院变更财产代管人的,变更后的财产代管人有权请求原财产代管人及时移交有关财产并报告财产代管情况。

《民法典》第四十五条规定,失踪人重新出现,经本人或者利害关系人申请,人民法院应当撤销失踪宣告。失踪人重新出现,有权请求财产代管人及时移交有关财产并报告财产代管情况。

②宣告死亡。宣告死亡即法律推定死亡,指自然人下落不明达到法定期限,经利害关系人申请,人民法院经过法定程序在法律上推定失踪人死亡的一项民事制度。《民法典》规定,宣告死亡的条件有以下几条:

a. 下落不明满四年。

b. 因意外事件,下落不明满二年。

被宣告死亡的人重新出现,由本人或者利害关系人申请,人民法院应当撤销死亡宣告。撤销后,本人的民事权利能力即恢复正常,有权请求返还其财产。依照继承取得他们的财产的自然人或者组织,应当返还原物;原物不存在的,给予适当补偿。被宣告死亡的人的婚姻关系,自死亡宣告之日起消除。死亡宣告被撤销的,婚姻关系自撤销死亡宣告之日起自行恢复。但是,其配偶再婚或者向婚姻登记机关书面声明不愿意恢复的除外。此外,被宣告死亡的人在被宣告死亡期间,其子女被他人依法收养的,在死亡宣告被撤销后,不得以未经本人同意为由主张收养行为无效。

完全民事行为能力人,在被宣告死亡期间实施的民事法律行为,当然有效。

2. 自然人的民事行为能力

(1)自然人的民事行为能力的概念

自然人的民事行为能力,是指自然人能够以自己的行为行使民事权利、承担民事义务的资格。

(2)自然人的民事行为能力的类型

按自然人年龄、精神健康及智力状况的不同,民事行为能力分为以下三种:

①完全民事行为能力。完全民事行为能力是指自然人能够独立实施民事行为,行使民事

权利和承担民事义务的能力。

十八周岁以上的自然人为成年人。十六周岁以上的未成年人并以自己的劳动收入为主要生活来源的,视为完全民事行为能力人。

具有完全民事行为能力的自然人可以独立实施民事行为、独立享有民事权利、独立承担民事义务、独立承担民事责任,并具有独立诉讼行为能力。

②限制民事行为能力。限制民事行为能力是指因不能完全辨认自己的行为意义、性质以及后果,自然人仅享有独立实施法律所限定的民事法律行为的能力。限制民事行为能力的自然人有两类,即八周岁以上的未成年人与不能完全辨认自己行为的成年人。这类成年人不能完全辨认自己的行为,是指自然人对自己行为的意义、性质和后果具有一定识别和判断能力,但这种能力并没有达到完全正常的水平。

限制民事行为能力的自然人,可以独立实施纯获利益的民事法律行为或者与其年龄、智力、精神健康状况相适应的民事法律行为。其他的民事法律行为,须由其法定代理人代理或者经其法定代理人同意、追认,才具有法律效力。

③无民事行为能力。无民事行为能力是指因完全不能辨认自己的行为意义、性质以及后果,自然人不具有独立实施民事法律行为的能力。无民事行为能力的自然人有三类,即不满八周岁的未成年人、不能辨认自己行为的成年人以及不能辨认自己行为的八周岁以上的未成年人。无民事行为能力人由其法定代理人代理实施民事法律行为。

需要说明的是,按年龄划分的行为能力类别,无须申请、认定或宣告。但是,不能辨认或者不能完全辨认自己行为的成年人,须由其利害关系人或者有关组织,向人民法院申请认定该成年人为无民事行为能力人或者限制民事行为能力人。

3. 监护

(1)监护的概念

监护是指对无民事行为能力人或限制民事行为能力人的人身、财产及其他合法权益进行监督和保护。

监护人和被监护人的含义:履行监督和保护的人称为监护人;被监督和保护的人称为被监护人。

(2)监护人的设立

①法定监护,就是监护人由法律直接规定而设置的监护。其中,未成年人的监护人,《民法典》第二十七条规定,父母是未成年子女的监护人。未成年人的父母已经死亡或者没有监护能力的,由下列有监护能力的人按顺序担任监护人:祖父母、外祖父母;兄、姐;其他愿意担任监护人的个人或者组织,但是须经未成年人住所地的居民委员会、村民委员会或者民政部门同意。《民法典》第三十二条规定,没有依法具有监护资格的人的,监护人由民政部门担任,也可以由具备履行监护职责条件的被监护人住所地的居民委员会、村民委员会担任。

对于无民事行为能力、限制民事行为能力的成年人,《民法典》第二十八条规定,其监护人由下列有监护能力的人按顺序担任监护人:配偶;父母、子女;其他近亲属;其他愿意担任监护人的个人或者组织,但是须经被监护人住所地的居民委员会、村民委员会或者民政部门同意。

②遗嘱监护。被监护人的父母担任监护人的,可以通过遗嘱指定监护人。

③协议监护。依法具有监护资格的人之间可以协议确定监护人。协议确定监护人应当尊重被监护人的真实意愿。

④指定监护。对监护人的确定有争议的,由被监护人住所地的居民委员会、村民委员会或者民政部门指定监护人,有关当事人对指定不服的,可以向人民法院申请指定监护人;有关当事人也可以直接向人民法院申请指定监护人。

⑤意定监护。具有完全民事行为能力的成年人,可以与其近亲属、其他愿意担任监护人的个人或者组织事先协商,以书面形式确定自己的监护人。协商确定的监护人在该成年人丧失或者部分丧失民事行为能力时,履行监护职责。

(3)监护人的主要职责。保护被监护人的人身、财产等合法权益;代理进行民事活动和民事诉讼活动;对被监护人给他人造成的损害承担民事责任;进行管理和教育,关心照顾被监护人的生活。

监护人依法履行监护的权利,受法律保护。监护人如果不履行监护职责或者侵害被监护人的合法利益应当承担责任;给被监护人造成财产损失的,应当赔偿损失。

案例点击

2018年11月,张某(13岁)在就读六年级期间无故离开学校,期间未曾返校继续学习。镇人民政府于2019年10月30日依法向张某之母王某下达了"责令送被监护人接受义务教育通知书",责令王某于2019年11月5日前送张某返校接受义务教育,后王某仍未将张某送返学校。镇人民政府向法院提起诉讼以维护张某的合法权益。

案例分析:不重视子女教育问题,不让适龄子女接受义务教育的行为,不但背离法定监护人职责,同时也违反了义务教育法的规定。法院通过巡回审判、现场调解、法治宣传等形式,让监护人认识到不送适龄子女上学是一种违法行为,应依法承担法律责任,切实保障适龄儿童、少年的受教育权。最后法院依法适用简易程序审理了本案,在法庭主持下,双方当事人自愿达成调解协议。王某于2019年11月13日送张某返校继续接受九年义务教育。

4. 个体工商户和农村承包经营户

(1)个体工商户

①个体工商户的概念。自然人从事工商业经营,经依法登记,为个体工商户。

②个体工商户主体资格的取得。申请从事个体工商业经营的自然人,应当持所在地户籍证明及其他有关证明,向当地工商行政管理机关申请登记,经县级工商行政管理机关核准领取营业执照后,才具有个体工商户的主体资格。

(2)农村承包经营户

①农村承包经营户的概念。农村集体经济组织的成员,依法取得农村土地承包经营权,从事家庭承包经营的,为农村承包经营户。

②农村承包经营户的民事主体资格的取得。农村集体经济组织的成员只要与该农村集体

经济组织签订承包合同,取得经营权,开展家庭经营活动的就取得农村承包经营户的民事主体资格。

(二)法人

1. 法人的概念和种类

(1)法人的概念

法人是具有民事权利能力和民事行为能力,依法独立享有民事权利和承担民事义务的组织。

(2)法人的种类

根据不同的标准,可以将法人分为不同的种类。按照法人的成立目的,法人包括营利法人、非营利法人和特别法人。

①营利法人。以取得利润并分配给股东等出资人为目的成立的法人,为营利法人。营利法人包括有限责任公司、股份有限公司和其他企业法人等。

②非营利法人。为公益目的或者其他非营利目的成立,不向出资人、设立人或者会员分配所取得利润的法人,为非营利法人。非营利法人包括事业单位、社会团体、基金会、社会服务机构等。

③特别法人。机关法人、农村集体经济组织法人、城镇农村的合作经济组织法人、基层群众性自治组织法人,为特别法人。

2. 法人的民事权利能力

(1)法人的民事权利能力

①法人的民事权利能力的概念。法人的民事权利能力,是指法人作为民事主体,参加民事活动,享有民事权利和承担民事义务的资格。

法人的成立应当具备如下条件:

a. 依法成立。

b. 有必要的财产或者经费。

c. 有自己的名称、组织机构和场所。

d. 法律规定的其他条件。例如《中华人民共和国公司法》规定,设立公司必须依法制定公司章程、设立人应符合法定人数等。

②法人的民事权利能力的特点。法人的民事权利能力的特点是相对于自然人而言的。法人属社会组织体,其人格是比照自然人的人格由法律拟定的。但它们的民事权利能力却因一个是自然人体,一个是社会组织,而各不相同。其主要表现如下:

a. 民事权利能力的开始与终止不同。法人的民事权利能力从法人成立时产生,到法人依法被撤销、解散、宣告破产或因其他原因终止时消灭;自然人的民事权利能力始于出生,终于死亡。

b. 民事权利能力的范围不同。法人民事权利能力的范围,除包括的一般民事活动范围外,只限于批准、登记、章程规定以及法律准许的特定业务范围。在这些范围之外,它没有民事权利能力。自然人广泛享有的权利,如生命权、健康权、继承权以及婚姻家庭方面的人身权利和财产权利,法人不能享有。反之,法人专门享有的某些权利,如法人组织机构权、一定范围内的名称专用权,自然人则不得享有。

c. 法人的民事权利能力各有不同。法人因其设立的目的、业务范围的不同,而各有不同的民事权利能力。例如,企业法人与机关、事业单位法人的民事权利能力就各不相同;自然人的民事权利能力,除因公职而受有限制外,则不分差异,而一律平等。

(2)法人的民事行为能力

①法人的民事行为能力的概念。法人的民事行为能力是指法人以自己的行为独立进行民事活动,取得民事权利并承担民事义务的能力。

②法人的民事行为能力的特点。与自然人相比,法人民事行为能力的特点主要有以下方面:

a. 法人的民事行为能力和民事权利能力同时发生,同时消灭。法人一经设立,在获得民事权利能力的同时,就具有了民事行为能力,就得以自己的民事行为能力进行各种事宜和生产经营活动,这与自然人的民事行为能力必须有所划分的情况截然不同。

b. 法人的民事权利能力和民事行为能力在范围上一致。法人的民事行为能力的范围,不能超出其民事权利能力所限定的范围。不同法人的民事行为能力,因民事权利能力的差异而有所不同。而自然人的民事行为能力,除有所划分之外,没有这种"一致"和"差异"。

(三)非法人组织

1. 非法人组织的概念与种类

非法人组织是不具有法人资格,但是能够依法以自己的名义从事民事活动的组织。

非法人组织包括个人独资企业、合伙企业、不具有法人资格的专业服务机构等。

2. 非法人组织的特征及解散

(1)非法人组织的特征

①依法以自己的名义从事民事活动。

②依法成立。

③有一定的组织机构。非法人组织可以确定一人或者数人代表该组织从事民事活动。

④有一定的财产或者经费。

⑤不具有独立承担民事责任的能力。非法人组织的财产不足以清偿债务的,其出资人或者设立人承担无限责任。法律另有规定的,依照其规定。

(2)有下列情形之一的,非法人组织解散:

①章程规定的存续期间届满或者章程规定的其他解散事由出现。

②出资人或者设立人决定解散。

③法律规定的其他情形。

非法人组织解散的,应当依法进行清算。

四、民事法律行为和代理

(一)民事法律行为

1. 民事法律行为的概念、有效条件和形式

(1)民事法律行为的概念

民事法律行为是民事主体通过意思表示设立、变更、终止民事法律关系的行为。

(2)民事法律行为的有效条件

根据《民法典》的规定,具备下列条件的民事法律行为有效:

①行为人具有相应的民事行为能力。

②意思表示真实。

③不违反法律、行政法规的强制性规定，不违背公序良俗。

任何一种民事法律行为，必须同时具备以上三个条件，才能有效，也才能产生相应的法律效力和法律后果。此外，民事法律行为还应符合法定形式。

（3）民事法律行为的形式

民事法律行为的形式是指行为人做出意思表示的方式。其主要包括以下形式：

①口头形式。口头形式是指行为人采用当面交谈、电话协商等谈话的方式进行的意思表示。除法律明确规定不能使用口头形式的外，一般的民事法律行为均可采取口头形式。

②书面形式。书面形式是指行为人采用合同书、信函、电报、传真等书面文字进行的意思表示。

书面形式又可分为一般书面形式和特殊书面形式。一般书面形式必须有当事人签名、盖章才具有法律效力；特殊书面形式还须经过公证、鉴证、审批核准或登记后才生效。

③推定形式。推定形式是指行为人通过有目的、有意义的积极行为，使他人可以推断出其内心的意思。例如，房屋租期届满后，出租人继续接受承租人交纳的房租，即可推断出双方已作出延长租期的意思表示。

④默示形式。默示形式是指行为人没有进行任何积极行为，而从他的沉默中认定他已作了某种意思表示。例如，继承开始后，继承人放弃继承的，应在遗产处理前，作出放弃继承的表示。没有表示的，视为接受继承。

2. 无效民事行为和可撤销的民事行为

（1）无效民事行为

无效民事行为是指不具备民事法律行为的有效条件，从而不能产生行为人预期的民事法律后果的行为。无效民事行为的类型如下：

①无民事行为能力人实施的。

②限制民事行为能力人依法不能独立实施的。

③行为人与相对人以虚假的意思表示实施的民事法律行为无效。

④行为人与相对人恶意串通，损害他人合法权益的民事法律行为无效。

⑤违反法律、行政法规的强制性规定的民事法律行为无效。但是，该强制性规定不导致该民事法律行为无效的除外。

⑥违背公序良俗的民事法律行为无效。

无效的民事行为，从行为开始起就没有法律约束力。

（2）可撤销的民事行为

可撤销的民事行为是指已经成立，因为意思表示不真实或者其他法定原因，行为人有撤销权的民事法律行为。可撤销的民事行为的种类如下：

①行为人对行为内容有重大误解的。即行为人因对行为的性质、对方当事人、标的物的品种、质量、规格和数量等的错误认识，使行为的后果与自己的意思相悖，并造成较大损失的行为。

②显失公平的民事行为。即一方当事人利用优势或利用对方没有经验，致使双方的权利义务明显违反公平、等价有偿原则的行为。

③受欺诈而实施的民事法律行为。

④受胁迫而实施的民事法律行为。

（3）对无效民事行为和可撤销的民事行为的处理

《民法典》及有关法律的规定，民事法律行为无效、被撤销或者确定不发生效力后，会产生以下法律后果：

①自始无效。民事法律行为无效、被撤销或者确定不发生效力后，自始无效，即该无效的后果追溯至行为成立时。

②返还财产。民事法律行为无效、被撤销或者确定不发生效力后，行为人因该行为取得的财产，应当予以返还；不能返还或者没有必要返还的，应当折价补偿。

③赔偿损失。民事法律行为无效、被撤销或者确定不发生效力后，有过错的一方应当赔偿对方由此所受到的损失；各方都有过错的，应当各自承担相应的责任。法律另有规定的，依照其规定。

（二）代理

1. 代理的概念

代理是指代理人在代理权限范围内，以被代理人的名义与第三人进行民事活动，由此产生的民事权利义务直接归属被代理人的一种法律制度。

2. 代理的特征

（1）代理行为具有法律意义的行为，即代理人的活动能够为被代理人与第三人之间引起一定的民事权利和民事义务关系的确立、变更或者终止。

（2）代理人以被代理人的名义进行代理活动。

（3）代理人在代理权限范围内独立进行的意思表示。

（4）代理行为产生的民事权利和义务直接由被代理人承担。

3. 代理的适用范围

（1）代理各种民事法律行为。《民法典》第一百六十一条第 1 款规定，民事主体可以通过代理人实施民事法律行为。代理广泛适用于各类民事法律行为，民事法律行为除法律另有规定外，一般均可代理，如代签合同。

（2）代理申请、申报行为。例如，代理专利申请、商标注册、缴纳税款、代理法人登记等。

（3）代理诉讼行为。在民事诉讼、刑事诉讼、行政诉讼中的原告、被告、第三人等，均可聘请律师或法律许可的人员作为代理人参与诉讼。

但并非一切民事法律行为都可适用代理，《民法典》第一百六十一条第 2 款规定，依照法律规定、当事人约定或者民事法律行为的性质，应当由本人亲自实施的民事法律行为，不得代理。

4. 代理的种类

（1）委托代理

委托代理是指代理人根据被代理人的委托授权而进行的代理。委托代理以委托授权为基础，是一种单方法律行为，只需要被代理人一方的意思表示，就能发生授权的效力。

（2）法定代理

法定代理是指代理人根据法律的直接规定而产生的代理。它主要适用于被代理人为无民事行为能力人或者限制民事行为能力人的情况。

5. 代理的终止

(1)委托代理的终止

有下列情形之一的,委托代理终止:

①代理期限届满或者代理事务完成。

②被代理人取消委托或者代理人辞去委托。

③代理人丧失民事行为能力。

④代理人或者被代理人死亡。

⑤作为代理人或者被代理人的法人、非法人组织终止。

(2)法定代理的终止

有下列情形之一的,法定代理终止:

①被代理人取得或者恢复完全民事行为能力。

②代理人丧失民事行为能力。

③代理人或者被代理人死亡。

④法律规定的其他情形。

五、民事权利

(一)人格权

人格权是指民事主体专属享有,以人格利益为客体,为维护民事主体独立人格所必备的固有民事权利。自然人的人身自由、人格尊严受法律保护。自然人享有生命权、身体权、健康权、姓名权、肖像权、名誉权、荣誉权、隐私权、婚姻自主权等权利。法人、非法人组织享有名称权、名誉权和荣誉权。法律特别规定,侵害英雄烈士等的姓名、肖像、名誉、荣誉,损害社会公共利益的,应当承担民事责任。

个人信息权利是公民在现代信息社会享有的重要权利,承载着信息主体的人格利益,也与信息主体的其他人身、财产利益密切相关,因此《民法典》规定,自然人的个人信息受法律保护。任何组织或者个人需要获取他人个人信息的,应当依法取得并确保信息安全,不得非法收集、使用、加工、传输他人个人信息,不得非法买卖、提供或者公开他人个人信息。

身份权是民事主体因某种行为或者某种身份而取得的人身权利。《民法典》第一百一十二条规定,自然人因婚姻家庭关系等产生的人身权利受法律保护;第一百二十八条规定,法律对未成年人、老年人、残疾人、妇女、消费者等的民事权利保护有特别规定的,依照其规定。

(二)财产权

《民法典》规定财产权利平等保护的原则,即民事主体的财产权利受法律平等保护。不同的民事主体对其所享有的财产权利,享有平等地位,适用规则平等和法律保护平等的民法原则。财产权利的内容涵盖物权、债权、知识产权、继承权、股权和其他投资性权利、其他财产权利与利益。

1. 物权是对物的权利,是一种财产权。法律规定,民事主体依法享有物权。

物权是权利人依法对特定的物享有直接支配和排他的权利,包括所有权、用益物权和担保物权。物包括不动产和动产。法律规定权利作为物权客体的,依照其规定。法律特别提出物权的种类和内容,由法律规定的物权法定原则,因此出现为了公共利益的需要,依照法律规定的权限和程序征收、征用不动产或者动产的情况,应当给予公平、合理的补偿。

2. 债权是因合同、侵权行为、无因管理、不当得利以及法律的其他规定,权利人请求特定义务人为或者不为一定行为的权利。民事主体依法享有债权。

六、民事责任

(一)民事责任的概念

1. 民事责任是民事主体因为违反民事义务或侵犯他人的民事权利依法应承担的一种法律后果。这说明,发生民事责任是以存在法律规定或当事人约定的民事义务为前提。没有民事义务就没有民事责任,但并不是指负有义务就必然承担民事责任,它只存在于违反民事义务或侵犯他人的民事权利的事实而发生。

2. 民事责任是法律规定违法行为人对受害人承担的责任。这是由民法调整的社会关系的平等性决定的。

3. 民事责任的范围与违法行为造成的权利损害相适应。即造成财产上的损失的,适用财产责任形式;造成非财产的损失,则适用非财产的责任形式。造成财产上的损失的,要根据损失的大小来确定承担民事责任的范围。

(二)民事责任的种类

当责任人为二人以上时,根据责任人之间的关系不同,可分为按份责任、连带责任和补充责任。

1. 按份责任,是指在责任人为多人的情况下,各责任人按照一定的份额各自分别向债权人承担民事责任,各责任人之间无连带关系。即某一责任人承担了自己的份额后,其他人是否承担了各自的责任,与其无关。实践中,凡法律没有直接规定或者当事人没有明确约定责任种类的情况下,都适用按份责任。

2. 连带责任,是指责任人为多人时,每个人都负有清偿全部债务的责任,各责任人相互之间有连带关系。在连带责任中,每个责任人都负有对外不分份额、不分先后次序地根据权利人的请求,承担全部或部分义务的责任。当然,承担了超过自己应当承担份额的责任人有权向其他责任人行使追偿权。连带责任的承担,必须有法律的明确规定或当事人事先作出的约定为前提。

3. 补充责任,是指在应当承担赔偿责任的责任人自己的财产不足以给付时,由与其有关的人依法对不足部分予以补充的责任。《民法典》第一千一百八十八条第 2 款规定,有财产的无民事行为能力人、限制民事行为能力人造成他人损害的,从本人财产中支付赔偿费用;不足部分,由监护人赔偿。

(三)民事责任的承担方式

1. 停止侵害。

2. 排除妨碍。

3. 消除危险。

4. 返还财产。

5. 恢复原状。

6. 修理、重作、更换。

7. 继续履行。

8. 赔偿损失。

9. 支付违约金。

10. 消除影响、恢复名誉。

11. 赔礼道歉。

法律规定惩罚性赔偿的，依照其规定。这些承担民事责任的方式，可以单独适用，也可以合并适用。因当事人一方的违约行为，损害对方人身权益、财产权益的，受损害方有权选择请求其承担违约责任或者侵权责任。

（四）民事责任例外

《民法典》规定，不可抗力、正当防卫、紧急避险、紧急救助等情形下造成一方当事人受到损害的，当事人另一方可减轻或免除民事责任，因保护他人民事权益使自己受到损害的，由侵权人承担民事责任，受益人可以给予适当补偿。没有侵权人、侵权人逃逸或者无力承担民事责任，受害人请求补偿的，受益人应当给予适当补偿。

第二节 合同基础与运输合同

一、合同概念和特征

（一）合同的概念

合同是民事主体之间设立、变更、终止民事法律关系的协议。

婚姻、收养、监护等有关身份关系的协议，适用有关该身份关系的法律规定；没有规定的，可以根据其性质参照适用《民法典》相关规定。

（二）合同的特征

合同具有以下法律特征：

1. 合同是一种双方法律行为，必须以双方当事人意思表示的一致（即合意）为其成立的条件。单独行为不构成合同。

2. 合同的目的在于设立、变更、终止特定当事人之间的债权债务关系。

3. 合同只能是合法行为。合同双方当事人必须依照或符合法律规范的要求而达成协议，不能违反法律规定。

4. 合同双方当事人处于完全平等的法律地位。在合同关系中当事人法律地位平等是其自由表达意志的前提和保障。

（三）典型合同

典型合同在市场经济活动和社会生活中应用普遍。《民法典》规定的典型合同包括买卖合同，供用电、水、气、热力合同，赠与合同，借款合同，保证合同，租赁合同，融资租赁合同，保理合同，承揽合同，建设工程合同，运输合同，技术合同，保管合同，仓储合同，委托合同，物业服务合同，行纪合同，中介合同，合伙合同等，此外还有准合同里的无因管理和不当得利等内容。

二、合同的订立和效力

（一）合同订立的程序

作为一种双方法律行为，我国《民法典》规定，当事人订立合同，可以采取要约、承诺方式或者其他方式。订立合同的一般过程就是要约、承诺的方式，除此之外，还有其他特殊的方式，如招标投标、拍卖等。

1. 要约

要约是希望与他人订立合同的意思表示，该意思表示应当符合下列条件：

(1)内容具体确定。

(2)表明经受要约人承诺，要约人即受该意思表示约束。

要约可以撤回，撤回要约的通知应当在要约到达受要约人之前或者与要约同时到达受要约人。注意要约与要约邀请的不同。

2. 承诺

承诺是受要约人同意要约的意思表示。承诺生效时合同成立，但是法律另有规定或者当事人另有约定的除外。承诺成立应具备以下条件：

(1)承诺须由受要约人或者其代理人向要约人作出。

(2)承诺是受要约人同意要约的意思表示。

(3)承诺必须在规定的期限内到达要约人。

(4)承诺的方式必须符合要约的要求。

《民法典》规定，当事人采用合同书形式订立合同的，自当事人均签名、盖章或者按指印时合同成立。法律、行政法规规定或者当事人约定合同应当采用书面形式订立，当事人未采用书面形式但是一方已经履行主要义务，对方接受时，该合同成立。

(二)合同的主要条款

合同的主要条款，是指合同所必须具备的共同性条款，它是合同双方当事人权利义务的具体体现，是合同的主要内容，是合同能否有效成立的主要条件。合同应具备以下主要条款：

1. 当事人的姓名或者名称和住所。这是确定当事人的情况，确定其是否具有签订合同资格的条款。

2. 标的。标的是指合同当事人双方权利义务共同指向的对象。由于合同种类不同，标的也不同，可以是实物，也可以是某个项目、劳务活动或智力成果等。

3. 数量。数量是衡量标的大小、多少、轻重的尺度，是标的的具体化。标的数量是通过计量单位和计量方法来衡量的，必须使用国家法定计量单位，统一计量方法。

4. 质量。质量是指标的内在素质和外观形态。合同必须明确质量标准。有国家或行业强制性质量标准的，必须执行强制性标准。国家没有统一规定的，由双方当事人协商。

5. 价款或者报酬。这是当事人一方向交付标的方支付的表现为货币的代价。合同的价格条款，除国家规定必须执行国家定价的以外，由当事人协商议定。

6. 履行期限、地点和方式。履行期限是合同履行的时间界限，是享有权利一方要求对方履行义务的时间依据，是确定合同按时履行或迟延履行的客观标准。履行地点是指交付或获取标的物的地点。履行方式则是指当事人采取什么方式履行合同。合同的履行方式取决于标的的性质，不同性质的标的，有不同的履行方式，履行方式与履行地点又相互联系。

7. 违约责任。这是指因当事人一方或双方的过错，造成合同不能履行或不能完全履行而过错方必须承担的责任。订立违约责任条款的目的，是为了维护合同的严肃性，督促当事人切实履行合同。违约责任，一般可依据有关法律规定来确定，也可由当事人依法约定。

8. 解决争议的方法。合同争议的解决有协商、调解、仲裁和诉讼四种方法。当事人双方可在签订合同时协商选择,并将选择的方法以条款形式写入合同,也可在争议发生后就解决办法达成协议。

（三）无效合同和可撤销合同

合同双方当事人就合同主要条款协商一致,合同即告成立。但合同成立并不意味合同一定能生效,合同成立后,能否发生法律效力,取决于合同是否具备了生效条件。合同的生效要件主要有:当事人要具有民事行为能力;当事人意思表示真实;不违反法律强制性规定和社会公共利益。

欠缺合同生效要件的合同往往不发生法律效力,主要有无效合同和可撤销合同。

1. 无效合同

无效合同是指欠缺合同生效要件,经法律确定的完全不发生法律效力的合同。无效合同有以下几种:

（1）一方以欺诈、胁迫手段订立的损害国家利益的合同。

（2）恶意串通,损害国家、集体或者第三人利益的合同。

（3）以合法形式掩盖非法目的的合同。

（4）损害社会公共利益的合同。

（5）违反法律、行政法规强制性规定的合同。

合同中的以下免责条款无效:

（1）造成对方人身伤害的。

（2）因故意或者重大过失造成对方财产损失的。

2. 可撤销合同

可撤销合同是指合同因欠缺一定的生效要件,其有效与否,取决于有撤销权的一方当事人是否行使撤销权的合同。可撤销合同是一种相对有效的合同,在有撤销权的一方行使撤销权之前,合同对双方当事人都是有效的。它是一种相对无效的合同,但又不同于绝对无效的无效合同。可撤销合同有以下几种:

（1）因重大误解订立的合同。

（2）在订立合同过程中显失公平的合同。

（3）一方以欺诈、胁迫的手段或者乘人之危,使对方在违背真实意思的情况下订立的合同,受损害方有权请求人民法院或仲裁机构变更或撤销。

可撤销合同,法律赋予一方当事人于合同成立起一年内享有撤销权。当事人可依据撤销权向人民法院或仲裁机构申请撤销合同或变更合同,超过这一特定期间未行使撤销权或放弃撤销权的,撤销权消灭。

3. 合同无效或被撤销的法律后果

合同无效或被撤销后,产生下列法律后果:

（1）恢复原状。即当事人双方的关系恢复到合同订立前的状态。

（2）返还财产。即当事人依据该合同取得的财产,应返还给对方。如原物不存在时,应赔偿损失。

（3）赔偿损失。即有过错一方应该赔偿对方因此所受的损失。如果双方都有过错,各自承担与自己过错相应的责任。

（4）追缴财产。属于恶意串通、损害国家、集体或第三人利益的，因此取得的财产应当收归国家所有或者返还集体、第三人。

三、合同的履行

合同的履行是指双方当事人按照合同的约定，全部履行自己的义务，使合同关系得以终止的行为过程。合同履行是合同制度的核心。

（一）合同履行的基本原则

合同履行的基本原则是诚实信用原则。根据诚实信用原则，当事人应当严格按照合同的约定履行各自的义务，不得擅自变更或解除合同。履行中，不得为有损于债权人利益的不正当行为或规避法律的行为；履行不符合合同约定的条件，应当采取补救措施并承担由此而给对方造成的损失；一方因他方违反合同而受到损失时，应当及时采取适当的措施防止损失的扩大；因不可抗力而不能履行合同的全部或部分义务时，应及时通知对方；债权人在接受履行方面应提供协助或方便等。具体说来可分为：

1. 遵守约定原则，包含适当履行原则和全面履行原则。
2. 诚实信用原则，包括协作履行原则和经济合理原则。
3. 绿色原则，依照民法典规定，履行合同应当避免浪费资源，污染环境和破坏生态。

（二）双务合同履行的抗辩权

抗辩权是指妨碍对方当事人行使权利的对抗权。双务合同的履行分为同时履行和异时履行，抗辩权也分为以下几种：

1. 同时履行抗辩权。指当事人互负债务且没有先后履行顺序，一方当事人在他方未对待给付以前，拒绝履行自己的合同义务的权利。
2. 后履行抗辩权。指双方合同中应当先履行的一方当事人没有履行合同义务的，后履行一方当事人拒绝履行自己的合同义务的权利。
3. 不安抗辩权。指根据合同约定应当先履行的一方当事人有证据证明对方不能履行义务，或者有不能履行义务的可能时，在对方没有履行或没有提供担保之前，有权中止履行合同义务的权利。

（三）合同约定不明时的履行

合同生效后，当事人就质量、价款或者报酬、履行地点等内容没有约定或者约定不明确的，可以协议补充；不能达成补充协议的，按照合同相关条款或者交易习惯确定。仍不能确定的，适用下列规定：

1. 质量要求不明确的，按照强制性国家标准履行；没有强制性国家标准的，按照推荐性国家标准履行；没有推荐性国家标准的，按照行业标准履行；没有国家标准、行业标准的，按照通常标准或者符合合同目的的特定标准履行。
2. 价款或者报酬不明确的，按照订立合同时履行地的市场价格履行；依法应当执行政府定价或者政府指导价的，依照规定履行。
3. 履行地点不明确，给付货币的，在接受货币一方所在地履行；交付不动产的，在不动产所在地履行；其他标的，在履行义务一方所在地履行。
4. 履行期限不明确的，债务人可以随时履行，债权人也可以随时请求履行，但是应当给对方必要的准备时间。

5. 履行方式不明确的,按照有利于实现合同目的的方式履行。

6. 履行费用的负担不明确的,由履行义务一方负担;因债权人原因增加的履行费用,由债权人负担。

四、合同的变更、转让和解除

（一）合同的变更

合同的变更是指合同有效成立后,在履行完结之前,由双方当事人依照法律规定的条件和程序,对原合同的内容所做的变动,即对合同的条款修改、补充。法律允许当事人经协商一致后,变更合同。但合同变更应当采取书面形式。

（二）合同的转让

合同的转让是指合同的内容不变,而享有合同权利和承担义务的主体变更。合同当事人一方经对方同意,可以将自己在合同中的权利或义务,或权利义务一并转让给第三人。但有下列情形的除外:

1. 根据合同性质不得转让的。

2. 按照当事人约定不得转让的。

3. 依照法律规定不得转让的。

（三）合同的解除

合同的解除是指在合同尚未履行或尚未全部履行的情况下,提前终止合同的效力。合同变更解除的条件有:

1. 双方当事人协商同意,并不损害国家、社会公共利益和他人利益。

2. 不可抗力致使合同不能履行。

3. 当事人一方违反合同义务,或明确表示不履行合同,使合同的履行成为不必要或不可能。

4. 合同中约定的解除条件成就。当事人一方主张解除合同的,应当按照法律规定,履行催告、通知等程序。

（四）变更或解除合同的法律责任

由于造成合同变更或解除的原因比较复杂,因此变更或解除合同的责任应根据具体原因确定,通常有以下几种情况:

1. 双方协商,同意变更解除合同的,只要对损失承担问题协商一致,并不违反国家法律,即为有效。

2. 由于不可抗力而变更或解除的合同,可以部分或全部免除责任方的赔偿责任。

3. 由于一方违约,造成变更或解除合同的,违约一方应承担恢复原状、采取其他补救措施或赔偿损失的责任。

五、违约责任

违约责任是指一方或双方当事人违反合同规定的义务,依照法律规定或合同约定,应承担的以经济补偿为内容的责任。

（一）承担违约责任的条件

承担任何法律责任都是具有前提条件的,只有符合法律规定的条件,才能追究当事人的法律责任。承担违约责任的条件是：

1. 不履行或不完全履行合同的违约行为

这是承担违约责任的首要条件。合同一经成立即具有法律约束力，不履行或不完全履行合同的行为是一种违反民事法律的行为，除非具有法定或约定的免责条件，否则就必须承担法律责任。

2. 当事人主观上有过错

当事人主观上有过错，并造成违反合同的后果时，才能承担违约责任。过错，是实施违约行为的心理状态，包括故意和过失。

3. 当事人的行为造成损害事实

损害事实是当事人违约给对方造成的经济损失和其他不利后果。损害事实必须是客观存在的，不是主观估计的。

4. 违反合同的行为和损害事实之间有因果联系

违反合同的行为是损害发生的原因，损害事实是违反合同行为引起的必然结果。违反合同的行为与损害事实之间存在客观联系，如果没有这种因果关系，则不承担违约责任。

（二）承担违约责任的方式

当事人违反合同后，应按照法律规定或合同约定来承担责任。承担违约责任的方式主要有：

1. 支付违约金

这是指在一方当事人不履行或不完全履行合同时，依照法律规定或合同约定而应偿付给对方的一定数额的金钱。违约金具有以下两种性质：

（1）惩罚性。违约金的偿付不以违约是否给对方当事人造成损失为条件，只要当事人一方没有履行合同，有违约行为，不管是否给对方当事人造成损失，都要支付违约金。

（2）赔偿性。合同当事人的违约行为给对方造成损失时，违约金可作为损失赔偿。

2. 支付赔偿金

赔偿金是违约的一方当事人因违约行为给对方造成损失时，按合同约定或法律规定支付给对方一定数额的补偿货币。赔偿金具有补偿性，损失赔偿额应当相当于因违约所造成的损失，包括合同履行后可获得的利益。

3. 罚没定金

当事人可根据《民法典》约定一方向另一方给付定金作为债权担保。债务人履行债务后，定金应当抵作价款或者收回。给付定金一方不履行债务或者履行债务不符合约定，致使不能实现合同目的的，无权要求返还定金；收受定金一方不履行债务或者履行债务不符合约定，致使不能实现合同目的的，应当双倍返还定金。定金数额不得超过主合同标的额的 20%。

4. 继续履行

继续履行是指当事人以国家强制力为后盾，要求违约方按照合同规定的标的继续履行义务。继续履行的适用条件：

（1）必须有违约行为。

（2）受害方认为继续履行有必要，向人民法院提出了继续履行的请求。

（3）继续履行不违背合同的性质和法律规定。对于基于人身信赖关系或者信任对方特殊技能、业务水平而产生的合同,不能要求继续履行。因为要求债务人继续履行无异于对债务人实施人身强制,则与合同的性质或法律相悖。

(4)违约方能够继续履行。如果出现法律上或事实上不能履行;债务的标的在市场上难以获得;债务的标的不适于继续履行的或履行的费用过高的;债权人在合理期限内未请求履行的情况,就不适用继续履行。

5. 其他补救措施

例如,修理、更换、重作、减价或者退货。当事人一方提供的标的质量不符合约定,受害方可根据标的物的性质及损失的大小,合理选择请求修理、更换、重作、减价或者退货。有其他损失的,受害方还可以请求赔偿损失。此外,还可以采取解除合同、中止履行的补救方法。

六、运输合同

(一)运输合同的概念与特征

运输合同是承运人将旅客或者货物从起运地点运输到约定地点,旅客、托运人或者收货人支付票款或者运输费用的合同。

运输合同具有以下特征:

1. 运输合同通常为诺成、双务、有偿合同。

2. 一般为格式合同,如客票、货运单、提单统一印制。

从事公共运输的承运人依《民法典》规定负有强制缔约义务,禁止承运人单方面基于自己的意愿选择缔约对象,对旅客、托运人通常、合理的运输要求不得拒绝。当然也有例外情形,如可能对公共安全、公共利益等造成实际危害的,可以拒绝缔约。例如乘客撒泼、暴力行为,危害司机、乘务人员、乘客安全,可对其进行控制、拒绝搭乘、列入黑名单等处理。

(二)运输合同的分类

1. 根据运输对象的不同,可将运输合同分为客运合同和货运合同。

2. 根据运输工具的不同,可将运输合同分为公路运输合同、铁路运输合同,水路运输合同、海上运输合同、航空运输合同、管道运输合同等。

3. 根据承运人数量和运输方式的不同,可将运输合同分为单一运输合同和多式联运合同。

(三)运输合同的效力

运输合同的效力指运输合同关系中基于当事人(承运人与旅客、托运人)的权利、义务产生的约束力。承运人应在约定期限或者合理期限内按照约定的或通常的运输路线将旅客、货物安全运输到约定地点,这是承运人的主合同义务。旅客、托运人或者收货人的主要义务是支付票款或者运输费用。如果承运人未按照约定路线或者通常路线运输,增加了票款或者运输费用,旅客、托运人或者收货人可以拒绝支付增加部分的票款或者运输费用。

1. 客运合同的法律效力

客运合同即旅客运输合同,是承运人将旅客及其行李安全运输到目的地,旅客支付运费的合同。客运合同的标的为运输旅客的服务行为,为诺成合同。

(1)旅客的义务

①持有效客票乘运义务。客运合同自承运人向旅客出具客票时成立,但是当事人另有约定或者另有交易习惯的除外。旅客应持有效客票乘运,旅客应当按照有效客票记载的时间、

班次和座位号乘坐。旅客无票乘坐、超程乘坐、越级乘坐或者持不符合减价条件的优惠客票乘坐的，应当补交票款，承运人可以按照规定加收票款；旅客不支付票款的，承运人可以拒绝运输。

实名制客运合同的旅客丢失客票的，可以请求承运人挂失补办，承运人不得再次收取票款和其他不合理费用。

②按规定办理退票或变更的义务。旅客因自己的原因不能按照客票记载的时间乘坐的，应当在约定的期限内办理退票或者变更手续；逾期办理，承运人可以不退票款，并不再承担运输义务。实践中，承运人会以其制定并公布的退票、变更规则办理退票、改签手续，通常旅客会损失部分或全部票款。

③限量、限品类携带行李义务。客运合同不仅运输旅客，也包括运输旅客随身携带的行李，行李应当符合约定的限量和品类要求，超过限量或者违反品类要求携带行李，应当办理托运手续。

同时，旅客不得随身携带或者在行李中夹带易燃、易爆、有毒、有腐蚀性、有放射性以及可能危及运输工具上人身和财产安全的危险物品或者违禁物品。旅客如果违规携带、夹带违禁品，承运人可以将危险物品或者违禁物品卸下、销毁或者送交有关部门。旅客坚持携带或者夹带危险物品或者违禁物品的，承运人应当拒绝运输。

④协助和配合义务。旅客对承运人为安全运输所作的合理安排应当积极协助和配合。

（2）承运人的义务

①运输义务和告知义务。运输义务是承运人的主要义务。承运人应当按照有效客票记载的时间、班次和座位号运输旅客。

承运人同时有及时告知和提醒义务。当承运人迟延运输或者有其他不能正常运输情况出现时，应当及时告知和提醒旅客，采取必要的安置措施，同时根据旅客的要求安排改乘其他班次或者退票，不得增收或扣减费用。由此造成旅客损失的，承运人应当承担赔偿责任。但如果是不可归责于承运人的原因导致的，如遭遇自然灾害、天气原因等，则无须承担赔偿责任。

承运人不得擅自降低服务标准，否则应当根据旅客的请求退票或者减收票款，退还差额，如超售后将乘客购买的头等舱调低为经济舱；主动提高服务标准的，不得加收差额票款，如升舱或调改座位等级。

②尽力救助义务。承运人在运输过程中，对旅客出现的紧急情况，如突发急病、分娩、遇险等，应当尽力救助。如果承运人不施救助，旅客可就其不作为要求其承担民事责任。尽力救助只要求承运人作出其客观条件允许范围内的努力即可，承运人尽其所能实施救助，即可视为已履行尽力救助义务。如果旅客仍发生意外伤亡结果，承运人应予免责。

③安全运输义务。承运人应当严格履行安全运输义务，及时告知旅客安全运输应当注意的事项。在客运合同中，承运人所承担的安全运输义务不仅针对旅客，同时针对旅客随身携带的行李物品，承运人对在运输过程中造成旅客伤亡和随身携带物品的损害都要承担损害赔偿责任，但两者承担责任的前提不同。承运人对于旅客的伤亡要承担赔偿责任，但是伤亡是旅客自身健康原因造成的或者承运人证明伤亡是旅客故意、重大过失造成的，则无须承担赔偿责任。对于旅客随身携带物品毁损、灭失，承运人只在有过错的情形下才承担赔偿责任。

案例点击

2022年×月×日,胡某乘坐K×××次列车硬卧13车10号上铺,在向上铺攀爬时摔倒受伤。列车卧铺铺位旁贴有"上下铺梯抓稳把牢"的提示标识。列车长查看胡某伤情,建议胡某到下一站下车接受治疗,胡某拒绝并签署免责声明,放弃向铁路运输企业要求任何损害赔偿或提起其他一切诉讼索赔的权利。经检查,胡某腰椎骨折,住院治疗。胡某提起诉讼,要求赔偿医疗费等556 587.06元。

案例分析:原告自述因列车剧烈晃动导致其在沿卧铺扶梯向上攀爬向自己铺位时被晃下摔伤,没有客观证据可以佐证列车在事发时发生了剧烈晃动。作为完全民事行为能力人,本人是自身安全的第一责任人。原告在列车运行状态下实施攀爬铺位这一具有一定安全风险的动作时,理应提高对自身安全的注意义务。原告在攀爬铺位过程中滑落摔伤,系因其自身过失导致的伤害,原告的此种过失尚属一般过失,并未达到重大过失的程度,故作为承运人的被告仍应依法担责。

原告摔伤后,拒绝就近下车就医,由此造成的就医迟延不应归责于被告。原告到达目的站后,被告人联系的救护车已经上站台等候,医务人员上车用担架将进行专业固定后抬上救护车送医,已尽到铁路承运人在旅客运输合同中应尽的法定义务。一审法院酌定被告承担涉案事故30%的责任。原告不服一审判决,经审理二审法院维持了原判。

2. 货运合同的法律效力

货运合同是承运人将托运人交付运输的货物运送到指定地点交付收货人,托运人支付运费的合同。货运合同主要是运货物的,客运合同则是运旅客。在实践中,收货人可能是托运人,但更多时候是收货人为承运人和托运人以外的第三人,如商家将网购商品快送给客户。

货运合同除具有运输合同的一般特征外,还具有特征:一是通常涉及第三人。第三人为收货人时,虽然收货人表示订立合同的第三人,但是合同利害关系人,此时该货运合同属于为第三人利益订立的合同,收货人对托运人享有直接请求权;二是货运合同以将货物交付给收货人、收货人完成签收为义务履行完毕,而不是单纯地将货物运输到目的地。

(1)托运人和收货人的义务、权利

①如实申报、告知义务。托运人办理货物运输,应当向承运人准确表明收货人的姓名、名称或者凭指示的收货人,货物的名称、性质、重量、数量,收货地点等有关货物运输的必要情况。因托运人申报不实或者遗漏重要情况,造成承运人损失的,托运人应当承担赔偿责任。

②提交相关文件的义务。货物运输需要办理审批、检验等手续的,托运人应当将办理完有关手续的文件提交承运人。

③妥善包装的义务。托运人应当按照约定的方式包装货物。对包装方式没有约定或者约定不明确的,适用《民法典》第六百一十九条的规定,可以协议补充,不能达成协议的,按合同有关条款或交易习惯确定,仍不能确定的,应采用通用的方式包装,没有通用方式的,按足以保护标的物不破损且节约环保的包装方式包装。托运人违反规定交付运输的,承运人可以拒绝运输。

托运危险物品时应更为注意妥善包装。危险物品指易燃、易爆、有毒、有腐蚀性、有放射性等危险物品。托运这些物品时,应当按照国家有关危险物品运输的规定对危险物品妥善包装,做出危险物品标志和标签，并将有关危险物品的名称、性质和防范措施的书面材料提交承运人。托运人违反规定交运，承运人可以拒绝运输，也可以采取相应措施以避免损失的发生，因此产生的费用由托运人负担。

④及时提货、检验的义务。收货人应当及时提货，如果不及时提货，承运人可以在收货人不明和收货人无正当理由拒收货物时提存货物，货物提存后，该货物损毁灭失的风险由收货人承担，孳息归收货人，同时提存、保管费用也由收货人承担。

收货人提货时应当按照约定的期限检验货物，及时进行验收。对检验货物的期限没有约定或者约定不明确，依据《民法典》第五百一十条的规定仍不能确定的，应当在合理期限内检验货物。收货人在约定的期限或者合理期限内对货物的数量、毁损等未提出异议的，视为承运人已经按照运输单证的记载交付的初步证据。

⑤中止运输的权利。在承运人将货物交付收货人之前，托运人可以要求承运人中止运输、返还货物、变更到达地或者将货物交给其他收货人，但是应当赔偿承运人因此受到的损失。

⑥支付运费等费用的义务。在承运人履行完运输义务后，托运人或收货人应当按照约定支付运费、保管费及其他相关费用。如果不支付上述费用，承运人对运输的货物享有留置权。除法律另有规定外，货物在运输过程中因不可抗力全损，如果未收取运费，承运人不得要求支付运费，已收取运费的，托运人可以请求返还。

（2）承运人的义务、权利

①通知义务。货物运输到达后，承运人知道收货人的，应当及时通知收货人，收货人应当及时提货。如果承运人无法知晓收货人的地址和联系方式，则应当通知托运人在合理期限内就运输货物的处分作出指示。承运人怠于履行通知义务，导致违约造成损失的，应当承担相应的赔偿责任。如果收货人逾期提货，应当向承运人支付保管费等费用。

②安全运输义务。承运人应当将交运的货物安全运输至约定地点交收货人，对运输过程中货物的毁损、灭失承担赔偿责任。但是，承运人证明货物的毁损、灭失是因不可抗力、货物本身的自然性质或者合理损耗以及托运人、收货人的过错造成的，不承担赔偿责任。货物的毁损、灭失的赔偿额，当事人有约定的，按照其约定；没有约定或者约定不明确，依据《民法典》第五百一十条的规定仍不能确定的，按照交付或者应当交付时货物到达地的市场价格计算。法律、行政法规对赔偿额的计算方法和赔偿限额另有规定的，依照其规定。

③享有留置权、提存权。托运人或者收货人不支付运费、保管费或者其他费用的，承运人对相应的运输货物享有留置权，但是当事人另有约定的除外。收货人不明或者收货人无正当理由拒绝受领货物的，承运人依法可以提存货物。

3. 多式联运合同的法律效力

联运合同指当事人约定由两个或以上承运人通过衔接运送，用同一凭证将货物运送到指定地点，托运人支付运输费用的合同。可分为单式联运合同和多式联运合同。

（1）单式联运合同指以一种运输方式将旅客或货物运输到目的地的合同。两个以上承运人以同一运输方式联运的，与托运人订立合同的承运人应当对全程运输承担责任；损失发生在某一运输区段的，与托运人订立合同的承运人和该区段的承运人承担连带责任。

（2）多式联运合同，又称为混合或联合运输合同，指以两种以上的运输方式将旅客或货物运输到目的地的合同。多式联运可以综合利用多种运输工具，充分发挥运输能力，快捷方便。

多式联运经营人负责履行或者组织履行多式联运合同，对全程运输享有承运人的权利，承担承运人的义务。多式联运经营人可以与参加多式联运的各区段承运人就多式联运合同的各区段运输约定相互之间的责任;但是,该约定不影响多式联运经营人对全程运输承担的义务。

多式联运经营人收到托运人交付的货物时,应当签发多式联运单据。按照托运人的要求,多式联运单据可以是可转让单据,也可以是不可转让单据。因托运人托运货物时的过错造成多式联运经营人损失的,即使托运人已经转让多式联运单据,托运人仍然应当承担赔偿责任。

第三节 《中华人民共和国铁路法》

铁路法律规范是为了适应铁路运输管理而产生的,也是在总结铁路运输管理的实践经验基础上不断完善起来的部门法。从立法情况看,铁路法律规范一般由三个方面构成:一是国家的专门立法机关制定的法律,如《中华人民共和国铁路法》(以下简称《铁路法》)等;二是国家的行政机关制定的行政法规,主要是一些条例或者实施细则,如《铁路安全管理条例》等;三是铁路的最高行政机关颁布的行政规章,包括规程、规则,这方面的规章是大量的。从实质上看,这些规程规则一方面体现了铁路运输管理的技术特性,另一方面也体现了作为法律规范所特有的强制性。铁路运输法律规范绝大多数情况下是铁路运输技术规范的法律化,是国家以认可的形式承认技术规范并赋予其法律的强制力以保证施行的结果。因此,铁路立法在很大程度上也反映了自然科学技术立法的特点。

《铁路法》调整对象主要是铁路运输关系、铁路建设关系以及与铁路建设和运输生产有关的其他方面的关系。为了保障铁路运输和铁路建设的顺利进行,适应社会主义现代化建设和人民生活的需要,《铁路法》由第七届全国人民代表大会常务委员会第十五次会议于 1990 年 9 月 7 日通过,自 1991 年 5 月 1 日起施行。2009 年、2015 年对《铁路法》进行了修订。

一、《铁路法》的适用范围及管理体制

《铁路法》所称铁路,包括国家铁路、地方铁路、专有铁路和铁路专用线。国家铁路是指由国务院铁路主管部门管理的铁路。地方铁路是指由地方人民政府管理的铁路。专有铁路是指由企业或者其他单位管理,专为本企业或者本单位内部提供运输服务的铁路。铁路专用线是指由企业或者其他单位管理的与国家铁路或者其他铁路线路接轨的岔线。

国务院铁路主管部门主管全国铁路工作,对国家铁路实行高度集中、统一指挥的运输管理体制,对地方铁路、专用铁路和铁路专用线进行指导、协调、监督和帮助。国家铁路运输企业行使法律、行政法规授予的行政管理职能。

铁路沿线各级地方人民政府应当协助铁路运输企业保证铁路运输安全畅通,车站、列车秩序良好,铁路设施完好和铁路建设顺利进行。公民有爱护铁路设施的义务。禁止任何人破坏铁路设施,扰乱铁路运输的正常秩序。

二、《铁路法》的主要内容

(一)铁路运输营业管理

1. 铁路运输计划管理

为了充分发挥铁路的现有运输能力,利用现有的运能,国家通过有计划的运输,提高运输效能,缓解货物运输紧张的情况。铁路运输企业实行运输计划管理要求,一方面,铁路运输企

业要按计划运输,及时组织运输生产,尽快完成国家下达给铁路的运输计划,保质保量地完成铁路运输任务,减少运力的浪费和消耗;另一方面,物资单位、旅客、托运人和收货人也要配合铁路运输企业组织好客货计划运输,使铁路的客货运输计划能够贯彻落实。在国家面临突发性事件或传统节假日客流高峰时,铁路运输生产要体现一定灵活性以应对需要。《铁路法》规定,对抢险救灾物资和国家规定需要优先运输的其他物资,应予优先运输。这也是国家在铁路编制运输计划时必须遵循的基本原则。近些年来,铁路有关部门实行南客北货、电煤抢运等一系列决策就是体现铁路运输计划性与灵活性的统一。

2. 专用铁路可以兼办公共客货运输营业管理

专用铁路兼办公共旅客、货物运输营业管理,是扩大社会运能的一项重要措施,也是提高专用铁路设备利用率的重要途径。因此,国家鼓励专用铁路兼办公共旅客、货物运输营业;提倡铁路专用线与有关单位按照协议共用。专用铁路兼办公共旅客、货物运输营业的,应当报经省、自治区、直辖市人民政府批准。

专用兼办公共客货运输的原则主要是安全原则、坚持合法经营原则、坚持平等互利原则。

3. 铁路运价管理

铁路运输价格是我国物价的一个重要组成部分,对国家的商品经济和市场供应影响都比较大,是国家宏观调控经济的一个重要手段。我国《铁路法》规定,铁路的旅客票价率和货物、行李的运价率实行政府指导价或者政府定价,竞争性领域实行市场调节价。政府指导价、政府定价的定价权限和具体适用范围以中央政府和地方政府的定价目录为依据。铁路旅客、货物运输杂费的收费项目和收费标准,以及铁路包裹运价率由铁路运输企业自主制定。

铁路运价实施的条件主要是铁路的旅客票价,货物、包裹、行李的运价,旅客和货物运输杂费的收费项目和收费标准,必须公告;未公告的不得实施。

4. 铁路运输票证管理

铁路运输票证是指铁路运输企业印制的,用来保证铁路运输生产活动顺利进行的各种证明文件,主要包括旅客车票、行李票、包裹票和货物运单,以及货物运输中的要车计划表等。《铁路法》第二十七条规定,国家铁路、地方铁路和专用铁路印制使用的旅客、货物运输票证,禁止伪造和变造。禁止倒卖旅客车票和其他铁路运输票证。这就表明,铁路的客货运输票证的印制权在铁路运输企业,其他单位和个人不得印制,更不得伪造或者变造。

(二)铁路运输合同

1. 铁路运输合同的概念

铁路运输合同是明确铁路运输企业与旅客、托运人之间权利义务关系的协议。铁路运输合同是合同的一种形式,它的本质与其他合同一样,都是一种法律行为。铁路运输合同主体是指铁路运输企业、旅客和托运人;铁路运输合同的客体是指铁路运输的劳务行为;铁路运输合同的内容就是当事人各方的权利和义务。铁路运输合同除了具备一般民事合同所具有的共同特点,如平等性等,还有一些独特的方面。

2. 铁路运输合同的种类

铁路运输合同主要为铁路旅客运输合同、铁路行李运输合同、铁路包裹运输合同和铁路货物运输合同,分别对应的合同形式为旅客车票、行李票、包裹票和货物运单。

(1)铁路旅客运输合同

铁路旅客运输合同是铁路运输企业与旅客之间的权利义务关系的协议。根据这个协议,铁路运输企业有义务按照旅客的要求,将其运送至旅行目的地;旅客有义务支付规定的运输费用。铁路旅客运输合同的形式是铁路的旅客车票。

铁路运输企业应当保证旅客按车票载明的日期、车次乘车,并到达目的站。因铁路运输企业的责任造成旅客不能按车票载明的日期、车次乘车的,铁路运输企业应当按照旅客的要求,退还全部票款或者安排改乘到达相同目的站的其他列车。

铁路运输企业应当采取有效措施做好旅客运输服务工作,做到文明礼貌、热情周到,保持车站和车厢内的清洁卫生,提供饮用开水,做好列车上的饮食供应工作。

旅客乘车应当持有效车票。对无票乘车或者持失效车票乘车的,应当补收票款,并按照规定加收票款;拒不交付的,铁路运输企业可以责令下车。

案例点击

20××年10月××日,原告黄某在新化火车站购得当天去东莞的 K9062 次车票。由于外出办事耽误了时间,急着进站赶火车,从一站台一道横跨上二站台时,被通过的另一列车撞伤,车站立即将其送往医院治疗,经法医鉴定为八级伤残。原告黄某起诉要求铁路企业赔偿 60 余万元。

问题:铁路企业对原告黄某的伤害是否承担赔偿责任?

法院认为,原告黄某进站上车,没有从车站规定的路径进站,以致被列车撞伤,对此,原告黄某应对损害结果承担主要责任,即70%的责任。被告虽然在站内设置警示标志,但未严格依照相关规定组织旅客进站候车,对原告黄某的人身损害应承担次要责任,即30%的责任。法院判决铁路企业赔偿原告黄某医疗费、后续治疗费、残疾赔偿金、误工费、护理费等各种费用共计 190 000 元。

案例点击

2022 年 × 月 × 日,金某乘坐 G1×× 次列车到达 ×× 站,通往出站口途中,金某在地道楼梯处摔伤,铁路工作人员将金某送往医院救治,诊断为左胫腓骨下端骨折。金某向法院起诉赔偿合计 21 万元。

案例分析:金某与铁路运输企业之间的铁路旅客运输合同合法有效。《民法典》规定,承运人应当对运输过程中旅客的伤亡承担赔偿责任;但是,伤亡是旅客自身健康原因造成的或者承运人证明伤亡是旅客故意、重大过失造成的除外。铁路运输企业无法证明金某损伤是自身原因造成,也不能证明是其故意或重大过失造成的,铁路运输企业应承担赔偿责任。金某作为完全行为能力的成年人,其挑着大件行李走下楼梯,应当预见可能发生的危险,并加以相应的审慎注意义务,金某因疏忽大意造成摔伤,主观上存在过失,应当减轻铁路运输企业的赔偿责任。法院确定铁路运输企业承担60%的赔偿责任,赔偿医疗费等 11 万元。

(2)铁路行李运输合同

铁路行李运输合同是指铁路运输企业与行李托运人之间达成的权利义务关系的协议。行李运输合同的形式是行李票。铁路行李主要是指旅客旅行随身携带的必需品。

(3)铁路包裹运输合同

铁路包裹运输合同是明确铁路运输企业与包裹托运人之间的权利义务的协议。包裹票是包裹运输合同的基本形式。包裹是铁路运输企业利用旅客列车运送的部分零星物资。

(4)铁路货物运输合同

铁路货物运输合同是明确铁路运输企业与托运人之间权利义务的协议。根据这个协议，铁路运输企业有义务按照托运人的要求，将货物按双方约定的期限或者国务院铁路主管部门规定的期限运至目的站，交付给托运人指定的收货人；托运人有义务支付规定的运输费用。铁路货物运单是合同或者合同的组成部分。在零担货物运输中，货物运单就是铁路货物运输合同；在整车货物运输和计划运输中，货物运单是合同的重要组成部分。

3. 违反铁路运输合同的责任

铁路运输合同的双方当事人必须信守合同，认真履行各自的义务，不得以任何借口不履行或不完全履行合同的义务，否则应承担相应的责任。

(1)铁路运输企业的责任

铁路运输企业应当按照合同约定的期限或者国务院铁路主管部门规定的期限，将货物、包裹、行李运到目的站；逾期运到的，铁路运输企业应当支付违约金。铁路运输企业逾期三十日仍未将货物、包裹、行李交付收货人或者旅客的，托运人、收货人或者旅客有权按货物、包裹、行李灭失向铁路运输企业要求赔偿。

铁路运输企业应当对承运的货物、包裹、行李自接受承运时起到交付时止发生的灭失、短少、变质、污染或者损坏，承担赔偿责任：

①托运人或者旅客根据自愿申请办理保价运输的，按照实际损失赔偿，但最高不超过保价额。

②未按保价运输承运的，按照实际损失赔偿，但最高不超过国务院铁路主管部门规定的赔偿限额；如果损失是由于铁路运输企业的故意或者重大过失造成的，不适用赔偿限额的规定，按照实际损失赔偿。

托运人或者旅客根据自愿可以向保险公司办理货物运输保险，保险公司按照保险合同的约定承担赔偿责任。

托运人或者旅客根据自愿，可以办理保价运输，也可以办理货物运输保险；还可以既不办理保价运输，也不办理货物运输保险。不得以任何方式强迫办理保价运输或者货物运输保险。

铁路运输企业的免责条款主要为由于不可抗力；货物或者包裹、行李中的物品本身的自然属性，或者合理损耗；托运人、收货人或者旅客的过错等原因造成的货物、包裹、行李损失的，铁路运输企业不承担赔偿责任。

19××年，原告以每千克1.76元收购的葵花籽34 650千克，共770件，委托××站客货服务公司运输到××站，交××公司收货。到站卸车时，车厢内异味严重，装卸工均感头昏。收货人见此情况，拒收货物，并向铁路卫生防疫站报检。经铁路卫生防疫站现场勘查，在装载货物车厢内的残存物中检出剧毒农药，含量为每千克3 591.66毫克；在包装葵花籽的麻袋中检出同类物质，含量为每千克100毫克。经铁路到站顺查，发现该车皮曾装运过剧毒农药后经洗刷消毒又投入使用。在此次装运葵花籽前，该车皮已经过先后多次排空和装运水泥两次。

原告向法院起诉要求被告赔偿全部损失，共计68 000元。

被告辩称装载原告货物的车厢内有异味一事属实，但经卫生检疫部门检验，该异味仅使原告货物的包装物受到污染，货物本身并未污染，因而不存在货物损失。同意赔偿原告所遭受的污染包装麻袋的实际损失，不承担其他赔偿责任。

问题：铁路企业对原告的损失是否承担赔偿责任？

法院认为，铁路企业对装运过剧毒农药的车皮洗刷消毒不彻底，××站使用明显有异味的车皮装运葵花籽，是造成货物包装被污染的直接原因。收货人在货物从有严重异味的车皮中卸出，在无法查明异味产生的原因及程度的情况下，予以拒收，是合理的；后虽查明此次污染只涉及货物的包装麻袋，不涉及货物本身，但为了人身安全，坚持按照防疫部门的规定必须经过严格的可食性处理才能食用，仍然拒收，也是合理的。承运人由于装运过程的疏忽，造成了货物的损毁，承运人应当承担损害赔偿责任。法院判决赔偿原告经济损失63 000元。

20××年11月，托运人××玻璃公司在××站托运一批玻璃到××站，装车方式为托运人自装，车种车号为C62A 4589587。装载该货物的列车运行途中非正常停车。经现场检查发现，机后第10~14位脱轨，其中第14位侵入上行线铁路，构成一般A4.2事故。铁路安全监督管理办公室出具的"铁路交通事故认定书"认定C62A 4589587货物装载时未按装载加固方案执行，以致车辆运行途中受外力作用后加固松动造成车辆偏载，是事故发生的主要原因。事故造成铁路企业损失901 236元。

原告铁路企业起诉认为被告在对该批货物进行装载时违反箱装平板玻璃装载加固方案，未按规定的装载方案执行，致使车辆脱轨倾覆，构成铁路交通一般A类事故（重大事故），给铁路造成了巨大经济损失，请求赔偿行车设备损失、抢修、救援、重新加固费、差旅费、误工费等各种损失总计901 236元。

被告认为货物装载后铁路企业进行了检查验收,并没有要求托运人改善装载,托运人不承担赔偿责任。

法院认为,本案货物由托运人自行装车,应当将货物装载后加固,使之符合铁路安全运输的要求,但托运人未能严格依照加固方案执行,致车辆运行途中受外力作用后,加固松动造成车辆偏载,对本案铁路交通事故的产生负有主要责任。《铁路法》第二十三条规定,因旅客、托运人或者收货人的责任给铁路运输企业造成财产损失的,由旅客、托运人或者收货人承担赔偿责任。托运人对其过错行为产生的损害后果,依法应当承担相应的赔偿责任。但承运人对于托运人组织装车的货物,仍然负有检查、监督托运人进行装载、加固的义务,应当严格依照《铁路货物运输规程》第48条第5项的规定,使用敞车、平车或砂石车装载货物,违反《铁路货物装载加固规则》规定的货物装载要求,应要求托运人改善后方可接收承运,以确保运输安全。但铁路承运人怠于履行上述职责,未能及时发现运输安全隐患,对本案铁路交通事故的产生负有次要责任。根据双方的过错程度,法院认为原告、被告分别承担40%和60%的责任。法院判决被告某玻璃公司赔偿原告铁路企业经济损失360 000元。

(2)包裹托运人和收货人的责任

①托运人应当如实填报托运单,铁路运输企业有权对填报的货物和包裹的品名、重量、数量进行检查。经检查,申报与实际不符的,检查费用由托运人承担;申报与实际相符的,检查费用由铁路运输企业承担,因检查对货物和包裹中的物品造成的损坏由铁路运输企业赔偿。托运人因申报不实而少交的运费和其他费用应当补交,铁路运输企业按照国务院铁路主管部门的规定加收运费和其他费用。

②托运货物需要包装的,托运人应当按照国家包装标准或者行业包装标准包装;没有国家包装标准或者行业包装标准的,应当妥善包装,使货物在运输途中不因包装原因而受损坏。铁路运输企业对承运的容易腐烂变质的货物和活动物,应当按照国务院铁路主管部门的规定和合同的约定,采取有效的保护措施。

③托运、承运货物、包裹、行李,必须遵守国家关于禁止或者限制运输物品的规定。

④货物、包裹、行李到站后,收货人或者旅客应当按照国务院铁路主管部门规定的期限及时领取,并支付托运人未付或者少付的运费和其他费用;逾期领取的,收货人或者旅客应当按照规定交付保管费。

⑤对于无人认领货物,对无法交付的行李,铁路运输企业应登记造册,妥善保管。国家法律、行政法规规定不能买卖的物品应及时交有关部门处理。自铁路运输企业发出领取通知之日起满90日仍无人领取的包裹或者到站满90日仍无人领取的行李,铁路运输企业应当公告。公告满90日仍无人领取的,铁路运输企业可以变卖。

对危险物品和规定限制运输的物品,应当移交公安机关或者有关部门处理,不得自行变卖。对不宜长期保存的物品,可以按照国务院铁路主管部门的规定缩短处理期限。

⑥因旅客、托运人或者收货人的责任给铁路运输企业造成财产损失的,由旅客、托运人或者收货人承担赔偿责任。

4. 铁路运输合同争议解决

发生铁路运输合同争议的,铁路运输企业和托运人、收货人或者旅客可以通过调解解决;不愿意调解解决或者调解不成的,可以依据合同中的仲裁条款或者事后达成的书面仲裁协议,向国家规定的仲裁机构申请仲裁。

当事人一方在规定的期限内不履行仲裁机构的仲裁决定的,另一方可以申请人民法院强制执行。

当事人没有在合同中订立仲裁条款,事后又没有达成书面仲裁协议的,可以向人民法院起诉。

(三)铁路建设

1. 铁路发展规划和铁路建设计划的编制

铁路的发展与国民经济其他部门以及其他交通运输方式的发展关系极为密切。而铁路本身具有高度集中、大联动的特点,又需要与自身的发展能够协调一致。因此《铁路法》规定,铁路发展规划应当依据国民经济和社会发展以及国防建设的需要制定,并与其他方式的交通运输发展规划相协调。地方铁路、专用铁路、铁路专用线的建设计划必须符合全国铁路发展规划,并征得国务院铁路主管部门或者国务院铁路主管部门授权的机构的同意。

在城市规划区范围内,铁路的线路、车站、枢纽以及其他有关设施的规划,应当纳入所在城市的总体规划。铁路建设用地规划,应当纳入土地利用总体规划。为远期扩建、新建铁路需要的土地,由县级以上人民政府在土地利用总体规划中安排。

2. 铁路用地的征用与保护

铁路建设用地是铁路建设中的重要问题。铁路用地,有点多、线长、面积大、涉及面广等特点,难以管理。因此,具有其他企业事业单位所不具备的管理特点。《铁路法》对铁路用地的征用与保护作了明确的规定。铁路建设用地是指铁路运输企业所建铁路而依法征用和国家依法划拨的土地。铁路建设用地包括铁路线路建设用地、铁路各站段等单位建设用地、铁路线路两侧留用土地、铁路建设临时用地等。

铁路建设用地,依照有关法律、行政法规的规定办理。有关地方人民政府应当支持铁路建设,协助铁路运输企业做好铁路建设征用土地工作和拆迁安置工作。已经取得使用权的铁路建设用地,应当依照批准的用途使用,不得擅自改作他用;其他单位或者个人不得侵占。侵占铁路建设用地的,由县级以上地方人民政府土地管理部门责令停止侵占、赔偿损失。

铁路建成后,必须依照国家基本建设程序的规定,经验收合格,方能交付正式运行。

3. 铁路道口建设

铁路道口是指为了方便行人和车辆通行,在铁路和道路交叉铺设的平面交叉。《铁路法》规定,铁路与道路交叉处,应当优先考虑设置立体交叉;未设立体交叉的,可以根据国家有关规定设置平交道口或者人行过道。在城市规划区内设置平交道口或者人行过道,由铁路运输企业或者建有专用铁路、铁路专用线的企业或者其他单位和城市规划主管部门共同决定。拆除已经设置的平交道口或者人行过道,由铁路运输企业或者建有专用铁路、铁路专用线的企业或者其他单位和当地人民政府商定。

此外，修建跨越河流的铁路桥梁，应当符合国家规定的防洪、通航和水流的要求。

（四）铁路安全与保护

铁路安全与保护，直接关系到国家和人民的生命财产的安全。加强对铁路运输安全管理，不仅是铁路运输企业的重要职责，而且也是各级人民政府和每个自然人的重要职责。

铁路安全管理包括旅客与货物运输的安全、行车安全、线路安全、通信信号安全以及铁路道口通行安全等方面。

1. 铁路安全保护

《铁路法》针对铁路安全保护方面存在的各种问题，从保障铁路运输生产活动顺利进行的立法目的出发，规定如下：

（1）定期检查、维护铁路运输的各种设施。铁路运输企业必须加强对铁路的管理和保护，定期检查、维修铁路运输设施，保证铁路运输设施完好，保障旅客和货物运输安全。

（2）保证铁路牵引用电及重要负荷的电力供应。电力是铁路运输的重要的动力源，是保证铁路运输生产顺利进行的前提条件。电力主管部门应当保证铁路牵引用电以及铁路运营用电中重要负荷的电力供应。铁路运营用电中重要负荷的供应范围由国务院铁路主管部门和国务院电力主管部门商定。

（3）禁止擅自在铁路线路上铺设平交道口、人行过道。平交道口和人行过道必须按照规定设置必要的标志和防护设施。行人和车辆通过铁路道口时，必须遵守国家关于铁路道口通行的规定。从铁路运输企业和行人、车辆两个方面规定了铁路道口安全管理方面各自应负的责任。

（4）禁止携带危险品进站上车或者以非危险品品名托运危险品。铁路公安人员和国务院铁路主管部门规定的铁路职工，有权对旅客携带的物品进行运输安全检查。

案例点击

　　20××年3月×日，被告人艾某饮酒后步行至国道旁跨铁路桥，将路边一辆自行车从跨铁路桥丢下，与接触网发生碰撞造成接触网短路跳闸，后跌落至股道内，导致列车区间停车21分。经安全监察室鉴定，被告人艾某扔置自行车的行为，足以造成机车车辆损坏危险。

　　法院认为，被告人破坏铁路设施，足以使火车发生毁坏危险，尚未造成严重后果，应当以破坏交通设施罪追究其刑事责任。被告人自愿认罪认罚，且积极赔偿被害单位损失，对其可以从轻处罚。为维护铁路运输安全，严厉打击破坏交通设施的犯罪活动，依照《刑法》第一百一十七条、第六十七条第三款的规定，被告人犯破坏交通设施罪，判处有期徒刑三年。

（5）对违反铁路治安管理和破坏铁路运输生产秩序的行为规定了明确的责任。法律规定铁路职工有权制止，或者扭送公安部门处理。对于一些危害铁路行车安全的行为，法律授权铁路公安人员或者地方公安人员现场负责人可以予以拘留。

（6）铁路交通卫生检疫。防止传染病流行，不仅是保证旅客的生命安全的需要，而且也是维护国家利益的需要。因此，加强交通卫生检疫，是一项重要任务。法律规定，旅客列车内发生需要检疫的情况,由铁路卫生检疫机构负责,必要时,地方卫生检疫机构应当协助。

除了上述措施外,法律还对铁路交通事故的处理原则和人身赔偿的原则以及地方人民政府和铁路运输企业的职责及其分工作了明确的规定,使每一种危害铁路安全的行为,都有人管,有人处理,从各个方面保障铁路的安全。

2. 铁路线路安全管理

铁路线路是铁路运输的基础设施,铁路线路的安全保护是铁路安全与保护的重要方面。《铁路法》规定,铁路线路安全保护的主要内容有以下内容:

(1)禁止在铁路线路两侧和桥梁、涵洞一定距离内危害铁路线路安全的行为。《铁路法》第四十六条规定,在铁路线路和铁路桥梁、涵洞两侧一定距离内,修建山塘、水库、堤坝,开挖河道、干渠,采石挖砂,打井取水,影响铁路路基稳定或者危害铁路桥梁、涵洞安全的,由县级以上地方人民政府责令停止建设或者采挖、打井等活动,限期恢复原状或者责令采取必要的安全防护措施。在铁路弯道内侧、平交道口和人行过道附近,不得修建妨碍行车瞭望的建筑物和种植妨碍行车瞭望的树木。修建妨碍行车瞭望的建筑物的,由县级以上地方人民政府责令限期拆除。种植妨碍行车瞭望的树木的,由县级以上地方人民政府责令有关单位或者个人限期迁移或者修剪、砍伐。违反上述的规定,给铁路运输企业造成损失的单位或者个人,应当赔偿损失。

(2)铁路线路两侧的水土整治。《铁路法》第四十五条规定,铁路线路两侧地界以外的山坡地由当地人民政府作为水土保持的重点进行整治。铁路隧道顶上的山坡地由铁路运输企业协助当地人民政府进行整治。铁路地界以内的山坡地由铁路运输企业进行整治。

(3)重要桥梁和隧道的守护。国家铁路的重要桥梁和隧道,由中国人民武装警察部队负责守卫。

3. 铁路行车安全管理

铁路行车安全是指铁路的旅客列车和货物列车的运行安全。它主要包括两个方面的基本内容:一是铁路运输企业的职工要严格遵守铁路运输安全法规和规章,一丝不苟地按照操作规程的规定办事,防止铁路行车事故的发生,确保铁路运输的安全;二是铁路外部有关人员要协助铁路运输企业做好行车安全,如每个自然人都要爱护铁路设施、汽车司机不得抢越道口等。

(1)铁路运输企业及其工作人员的职责。铁路运输企业要遵守《铁路法》,加强对铁路行车设备的安全管理,定期检查维修,保证机车、车辆等设备处于良好的运行状态,消灭事故隐患。列车司机要严格遵守安全规定,车站工作人员要坚守岗位,严格执行规章制度,认真做好交接班工作。

(2)电力供应部门的职责。在铁路线路上架设电力、通信线路,埋置电缆、管道设施,穿凿通过铁路路基的地下坑道,必须经铁路运输企业同意,并采取安全防护措施。

(3)制止损毁、移动铁路信号装置及其他行车设施。损毁、移动铁路信号装置及其他行车设施,对铁路行车安全威胁极大,有的甚至造成了惨重后果。因此,《铁路法》规定,对损毁、移动铁路信号装置及其他行车设施的,铁路职工有权制止,可以扭送公安机关处理。

(4)禁止在铁路线路上置放障碍物的行为。在线路上置放障碍物,轻者造成列车运营事故,重者造成列车脱轨。对于在铁路线路上置放障碍物的行为,铁路职工有权制止,可以扭送公安机关处理。自然人如果发现线路上有障碍物,应当立即采取措施,排除障碍。如果障碍物一时难以排除的,应当采取拦停线路两端列车的措施,防止行车事故的发生,同时要向铁路有关部门报告险情,及时组织救援。对于护路有功人员,有关部门应当给予奖励。

此外,法律禁止偷乘货车、攀附行进中的列车或者击打列车,禁止在铁路线路上行走、坐卧,禁止在线路两侧一定距离内放牧,对于在铁路线路两侧 20 米以内放牧和在铁路防护林内放牧的行为,铁路职工有权制止。

4. 铁路交通事故的处理

铁路交通事故是指铁路在运营过程中发生的各种行车事故和铁路路外人身伤亡事故。《铁路法》第五十七条规定,发生铁路交通事故,铁路运输企业应当依照国务院和国务院有关主管部门关于事故调查处理的规定办理,并及时恢复正常行车,任何单位和个人不得阻碍铁路线路开通和列车运行。因此,铁路交通事故处理主要依据以下原则:

(1)要按规定及时调查事故原因的原则。查明事故发生的原因,是正确定性定责的基础。因此,在发生铁路交通事故时,铁路运输企业及有关部门要按照国家的有关规定及时做好证据的收集工作,为查明事故原因做好准备。同时要积极组织抢救伤员,做好善后工作。

(2)要坚持及时恢复正常行车的原则。一旦发生铁路交通事故,要做到及时恢复行车,开通线路,任何单位和个人都不得阻碍铁路线路的开通和列车的正常运行。

(3)要贯彻公平合理、实事求是的原则。发生铁路交通事故后,随之而来的是定性定责问题。处理铁路交通事故,不仅仅是明确责任,查明事故原因,而且也包括对事故受害者的损害赔偿。处理事故要遵循公平合理、实事求是的原则,就是要求在赔偿问题上公平合理,不能偏袒一方。

(4)"四不放过"的原则。发生事故后,事故原因不查清不放过、责任人员未处理不放过、整改措施未落实不放过、有关人员未受到教育不放过。

复习思考题

1. 我国《民法典》的基本原则是什么?

2. 如何理解我国自然人的民事权利能力与自然人的民事行为能力?

3. 什么是法人? 法人应当具备的条件有哪些?

4. 简述法人的民事权利能力的概念及民事行为能力的概念。

5. 《民法典》规定,民事法律行为的有效条件是什么?

6. 运输合同里规定承运人的义务有哪些?

7. 民事责任的概念是什么? 民事责任的承担原则和方式是哪些?

8. 合同的主要条款有哪些? 什么是无效合同和可撤销合同?

9. 运输合同里规定旅客的义务有哪些?

10. 《铁路法》的适用范围及管理体制是什么?

11. 违反铁路运输合同的责任中,铁路运输企业的责任主要有哪些?

12. 铁路安全保护的主要措施有哪些?

13. 铁路线路安全管理的主要措施有哪些?

第三章
铁路安全生产

第一节 《中华人民共和国安全生产法》

　　《中华人民共和国安全生产法》(以下简称《安全生产法》)是调整、规范生产经营活动中安全监督管理,防止和减少生产安全事故的法律规范的总称。党中央、国务院历来高度重视安全生产工作,我国第一部《安全生产法》立法工作从酝酿到制定经历了 20 多年。2002 年 6 月 29 日,第九届全国人民代表大会常务委员会第二十八次会议通过的《安全生产法》是我国第一部安全生产方面的单行法律。按照中央要求,顺应改革呼声,在总结经验教训的基础上,对 2002 年版的《安全生产法》进行了修改完善,2014 年 8 月 31 日,第十二届全国人民代表大会常务委员会第十次会议通过《关于修改〈中华人民共和国安全生产法〉的决定》。党的十八大以来,党中央对安全生产工作高度重视,作出了一系列重大决策部署。习近平总书记多次对安全生产工作发表重要讲话,作出重要指示,就安全生产发展理念、责任体系、改革发展、依法治理、科技创新、源头治理、应急救援、责任追究、队伍建设等作出重要论述,提出系统性全面要求。2021 年 6 月 10 日,第十三届全国人民代表大会常务委员会第二十九次会议通过《关于修改〈中华人民共和国安全生产法〉的决定》,自 2021 年 9 月 1 日起正式施行。新修改的《安全生产法》为促进安全生产形势持续稳定好转提供更有力的法律保障。

一、制定《安全生产法》的目的

1. 加强安全生产工作

　　加强安全生产工作是制定《安全生产法》最直接的目的。安全生产事关人民群众生命财产安全,事关经济发展和社会稳定大局,是一项只能持续加强而不能有任何削弱的极为重要的工作。由于我国正处于工业化快速发展进程中,安全生产基础比较薄弱,存在安全生产责任不落实、安全防范和监督管理不到位、违法生产经营建设行为屡禁不止等问题,生产安全事故还处于易发多发的高峰期,安全生产的各方面工作亟须进一步加强。其中具有基础性、长远性和根本性意义的措施,就是不断加强安全生产法治的建设,通过完善相关制度,确立基本的行为规范,明确相关主体的权利义务,使安全生产工作有章可循、有规可依。因此不断完善《安全生产法》,符合不断变化的安全生产形势就显得尤为必要。

2. 防止和减少生产安全事故

　　防止和减少生产安全事故是制定《安全生产法》的基本目的。安全生产形势和安全生产工作的成效是通过生产安全事故来衡量的,不发生或者少发生事故表明安全生产形势稳定趋好,安全生产工作成效显,反之则表明安全生产形势严峻,安全生产工作没有取得实效。制定《安全生产法》,就是要从制度、体制、机制方面设计出防止和减少生产安全事故特别是重特大事故的措施和办法,使得事故发生率和造成的伤亡人数不断下降。

3. 保障人民群众生命和财产安全

党中央多次就安全生产工作提出要求,强调安全生产是人命关天的大事,是不能踩的"线";要深刻吸取用生命和鲜血换来的教训,筑牢科学管理的安全防线;安全生产既是攻坚战也是持久战,要树立以人为本、安全发展理念,创新安全管理模式,落实企业主体责任,提升监管执法和应急处置能力;要坚持预防为主、标本兼治,健全各项制度,严格安全生产责任,对安全隐患实行"零容忍",切实维护人民群众的生命安全。

4. 促进经济社会持续健康发展

安全生产不仅是经济问题,更是社会问题。一个地区、一个行业甚至一个单位重特大事故频发,不仅会严重影响经济发展进程,也会严重干扰社会和谐稳定大局。安全生产是安全与生产的统一,其宗旨是安全促进生产,生产必须安全。安全生产是经济社会持续健康发展的前提,是促进经济社会转型升级的重要抓手,因此安全生产与经济发展应当同步,并要促进经济社会持续健康发展。

二、《安全生产法》的主要框架

《安全生产法》共七章,一百一十九条,主要规定以下内容:

1. 确立安全生产监督管理制度。
2. 确立生产经营单位安全保障制度。
3. 确立生产经营单位负责人安全责任制度。
4. 确立从业人员安全生产权利义务制度。
5. 确立安全中介服务制度。
6. 确立安全生产责任追究制度。
7. 确立事故应急救援和处理制度。

三、《安全生产法》的基本理念、方针和机制

《安全生产法》适用于生产经营单位的安全生产。生产经营单位是指从事商品生产、销售以及提供服务的法人和其他经济组织,不论其所有制性质、企业组织形式和经营规模大小,只要从事生产经营活动的,都应遵守《安全生产法》的规定。《安全生产法》实际上明确了学校、幼儿园、医院、公园等公益性单位的安全生产,也要参照《安全生产法》的规定执行。法律对特定领域安全管理的法律适用做出灵活处理,有关法律、行政法规对消防安全和道路交通安全、铁路交通安全、水上交通安全、民用航空安全以及核与辐射安全、特种设备安全另有规定的,适用其规定。对于一些安全生产方面的问题,专门的法律法规未作规定的,适用《安全生产法》的规定。

1. 安全生产工作应当以人为本,树牢安全发展的理念

《安全生产法》规定,安全生产工作应当以人为本,坚持人民至上、生命至上,把保护人民生命安全摆在首位,树牢安全发展理念。

2. 安全生产工作方针是"安全第一、预防为主、综合治理",强调从源头上防范化解重大安全风险

(1)安全第一。安全是人类生存发展最基本的需求和价值目标,没有安全一切都无从谈起。安全第一,就是要坚持人民群众的生命财产安全特别是生命安全高于一切,在处理保证安全与发展生产关系的问题上,始终把安全放在首位,坚决做到生产必须安全、不安全不生产,把安全生产作为一条不可逾越的"红线"。

(2)预防为主。安全生产任何时候都不允许"试错",必须未雨绸缪,防患于未然,把工作的重心放在预防上,采取各种行之有效的措施,及时消除可能引发事故的各类隐患,防止和减少事故的发生。这一方针事关整个安全生产工作的方向和重心,要求各个方面时刻居安思危,关口前移,从平时、从细微处严格落实各项安全生产责任,切实从源头上防范和遏制事故的发生。

(3)综合治理。安全生产是一项系统工程,需要多方面统筹协调、齐抓共管,综合施策、标本兼治,运用法律、经济、行政、技术、管理等手段,充分调动全社会力量,群防群治,才能达到预期目标。

《安全生产法》特别强调要从源头上防范化解重大安全风险,要把安全生产与经济发展放到同样高的地位,对于存在重大生产安全事故隐患被依法责令停产整改的,逾期不整改或整改后仍达不到法定安全生产条件的,违反建设项目安全设施"三同时"规定,拒不执行安全监管指令、逾期未完善相关手续的,安全生产条件达不到国家标准或行业标准要求的企业都要关停并转,不能带病生产,把不安全的生产从源头就遏制住,决不能为了所谓的经济利益而放弃安全的基本要求。

3. 安全生产明确"三个必须",建立完善责任体系

管行业必须管安全、管业务必须管安全、管生产经营必须管安全的"三个必须"原则写进《安全生产法》,进一步明确各方面的安全生产责任,建立起一整套比较完善的责任体系。

(1)明确部门安全监管职责。"管行业必须管安全"明确负有安全监管职责的各部门在各自的职责范围内对有关行业、领域的安全生产工作实施监督管理。

(2)明确新兴行业领域安全监管职责。由县级以上地方各级人民政府按照业务相近的原则确定监督管理部门,防止部门之间因为相互推责而形成的安全监管盲区。

(3)明确企业的决策层和管理层的安全管理职责。企业里除主要负责人是第一责任人以外,其他的副职都要根据分管的业务对安全生产工作负一定的职责,负一定的责任。抓生产的同时必须兼顾安全,同时抓好安全,否则出事故以后,管生产的是要负责任的。

职能部门之间也要相互配合协作。《安全生产法》规定,负有安全生产监督管理职责的部门应当相互配合、齐抓共管、信息共享、资源共用,依法加强安全生产监督管理工作。让部门之间既责任清晰,又齐抓共管,形成监管的合力。

4. 建立安全生产工作机制

生产经营单位的主体责任,指生产经营单位依照法律、法规规定,应当履行的安全生产法定职责和义务。《安全生产法》强调要强化和落实生产经营单位的主体责任,这是保障经济社会协调发展的必然要求,也是实现企业可持续发展的客观要求。安全生产工作涉及方方面面,需要建立有效的机制,明确各方面的权利义务和责任,形成齐抓共管的工作格局。《安全生产法》规定,建立生产经营单位负责、职工参与、政府监管、行业自律和社会监督的机制。

（1）生产经营单位负责。做好安全生产工作，落实生产经营单位主体责任是根本。建立安全生产工作机制，也要首先强调生产经营单位负责，这是安全生产工作机制的根本和核心。

（2）职工参与。一方面，职工是生产经营活动的直接操作者，安全生产首先涉及职工的人身安全。保障职工对安全生产工作的参与权、知情权、监督权和建议权，是保障职工切身利益的需要，也有利于充分调动职工的积极性，发挥其主人翁作用。另一方面，做好安全生产工作需要职工积极配合，承担遵章守纪、按章操作等义务。没有职工的参与和配合，不可能真正做好安全生产工作。

（3）政府监管。在强化和落实生产经营单位主体责任、保障职工参与的同时，还必须充分发挥政府在安全生产方面的监管作用，以国家强制力为后盾，保证安全生产法律、法规以及相关标准得到切实遵守，及时查处、纠正安全生产违法行为，消除事故隐患，这是保障安全生产的关键。

（4）行业自律。市场经济条件下，必须充分发挥行业协会等社会组织的作用，加快形成政社分开、权责明确、依法自治的现代社会组织体制，强化行业自律，使其真正成为提供服务、反映诉求、规范行为的重要社会自治力量。对安全生产工作来说，行业自律更是非常重要的一个方面，也是日后发展的方向。

（5）社会监督。安全生产工作涉及方方面面，必须充分发挥工会、基层群众自治组织、新闻媒体以及社会公众的监督作用，实行群防群治，将安全生产工作置于全社会的监督之下。

生产经营单位负责、职工参与、政府监管、行业自律、社会监督是安全生产工作格局。其中，落实生产经营单位主体责任是根本，职工参与是基础，政府监管是关键，行业自律是发展方向，社会监督是实现预防和减少生产安全事故目标的保障。上述五个方面互相配合，互相促进，共同构成安全生产工作机制。

四、安全生产保障

生产经营单位是生产、经营活动的主体，在安全生产工作中处于核心地位。保障安全生产，生产经营单位是关键。从近年来发生的安全事故看，大都与生产经营单位不具备基本的安全生产条件或者安全生产管理不到位有直接关系。因此，《安全生产法》本着"预防为主"的原则，有针对性地对生产经营单位应当具备的安全生产条件和加强安全生产管理作出了规定，具有十分重要的意义。

1. 关于生产经营单位加强安全生产条件和加强安全生产管理的规定

生产经营单位是生产、经营活动的直接承担者，也是保证安全生产的基石。生产经营单位要想安全生产，必须具备基本的安全生产条件，这是保障安全生产的前提和基础。《安全生产法》规定，生产经营单位应当具备《安全生产法》和有关法律、行政法规和国家标准或者行业标准规定的安全生产条件；不具备安全生产条件的，不得从事生产经营活动。同时，生产经营单位的主要负责人对本单位安全生产工作负有下列职责：

（1）建立健全并落实本单位全员安全生产责任制，加强安全生产标准化建设。

（2）组织制定并实施本单位安全生产规章制度和操作规程。

（3）组织制定并实施本单位安全生产教育和培训计划。

（4）保证本单位安全生产投入的有效实施。

（5）组织建立并落实安全风险分级管控和隐患排查治理双重预防工作机制，督促、检查本单位的安全生产工作,及时消除生产安全事故隐患。

(6)组织制定并实施本单位的生产安全事故应急救援预案。

(7)及时、如实报告生产安全事故。

安全生产责任制是生产经营单位安全生产管理的核心制度。《安全生产法》规定,生产经营单位的全员安全生产责任制应当明确各岗位的责任人员、责任范围和考核标准等内容。生产经营单位应当建立相应的机制,加强对全员安全生产责任制落实情况的监督考核,保证全员安全生产责任制的落实。

实践中,一些生产经营单位只顾追求经济效益,安全投入不足甚至不投入的现象较为普遍,"安全欠账"问题突出。为了解决这个问题,《安全生产法》规定,生产经营单位应当具备的安全生产条件所必需的资金投入,由生产经营单位的决策机构、主要负责人或者个人经营的投资人予以保证,并对由于安全生产所必需的资金投入不足导致的后果承担责任。

对危险性较大的生产经营单位提取安全生产费用,是实践中一项行之有效的做法。这一制度最早适用于煤矿企业,后扩展到其他高危行业、企业。因此,新修正的《安全生产法》引入了此项机制,要求有关生产经营单位应当按照规定提取和使用安全生产费用,专门用于改善安全生产条件,安全生产费用在成本中据实列支。

2. 关于安全生产管理机构及专职安全生产管理人员的相关规定

落实生产经营单位的安全生产主体责任,需要生产经营单位在内部组织架构和人员配置上对安全生产工作予以保障。《安全生产法》规定,矿山、金属冶炼、建筑施工、运输单位和危险物品的生产、经营、储存、装卸单位,应当设置安全生产管理机构或者配备专职安全生产管理人员。除此规定以外的其他生产经营单位,从业人员超过100人的,应当设置安全生产管理机构或者配备专职安全生产管理人员;从业人员在100人以下的,应当配备专职或者兼职的安全生产管理人员。

生产经营单位的安全生产管理机构以及安全生产管理人员履行下列职责:

(1)组织或者参与拟定本单位安全生产规章制度、操作规程和生产安全事故应急救援预案。

(2)组织或者参与本单位安全生产教育和培训,如实记录安全生产教育和培训情况。

(3)组织开展危险源辨识和评估,督促落实本单位重大危险源的安全管理措施。

(4)组织或者参与本单位应急救援演练。

(5)检查本单位的安全生产状况,及时排查生产安全事故隐患,提出改进安全生产管理的建议。

(6)制止和纠正违章指挥、强令冒险作业、违反操作规程的行为。

(7)督促落实本单位安全生产整改措施。

《安全生产法》规定,生产经营单位可以设置专职安全生产分管负责人,协助本单位负责人履行安全生产管理职责。

《安全生产法》要求生产经营单位的安全生产管理机构以及安全生产管理人员应当恪尽职守,依法履行职责。生产经营单位作出涉及安全生产的经营决策,应当听取安全生产管理机构以及安全生产管理人员的意见。特别强调,生产经营单位不得因安全生产管理人员依法履行职责而降低其工资、福利等待遇或者解除与其订立的劳动合同。危险物品的生产、储存单位以及矿山、金属冶炼单位的安全生产管理人员的任免,应当告知主管的负有安全生产监督管理职责的部门。

生产经营单位配备安全生产管理人员的目的是加强安全生产管理，防止发生生产安全事故，因此生产经营单位的安全生产管理人员应当根据本单位的生产经营特点，对安全生产状况进行经常性检查；对检查中发现的安全问题，应当立即处理；不能处理的，应当及时报告本单位有关负责人，有关负责人应当及时处理。检查及处理情况应当如实记录在案。

生产经营单位的安全生产管理人员在检查中发现重大事故隐患，依照《安全生产法》规定向本单位有关负责人报告，有关负责人不及时处理的，安全生产管理人员可以向主管的负有安全生产监督管理职责的部门报告，接到报告的部门应当依法及时处理。生产经营单位发生生产安全事故时，单位的主要负责人应当立即组织抢救，并不得在事故调查处理期间擅离职守。

对于生产经营单位的主要负责人和安全生产管理人员，《安全生产法》要求必须具备与本单位所从事的生产经营活动相应的安全生产知识和管理能力。特别是危险物品的生产、经营、储存、装卸单位以及矿山、金属冶炼、建筑施工、运输单位的主要负责人和安全生产管理人员，应当由主管的负有安全生产监督管理职责的部门对其安全生产知识和管理能力考核合格。

2002 年我国引入注册安全工程师制度，我国已经建立起了一支涉及各行业注册安全工程师队伍。为了更好地发挥他们的作用，《安全生产法》规定，危险物品的生产、储存、装卸单位以及矿山、金属冶炼单位应当有注册安全工程师从事安全生产管理工作。鼓励其他生产经营单位聘用注册安全工程师从事安全生产管理工作。注册安全工程师按专业分类管理，具体办法由国务院人力资源和社会保障部门、国务院应急管理部门会同国务院有关部门制定。

3. 关于从业人员的相关规定

生产经营单位应当对从业人员进行安全生产教育和培训，保证从业人员具备必要的安全生产知识，熟悉有关的安全生产规章制度和安全操作规程，掌握本岗位的安全操作技能，了解事故应急处理措施，知悉自身在安全生产方面的权利和义务。未经安全生产教育和培训合格的从业人员，不得上岗作业。鉴于近年来，有些用人单位为了降低用工成本，大量使用派遣工，《安全生产法》规定，生产经营单位使用被派遣劳动者的，应当将被派遣劳动者纳入本单位从业人员统一管理，对被派遣劳动者进行岗位安全操作规程和安全操作技能的教育和培训。劳务派遣单位应当对被派遣劳动者进行必要的安全生产教育和培训。

此外，随着校企合作的加深，越来越多的在校学生进入生产经营单位进行实习，《安全生产法》规定，生产经营单位接收中等职业学校、高等学校学生实习的，应当对实习学生进行相应的安全生产教育和培训，提供必要的劳动防护用品。学校应当协助生产经营单位对实习学生进行安全生产教育和培训。

安全生产教育和培训不能停留在口号中，为了确保生产经营单位的安全生产教育和培训落到实处，保证教育和培训的效果，生产经营单位应当建立安全生产教育和培训档案，如实记录安全生产教育和培训的时间、内容、参加人员以及考核结果等情况。

随着经济发展、科技进步以及先进技术和设备的增加，越来越多的新工艺、新技术、新材料或者新设备被广泛应用于生产经营活动中。生产经营单位采用新工艺、新技术、新材料或者使用新设备，就必须了解、掌握其安全技术特性，采取有效的安全防护措施，并对从业人员进行专门的安全生产教育和培训。保证从业人员进行专门的安全生产教育和培训，保证从业人员了解、掌握其安全技术特性、防护措施等，并能够在工作中加以运用。由于特种作业人员所从事的工作潜在危险性较大，一旦发生事故不仅会给作业人员自身的生命安全造成危害，而且也容易对其他从业人员以及人民群众的生命财产造成威胁，因此生产经营单位的特种作业人员必须按照国家有关规定经专门的安全作业培训，取得相应资格，方可上岗作业。

4. 关于生产经营单位新建、改建、扩建工程项目的相关规定

生产经营单位建设项目是否具备安全设施，对于能否保障安全生产具有直接的影响。保证安全，首先建设项目必须有相应的安全设施，这是保证安全生产的重要基础。《安全生产法》规定，生产经营单位新建、改建、扩建工程项目（以下统称建设项目）的安全设施，必须与主体工程同时设计、同时施工、同时投入生产和使用。安全设施投资应当纳入建设项目概算。矿山、金属冶炼建设项目和用于生产、储存、装卸危险物品的建设项目，应当按照国家有关规定进行安全评价。

建设项目安全设施的设计人、设计单位应当对安全设施设计负责。矿山建设项目和用于生产、储存危险物品的建设项目的安全设施设计应当按照国家有关规定报经有关部门审查，审查部门及其负责审查的人员对审查结果负责。

矿山、金属冶炼建设项目和用于生产、储存、装卸危险物品的建设项目的施工单位必须按照批准的安全设施设计施工，并对安全设施的工程质量负责。矿山、金属冶炼建设项目和用于生产、储存危险物品的建设项目竣工投入生产或者使用前，应当由建设单位负责组织对安全设施进行验收；验收合格后，方可投入生产和使用。负有安全生产监督管理职责的部门应当加强对建设单位验收活动和验收结果的监督核查。

5. 关于生产经营单位场地、安全设备、安全工艺及危险品生产、保管、运输、使用、废弃等相关规定

做到"安全第一"，就是要防止一切麻痹松懈的思想，不放过任何一个细节。生产经营单位应当在有较大危险因素的生产经营场所和有关设施、设备上，设置明显的安全警示标志，可以提醒、警告作业人员或其他有关人员时刻清醒认识所处环境的危险，提高注意力，加强自身安全保护，严格遵守操作规程，减少生产安全事故的发生。

安全设备是对安全生产具有直接保障作用的有关设备，因此安全设备的设计、制造、安装、使用、检测、维修、改造和报废，应当符合国家标准或者行业标准。生产经营单位必须对安全设备进行经常性维护、保养，并定期检测，保证正常运转。维护、保养、检测应当作好记录，并由有关人员签字。《安全生产法》规定，生产经营单位不得关闭、破坏直接关系生产安全的监控、报警、防护、救生设备、设施，或者篡改、隐瞒、销毁其相关数据、信息。现在餐饮行业安全生产问题频出，《安全生产法》规定，餐饮等行业的生产经营单位使用燃气的，应当安装可燃气体报警装置，并保障其正常使用。

危险物品的容器和运输工具，以及涉及生命安全、危险性较大的特种设备的产品质量如何，直接关系到能否保障安全生产，有必要对其安全管理专门作出较为严格的规定。《安全生产法》规定，生产经营单位使用的危险物品的容器、运输工具，以及涉及人身安全、危险性较大的海洋石油开采特种设备和矿山井下特种设备，必须按照国家有关规定，由专业生产单位生产，并经具有专业资质的检测、检验机构检测、检验合格，取得安全使用证或者安全标志，方可投入使用。检测、检验机构对检测、检验结果负责。

生产、经营、运输、储存、使用危险物品或者处置废弃危险物品的，由有关主管部门依照有

关法律、法规的规定和国家标准或者行业标准审批并实施监督管理。生产经营单位生产、经营、运输、储存、使用危险物品或者处置废弃危险物品，必须执行有关法律、法规和国家标准或者行业标准，建立专门的安全管理制度，采取可靠的安全措施，接受有关主管部门依法实施的监督管理。生产经营单位对重大危险源应当登记建档，进行定期检测、评估、监控，并制定应急预案，告知从业人员和相关人员在紧急情况下应当采取的应急措施。生产经营单位应当按照国家有关规定将本单位重大危险源及有关安全措施、应急措施报有关地方人民政府应急管理部门和有关部门备案。有关地方人民政府应急管理部门和有关部门应当通过相关信息系统实现信息共享。

安全风险分级管控是指在安全生产过程中，针对各系统、各环节可能存在的安全风险、危害因素以及重大危险源，进行超前辨识、分析评估、分级管控的管理措施。生产经营单位应当建立安全风险分级管控制度，按安全风险分级采取相应的管控措施。

切实做好事故隐患排查治理工作，努力做到防患于未然，是预防发生生产安全事故的关键，也是生产经营单位日常安全管理的核心工作。生产经营单位应当建立健全生产安全事故隐患排查治理制度，采取技术、管理措施，及时发现并消除事故隐患。事故隐患排查治理情况应当如实记录，并通过职工大会或者职工代表大会、信息公示栏等方式向从业人员通报。其中，重大事故隐患排查治理情况应当及时向负有安全生产监督管理职责的部门报告。县级以上地方各级人民政府负有安全生产监督管理职责的部门应当将重大事故隐患纳入相关信息系统，建立健全重大事故隐患治理督办制度，督促生产经营单位消除重大事故隐患。

工艺、设备在生产经营活动中属于"物"的因素，是安全生产条件的重要组成部分，国家对严重危及生产安全的工艺、设备实行淘汰制度，生产经营单位不得使用应当淘汰的危及生产安全的工艺、设备。

此外，《安全生产法》规定，两个以上生产经营单位在同一作业区域内进行生产经营活动，可能危及对方生产安全的，应当签订安全生产管理协议，明确各自的安全生产管理职责和应当采取的安全措施，并指定专职安全生产管理人员进行安全检查与协调。

生产经营单位不得将生产经营项目、场所、设备发包或者出租给不具备安全生产条件或者相应资质的单位或者个人。生产经营项目、场所发包或者出租给其他单位的，生产经营单位应当与承包单位、承租单位签订专门的安全生产管理协议，或者在承包合同、租赁合同中约定各自的安全生产管理职责。生产经营单位对承包单位、承租单位的安全生产工作统一协调、管理，定期进行安全检查，发现安全问题的，应当及时督促整改。矿山、金属冶炼建设项目和用于生产、储存、装卸危险物品的建设项目的施工单位应当加强对施工项目的安全管理，不得倒卖、出租、出借、挂靠或者以其他形式非法转让施工资质，不得将其承包的全部建设工程转包给第三人或者将其承包的全部建设工程肢解以后以分包的名义分别转包给第三人，不得将工程分包给不具备相应资质条件的单位。

五、从业人员安全生产的权利与义务

从业人员是企业生产经营活动的直接操作者，既是安全生产保护的对象，又是实现安全生产的基本要素，在安全生产工作中处于核心和关键的地位。《安全生产法》第六条规定，生产经营单位的从业人员有依法获得安全生产保障的权利，并应当依法履行安全生产方面的义务。

（一）从业人员在安全生产方面的基本权利

1. 有依法获得社会保险的权利

《安全生产法》规定，生产经营单位在与从业人员订立的劳动合同中，应当载明有关保障从业人员劳动安全、防止职业危害的事项，以及依法为从业人员办理工伤保险的事项。工伤保险是指劳动者在职业活动中遇到意外事故伤害和职业病伤害的保险，这种保险与商业保险的不同之处就在于其法定的强制性。《安全生产法》规定，生产经营单位必须依法参加工伤保险，为从业人员缴纳保险费。也就是说，对这一条规定的工伤保险，不管生产经营单位是否愿意，均必须参加。工伤保险是一种社会保障措施，目的是保护劳动者的合法权益。劳动合同中载明依法为从业人员办理工伤保险的事项，确保了从业人员的知情权，维护了从业人员的合法权益，也有利于对生产经营单位的监督。此外，生产经营单位与从业人员订立的合同中，不得含有免除或者减轻生产经营单位对从业人员因生产安全事故伤亡依法应承担的责任的内容。当前，一些生产经营单位强迫劳动者与其订立"生死合同"，一旦发生人身伤亡事故，只给受害人或者其家属很有限的赔偿金额，就不再承担任何责任。这种"生死合同"严重损害了从业人员的合法权益，是对生命尊严的践踏，对此类合同必须严加禁止。因此，《安全生产法》作出了有针对性的规定。这种合同属于《中华人民共和国劳动法》第十八条规定的违反法律、行政法规的无效劳动合同。无效的劳动合同，从订立的时候起就没有法律约束力。另外，还要依照《安全生产法》第一百零六条的规定追究法律责任，即生产经营单位与从业人员订立协议，免除或者减轻其对从业人员因生产安全事故伤亡依法应承担的责任的，该协议无效；对生产经营单位的主要负责人、个人经营的投资人处 2 万元以上 10 万元以下的罚款。

2. 有知情权

各企业有义务将员工作业场所和工作岗位中存在的可能导致生产安全事故的危险因素如实、全面地告诉工作人员，并将生产安全事故的防范措施和事故的应急措施告知工作人员，即生产经营单位的工作人员的有关知情权。《安全生产法》规定，生产经营单位的从业人员有权了解其作业场所和工作岗位存在的危险因素、防范措施及事故应急措施。企业的员工对于劳动安全的知情权，与员工的生命安全和健康关系密切，是保护劳动者生命健康权的重要前提。员工的劳动安全知情权有些是要通过与企业签订劳动合同来实现的。企业的从业人员只有了解了这些情况，才能有针对性地采取相应措施，保护自身的生命安全和健康。

3. 对本单位的安全生产工作有建议权

《安全生产法》规定，从业人员有权对本单位的安全生产工作提出建议。生产经营单位有义务并认真听取从业人员关于安全生产工作的意见和建议。员工作为企业安全生产的主体，当然会关心企业的生产经营情况，且本单位的经济效益与员工的切身利益息息相关，特别是安全生产工作更是涉及员工的生命安全和健康。因此，员工有权利参与用人单位的民主管理。员工通过参与生产经营的民主管理，可以充分调动其积极性与主动性，可以充分发挥其聪明才智，为本单位献计献策，对安全生产工作提出意见与建议，共同做好企业的安全运输生产工作。企业要重视和尊重企业从业人员的意见和建议，并对他们的意见和建议及时做出答复。合理的意见应当采纳，对不予采纳的意见应当给予说明和解释。

4. 对安全生产工作中存在的问题有提出批评、检举和控告的权利，有权拒绝违章指挥和强令冒险作业

这里讲的批评权是指企业员工对本单位安全生产工作中存在的问题提出批评的权利。法

律规定这一权利,有利于企业员工对企业的安全运输生产进行群众监督,促使各企业不断改进本单位的安全生产工作。这里讲的检举权、控告权,是指企业员工对本单位及有关人员违反安全生产法律、法规的行为,有权向企业上级主管部门和司法机关进行检举和控告的权利。检举可以署名,也可以不署名;可以用书面形式,也可以用口头形式。但是,企业员工在行使这一权利时,应注意检举和控告的情况必须真实,要实事求是,不能道听途说,无中生有,更不能凭空捏造。法律规定员工的检举权、控告权,有利于及时对违法行为作出处理,保障生产安全,防止生产安全事故。

从业人员享有的拒绝违章指挥、强令冒险作业权,是保护从业人员生命安全和健康的一项重要的权利。这里讲的违章指挥,主要是指企业的负责人、生产管理人员和工程技术人员违反规章制度,不顾员工的生命安全和健康,指挥从业人员进行生产活动的行为。强令冒险作业,是指生产经营单位管理人员对于存在危及作业人员人身安全的危险因素而又没有相应的安全保护措施的作业,不顾员工的生命安全和健康,强迫命令员工进行作业。这些都对企业员工生命安全和健康构成极大威胁。为了保护自己的生命安全和健康,对于企业的这种行为,员工有权予以拒绝。

企业不得因员工对本单位安全生产工作提出批评、检举、控告或者拒绝违章指挥和强令冒险作业而降低员工的工资、福利等待遇或者解除与其签订的劳动合同。员工享有的上述权利,是法律赋予的,企业应当保障员工行使,任何人不得侵犯员工依法享有的权利。企业因为员工依法行使法律规定的权利,如当员工发现本企业生产经营活动中有违反安全生产的法律、法规以及危及生命安全和健康的行为时,对本单位提出批评或者到有关部门进行检举、控告,企业便对该员工过降低其工资、福利待遇等方式,对其进行打击报复,或者因此解除与该员工订立的劳动合同,就是对劳动者依法行使正当权利的侵犯。对这类打击报复行为,《安全生产法》明确规定予以禁止。

5. 发现直接危及人身安全的紧急情况时,有进行紧急避险的权利

该权利可以停止作业或者在采取可能的应急措施后撤离作业场所,这是关于企业在生产时员工的紧急撤离权的规定。员工的紧急撤离权,是指其发现直接危及人身安全的紧急情况时,享有的停止作业或者在采取可能的应急措施后撤离作业场所的权利。从业人员行使这种权利的前提条件是其发现直接危及人身安全的紧急情况,如果不撤离会对其生命安全和健康造成直接的威胁。例如,在开挖隧道时,发生工作面坍塌、支架破坏、岩层变软等异常时,隧道业人员在此情况下有权停止作业,及时撤离。人的生命是最为宝贵的。法律对从业人员的紧急撤离权作出规定十分必要。同时,《安全生产法》规定,企业不得因员工在前款规定的紧急情况下停止作业或者采取紧急撤离措施而降低其工资、福利等待遇或者解除与其订立的劳动合同。企业若实施此类行为则归于无效,对降低的工资要给员工补发、对福利予以恢复,解除合同的行为无效,原劳动合同依然具有法律效力。其他国家的法律中也有类似的规定,用工者必须采取措施,防止劳动者在面临直接严重危险时马上离开工作岗位而可能带来的安全问题,否则不得因此而责备劳动者。如果控制住了这种直接危险,用工者在有充分的理由情况下,才允许要求用工者复工。但是,对于有特定职务的铁路工作人员,应把旅客安全放在第一位,而不应实施紧急避险,如客车司机,在列车运行过程中遇到危险,不能放弃旅客,独自逃生,应尽量及时采取措施,把危险降至最低。

6. 依照民事法律的相关规定,向本单位提出赔偿要求的权利

生产经营单位发生生产安全事故后,应当及时采取措施救治有关人员。用人单位应当按照国家规定,向工伤保险经办机构缴纳工伤保险费,以此设立工伤保险基金,实行社会统筹,用于对工伤职工或者职业病患者提供医疗救治和经济补偿。实施工伤保险,因生产安全事故受到损害的员工的诊疗康复费用及有关社会保障可以得到相当程度的解决,但是,在特定的情况下也还有可能难以完全补偿因生产安全事故所受到的损害。这样,因生产安全事故受到损害的员工就有权依照有关民事法律的规定,要求企业进行赔偿。

(二)从业人员在安全生产方面的基本义务

1. 遵守国家有关安全生产的法律、法规和规章

有关安全生产的法律、法规和规章是对安全生产的基本要求和保障,每一个企业员工都有义务严格遵守。

2. 在作业过程中,应当严格遵守本单位的安全生产规章制度和操作规程,服从安全生产管理

企业的安全生产规章制度是保证劳动者的安全和健康,保证生产活动顺利进行的手段,没有健全和严格执行的安全生产规章制度,企业的安全生产就没有保障。可以讲,安全寓于生产的全过程之中,安全生产是需要铁路企业的每一个人、每个工序相互配合和衔接。企业的每个从业人员都从不同的角度为企业的安全生产担负责任,每个人尽责的好坏影响安全生产的成效。因此,企业的员工在作业过程中应当遵守本单位的安全生产规章制度和操作规程,服从管理,这样才能保证企业生产的活动安全、有序地进行。

3. 在作业过程中,应当正确佩戴和使用劳动防护用品,严禁在作业过程中放弃使用防护保护用品、不正确佩戴或使用劳动防护用品

劳动防护用品是保护企业从业人员安全和健康所采取的必不可少的辅助措施。从一定意义上讲,它是企业从业人员防止职业毒害和伤害的最后一项有效的措施。同时,劳动防护用品又与企业从业人员的福利待遇以及为保证产品质量、产品卫生和生活卫生所需要的非防护性的工作用品有着原则区别。在劳动条件差、危害程度高或者集体防护措施起不到作用的情况下,如在抢修或者检修设备、野外露天作业、处理事故或者隐患,以及生产工艺、设备一时跟不上等,个人防护用品会成为劳动保护的主要措施。劳动防护用品在劳动过程中,是必不可少的生产性装备,对企业来讲要按照有关规定发放充足,不得任意削减,作为员工要十分珍惜,正确佩戴和认真用好劳动防护用品。

4. 应当自觉地接受生产经营单位有关安全生产的教育和培训,掌握所从事工作应当具备的安全生产知识

这是关于企业员工应当接受安全生产教育和培训的规定。伤亡事故的发生,不外乎人的不安全行为和物的不安全状态两种原因。其中,控制人的不安全行为是减少伤亡事故的主要措施。而对企业员工进行安全生产教育,是控制人的不安全行为的有效方法,是企业安全生产管理工作中的一个重要组成部分,是提高企业员工安全素质和自我保护能力,防止事故发生,保证安全生产的重要手段。企业员工应当有主动接受安全生产教育和培训的意识。企业员工接受安全教育培训的形式多种多样,如组织专门的安全教育培训班;班前班后交代安全注意事项,讲评安全生产情况;施工和检修前进行安全措施交底;各级负责人和安全员在作业现场工作时进行安全宣传教育、督促安全法规和制度的贯彻执行;组织安全技术知识讲座、竞赛;召开

事故分析会、现场会,分析造成事故原因、责任、教训,制定事故防范措施;组织安全技术交流、安全生产展览、张贴宣传画、标语,设置警示标志,以及利用广播、电影、电视、录像等方式进行安全教育;通过由安全技术部门召开的安全例会、专题会、表彰会、座谈会或者采用安全信息、简报、通报等形式,总结、评比安全生产工作,达到安全教育的目的。因此,企业员工要积极参加上述形式的安全教育培训。

5. 在作业过程中发现事故隐患或者其他不安全因素的,应当立即向现场安全生产管理人员或者本单位的负责人报告

这是关于企业员工对事故隐患或者不安全因素的报告义务。《安全生产法》规定,安全生产管理要坚持安全第一、预防为主、综合治理的方针。生产安全事故虽然有意外性、偶然性和突发性的特点,但又有一定的规律,可以通过采取有效措施尽可能加以预防。企业员工处于安全生产的第一线,最有可能及时发现事故隐患或者其他不安全因素,因此《安全生产法》对企业员工发现事故隐患或者其他不安全因素规定报告义务,这也符合群众参与安全生产工作的方针。其报告义务有两点要求:

(1)在发现上述情况后,应当立即报告,因为安全生产事故的特点之一是突发性,如果拖延报告,则使事故发生的可能性加大,发生事故则更是悔之晚矣。

(2)接受报告的主体是现场安全生产管理人员或者本单位的负责人,以便于对事故隐患或者其他不安全因素及时作出处理,避免事故的发生。接到报告的人员须及时进行处理,以防止有关人员延误消除事故隐患的时机。

六、事故应急救援与处理

为了依法促进生产安全事故应急能力建设,《安全生产法》规定国家加强生产安全事故应急能力建设的有关内容及其他重要内容。

1. 国家加强生产安全事故应急能力建设

(1)国家在重点行业、领域建立应急救援基地和应急救援队伍,并由国家安全生产应急救援机构统一协调指挥。

(2)鼓励生产经营单位和其他社会力量建立应急救援队伍。

(3)国务院应急管理部门牵头建立全国统一的生产安全事故应急救援信息系统。该系统能够做到对生产安全事故处置、救援、恢复的联动和统一指挥,有助于掌握生产安全事故的具体地点、危害程度、扩散状况、所需资源等,有效减少危机来临时的破坏程度。

2. 县级以上地方各级人民政府生产安全事故应急能力建设

县级以上地方各级人民政府应当组织有关部门制定本行政区域内生产安全事故应急救援预案,建立应急救援体系。要求注意以下几个方面:

(1)要重点突出,针对性强。

(2)应急救援预案确定的程序要简单,步骤要明确,保证在事故发生时,应急救援预案能及时启动,并紧张有序地实施。

(3)统一指挥,责任明确。

同时,《安全生产法》要求乡镇人民政府和街道办事处,以及开发区、工业园区、港区、风景区等应当制定相应的生产安全事故应急救援预案,协助人民政府有关部门或者按照授权依法履行生产安全事故应急救援工作职责。

3. 生产经营单位生产安全事故应急能力建设

生产经营单位应当制定本单位生产安全事故应急救援预案,与所在地县级以上地方人民政府组织制定的生产安全事故应急救援预案相衔接,并定期组织演练。

4. 生产经营单位有关人员报告生产安全事故及进行事故抢救等责任规定

《安全生产法》规定,生产经营单位发生生产安全事故后,事故现场有关人员应当立即报告本单位负责人。单位负责人接到事故报告后,应当迅速采取有效措施,组织抢救,防止事故扩大,减少人员伤亡和财产损失,并按照国家有关规定立即如实报告当地负有安全生产监督管理职责的部门,不得隐瞒不报、谎报或者迟报,不得故意破坏事故现场、毁灭有关证据。

5. 负有安全生产监督管理职责的部门和有关地方人民政府报告生产安全事故的规定

《安全生产法》规定,负有安全生产监督管理职责的部门接到事故报告后,应当立即按照国家有关规定上报事故情况。负有安全生产监督管理职责的部门和有关地方人民政府对事故情况不得隐瞒不报、谎报或者迟报。

6. 生产安全事故调查处理的原则、任务、内容

(1)事故调查处理应当遵循的原则为科学严谨、依法依规、实事求是、注重实效。这四项原则是事故调查处理工作的经验总结,也是对事故调查处理工作的基本要求。

(2)生产安全事故调查处理的任务和主要内容

①及时、准确地查清事故原因。查清事故发生的原因是事故调查处理的首要任务和内容,也是进行下一步工作的基础。查清事故原因重在及时、准确,不能久查不清或者含含糊糊。

②查明事故性质和责任。事故性质是指事故是人为事故还是自然事故,是意外事故还是责任事故。如果事故是人为事故和责任事故,就应当查明对事故负有责任的人员,确定其责任程度。

③评估应急处置工作。2014年9月印发的《生产安全事故应急处置评估暂行办法》对生产安全事故的应急处置评估工作的相关内容作出了详细的规定,适用于除环境污染事故、核设施事故、国防科研生产事故以外的各类生产安全事故。

④总结经验教训,提出整改措施。这是事故调查处理的重要任务和内容之一。通过对事故原因的调查和事故责任的明确,发现安全生产管理工作的漏洞,从事故中总结经验教训,并提出整改措施,防止事故再次发生,这是生产安全事故调查处理最根本的目的。

⑤对事故责任单位和人员提出处理建议。结合对责任的认定,分别提出不同的处理建议,使有关责任者受到合理的处理,包括给予行政处分或者建议追究相应的刑事责任。这对于增强有关单位和人员的责任心、预防事故再次发生,也具有重要意义。

此外,法律规定事故调查报告应当及时向社会公布,涉及国家秘密的除外。

为进一步重申和明确事故发生单位落实整改措施的责任,《安全生产法》规定,事故发生单位应当及时全面落实整改措施,负有安全生产监督管理职责的部门应当加强监督检查。负责事故调查处理的国务院有关部门和地方人民政府应当在批复事故调查报告后一年内,组织有关部门对事故整改和防范措施落实情况进行评估,并及时向社会公开评估结果;对不履行职责导致事故整改和防范措施没有落实的有关单位和人员,应当按照有关规定追究责任。在事故调查过程中,《安全生产法》规定,任何单位和个人不得阻挠和干涉对事故的依法调查处理。对阻挠、干涉依法调查处理事故的单位和个人,依法追究法律责任。

七、安全生产责任追究

《安全生产法》规定，国家实行生产安全事故责任追究制度，依照《安全生产法》和有关法律、法规的规定，追究生产安全事故责任单位和责任人员的法律责任。并单独列了"法律责任"一章共二十七条，主要规定了负有安全生产监督管理职责的部门的工作人员，承担安全评价、认证、检验、检测的机构，生产经营单位的决策机构、主要负责人，个人经营的投资人，政府工作人员、其他国家机关工作人员以及生产经营单位及其安全生产管理人员、从业人员违反本法所应承担的法律责任，包括民事责任、行政责任和刑事责任等。《安全生产法》依法严肃追究生产安全事故有关责任人员的法律责任，对于惩罚和教育责任者本人，促使有关人员提高责任心，认真吸取事故教训，保证有关安全生产的法律、法规得到遵守，保障安全生产，具有十分重要的意义。其中，生产安全事故责任人员，既包括生产经营单位中对事故负有责任的人员，也包括政府及其有关部门对事故的发生负有领导责任或者有失职、渎职情形的有关人员，特殊情况下还可能包括上述人员以外的其他人员。

案例点击

1. 事故概况

20××年××月××日18:52，××地铁××线A站至B站上行区间，两辆列车发生追尾事故，导致130人骨折，无人员死亡。经××市公安司法鉴定中心鉴定，3人重伤、70人轻伤。事故造成直接经济损失约950.8万元。

2. 事故原因

当日，××地区处于暴雪橙色预警期，事发地区正在降雪，地铁运营单位应对准备工作不够充分，雪天限速、降速等安全措施不够具体；当值行车调度员在线路堵塞未完全排除的情况下解除032车扣车，且未告知032车司机前方024车区间临时停车；032车司机以人工驾驶模式行驶过程中，在系统提示减速后未及时采取制动措施；制动措施采取后受降雪影响，行车轨轨面湿滑，轮轨黏着系数降低，032车制动距离延长，导致与前方区间临时停车的024车发生追尾事故。

3. 事故性质与处理

经调查认定，这是一起造成多人受伤的生产安全责任事故。因雪天导致列车制动距离延长、运营单位雪天应对措施落实不到位、行车调度员处置不当以及列车司机操作不当，造成事故发生。对地铁运营单位和行业监管部门共计18人追责问责，相关责任人被追究刑事责任。

第二节　《生产安全事故报告和调查处理条例》

生产安全事故的报告和调查处理，是安全生产工作的重要环节。国务院1989年公布施行的《特别重大事故调查程序暂行规定》和1991年公布施行的《企业职工伤亡事故报告和处理规定》，对规范事故报告和调查处理发挥了重要作用。随着社会主义市场经济的发展，安全生产领域出现了一些新情况、新问题。例如，生产经营单位的所有制形式多元化，由过去以国有和集体所有为主发展为多种所有制的生产经营单位并存,特别是私营、个体等非公有生产经营单位在数量上占据多数,并且出现了公司等多样化的组织形式,生产经营单位的内部管理和决策机制也随之多样化、复杂化,给安全生产监督管理提出了新的课题。在经济持续快速发展的同时,安全生产面临着严峻形势,特别是矿山、危险化学品、建筑施工、道路交通等行业或者领域事故多发的势头没有得到根本遏制;安全生产监管体制发生了较大变化,地方政府在安全生产工作中负有重要的职责;社会各界对于生产安全事故报告和调查处理的关注度越来越高,强烈呼吁采取更加有效的措施,进一步规范事故报告和调查处理。为了适应安全生产的新形势、新情况,迫切需要在总结经验的基础上,制定一部全面、系统的规范生产安全事故报告和调查处理的行政法规,为规范事故报告和调查处理工作,落实事故责任追究制度,维护事故受害人的合法权益和社会稳定,预防和减少事故发生,进一步提供法律保障。2007 年 3 月 28 日国务院第 172 次常务会议通过《生产安全事故报告和调查处理条例》,自 2007 年 6 月 1 日起施行。

一、立法目的及法律适用范围

(一)立法目的

随着《安全生产法》的颁布实施,经过各方面的努力,全国安全生产呈现总体稳定,趋于好转的发展态势。事故的总量有较大幅度下降,重特大事故明显减少。但是,我国的安全生产工作形势依然严峻,为了规范生产安全事故的报告和调查处理,落实生产安全事故责任追究制度,防止和减少生产安全事故,制定《生产安全事故报告和调查处理条例》,专门解决生产安全事故的报告和调查处理问题。

(二)法律适用范围

生产经营活动中发生的造成人身伤亡或者直接经济损失的生产安全事故的报告和调查处理,适用《生产安全事故报告和调查处理条例》。法律主体为中华人民共和国领域范围内的生产经营单位,没有造成人身伤亡,但是社会影响恶劣的事故,国务院或者有关地方政府认为有必要调查处理的,依照《生产安全事故报告和调查处理条例》的有关规定执行。环境污染事故、核设施事故、国防科研生产事故的报告和调查处理不适用《生产安全事故报告和调查处理条例》。

二、生产安全事故报告和调查处理的原则

(一)生产安全事故分级

生产安全事故等级划分是一项重要的基础性工作,直接关系到事故报告的级别、事故调查组的组成以及事故责任的追究。明确生产安全事故的分级,区分不同的事故级别规定相应的报告和调查处理要求,是顺利开展事故报告和调查处理工作的前提,也是规范事故报告和调查处理的必然要求。

按照事故造成的人员伤亡或者直接经济损失,《生产安全事故报告和调查处理条例》规定事故一般划分为 4 个等级,即特别重大事故、重大事故、较大事故和一般事故,见表 3-1。

表 3-1 事故等级的划分

事故等级	死亡数额	重伤数额	直接经济损失数额
特别重大事故	30 人及以上	100 人及以上 (包括急性工业中毒)	1 亿元及以上

续上表

事故等级	死亡数额	重伤数额	直接经济损失数额
重大事故	10 人及以上 30 人以下	50 人及以上,100 人以下(包括急性工业中毒)	5 000 万及以上,1 亿元以下
较大事故	3 人及以上,10 人以下	10 人及以上,50 人以下(包括急性工业中毒)	1 000 万元及以上,5 000 万元以下
一般事故	3 人以下	10 人以下(包括急性工业中毒)	1 000 万元以下

由于生产经营活动涉及众多行业和领域,各个行业和领域事故的情况都有各自的特点,发生事故的情形比较复杂,差别也比较大,很难用一个标准来划分各个行业或者领域事故的等级。多年来,消防、民用航空、铁路交通等领域实际上都执行了不完全相同的事故等级划分标准。例如,飞机相撞或者坠落,即使未造成人员伤亡或者人员伤亡数量很少,也可能被确定为特别重大事故。因此,特殊的事故分级如下:

1. 补充分级。考虑到某些行业事故分级的特点,《生产安全事故报告和调查处理条例》规定,国务院安全生产监督管理部门可以会同国务院有关部门,制定事故等级划分的补充性规定。

2. 社会影响恶劣事故。《生产安全事故报告和调查处理条例》中关于社会影响恶劣事故报告调查处理的规定没有明确规定事故等级,在实践中可以根据影响大小和危害程度,比照相应等级的事故进行调查处理。

(二)事故报告和调查处理的原则

事故报告应当及时、准确、完整,任何单位和个人对事故不得迟报、漏报、谎报或者瞒报。

事故调查处理是一项比较复杂的工作,涉及方方面面的关系,同时又具有很强的科学性和技术性。要搞好事故调查处理工作,必须有正确的原则作指导。

1. 实事求是的原则。实事求是是唯物辩证法的基本要求。这一原则有以下几个方面的含义:

(1)必须全面、彻底查清生产安全事故的原因,不得夸大事故事实或缩小事实,不得弄虚作假。

(2)一定要从实际出发,在查明事故原因的基础上明确事故责任。

(3)提出处理意见要实事求是,不得从主观出发,不能感情用事,要根据事故责任划分,按照法律、法规和国家有关规定对事故责任人提出处理意见。

(4)总结事故教训、落实事故整改措施要实事求是,总结教训要准确、全面,落实整改措施要坚决、彻底。

2. 尊重科学的原则。尊重科学是事故调查处理工作的客观规律。生产安全事故的调查处理具有很强的科学性和技术性,特别是事故原因的调查,往往需要做很多技术上的分析和研究,利用很多技术手段。

(1)要有科学的态度,不主观臆想,不轻易下结论,防止个人意识主导,杜绝心理偏好,努力做到客观、公正。

（2）要特别注意充分发挥专家和技术人员的作用，把对事故原因的查明，事故责任的分析、认定建立在科学的基础上。

3. 及时、准确地查清事故经过、事故原因和事故损失，查明事故性质，认定事故责任，总结事故教训，提出整改措施，并对事故责任者依法追究责任。

（三）各方的权利和义务

1. 事故发生地有关地方人民政府。具有配合事故调查处理的职责，对相关事故调查都应当予以支持、配合上级人民政府或者有关部门的事故调查处理工作，并提供必要的便利条件。

2. 工会部门的权利。依法参加事故调查处理，有权向有关部门提出处理意见。

3. 事故相关单位和个人的义务。任何单位和个人不得阻挠和干涉对事故的报告和依法调查处理。

4. 单位和个人的举报权。对事故报告和调查处理中的违法行为，任何单位和个人有权向安全生产监督管理部门、监察机关或者其他有关部门举报，接到举报的部门应当依法及时处理。

三、事故报告的规定

（一）事故报告的时间规定

事故发生后，事故现场有关人员应当立即向本单位负责人报告；单位负责人接到报告后，应当于1小时内向事故发生地县级以上人民政府安全生产监督管理部门和负有安全生产监督管理职责的有关部门报告。

情况紧急时，事故现场有关人员可以直接向事故发生地县级以上人民政府安全生产监督管理部门和负有安全生产监督管理职责的有关部门报告。安全生产监督管理部门和负有安全生产监督管理职责的有关部门逐级上报事故情况，每级上报的时间不得超过2小时。

（二）逐级报告制度

安全生产监督管理部门和负有安全生产监督管理职责的有关部门接到事故报告后，应当依照下列规定上报事故情况，并通知公安机关、劳动保障行政部门、工会和人民检察院：

1. 特别重大事故、重大事故逐级上报至国务院安全生产监督管理部门和负有安全生产监督管理职责的有关部门。

2. 较大事故逐级上报至省、自治区、直辖市人民政府安全生产监督管理部门和负有安全生产监督管理职责的有关部门。

3. 一般事故上报至设区的市级人民政府安全生产监督管理部门和负有安全生产监督管理职责的有关部门。

安全生产监督管理部门和负有安全生产监督管理职责的有关部门依照以上规定上报事故情况，应当同时报告本级人民政府。国务院安全生产监督管理部门和负有安全生产监督管理职责的有关部门以及省级人民政府接到发生特别重大事故、重大事故的报告后，应当立即报告国务院。

必要时，安全生产监督管理部门和负有安全生产监督管理职责的有关部门可以越级上报事故情况。之所以作出这样限制性的时间规定，是因为快速上报事故，有利于上级部门及时掌握情况，迅速开展应急救援工作，有利于快速、妥善安排事故的善后工作，有利于及时向社会公布事故的有关情况,正确引导社会舆论。

（三）事故报告的内容

报告事故应当包括事故发生单位概况;事故发生的时间、地点以及事故现场情况;事故的简要经过;事故已经造成或者可能造成的伤亡人数(包括下落不明的人数)和初步估计的直接经济损失;已经采取的措施;其他应当报告的情况等内容。

由此可以看出报告事故所应当包括的内容,是完整性原则的具体体现。事故现场有关人员需要准确报告事故的时间、地点、人员伤亡的大体情况,事故单位负责人需要报告事故的简要经过、人员伤亡和损失情况以及已经采取的措施等,安全生产监督管理部门和负有安全生产监督管理职责的有关部门向上级部门报告事故情况需要严格按照本条规定进行报告。

事故发生后的一定时期内,往往会出现一些新的情况,尤其是伤亡人数和直接经济损失会发生一些变化。为了规范事故的补报工作,《生产安全事故报告和调查处理条例》特别对应当补报的新情况和补报时限进行了明确规定,并且对一些特定领域事故新情况的补报期限作了特别规定,自事故发生之日起 30 日内,事故造成的伤亡人数发生变化的,应当及时补报。道路交通事故、火灾事故自发生之日起 7 日内,事故造成的伤亡人数发生变化的,应当及时补报。

（四）发生事故后各方主体职责

发生事故后各方主体职责见表 3-2。

表 3-2　发生事故后各方主体职责

序号	责任主体	职　责
1	事故发生单位责任人	接到事故报告后,应当立即启动事故相应应急预案,或者采取有效措施,组织抢救,防止事故扩大,减少人员伤亡和财产损失
2	事故发生地有关地方人民政府、安全生产监督管理部门和负有安全生产监督管理职责的有关部门负责人	应当立即赶赴事故现场,组织事故救援
3	有关单位和人员	事故发生后,应当妥善保护事故现场以及相关证据,任何单位和个人不得破坏事故现场、毁灭相关证据
4	事故发生地公安机关	根据事故的情况,对涉嫌犯罪的,应当依法立案侦查,采取强制措施和侦查措施。犯罪嫌疑人逃匿的,公安机关应当迅速追捕归案
5	安全生产监督管理部门和负有安全生产监督管理职责的有关部门	应当建立值班制度,并向社会公布值班电话,受理事故报告和举报

四、事故调查的规定

（一）事故的分级调查和权限

事故的分级调查和权限见表 3-3。

表 3-3 事故的分级调查和权限

序号	事故分级	调查权限	备 注
1	特别重大事故	国务院或者国务院授权有关部门组织事故调查组进行调查	—
2	重大事故	事故发生地省级人民政府	可以直接组织事故调查组进行调查，也可以授权或委托有关部门组织事故调查组进行调查
3	较大事故	事故发生地设区的市级人民政府	
4	一般事故	事故发生地县级人民政府负责调查	
5	未造成人员伤亡的一般事故	—	县级人民政府也可以委托事故发生单位组织事故调查组进行调查

事故调查的两种特殊情况：

1. 上级人民政府认为必要时，可以调查由下级人民政府负责调查的事故。自事故发生之日起 30 日内（道路交通事故、火灾事故自发生之日起 7 日内），因事故伤亡人数变化导致事故等级发生变化，依照《生产安全事故报告和调查处理条例》规定应当由上级人民政府负责调查的，上级人民政府可以另行组织事故调查组进行调查。

2. 特别重大事故以下等级事故，事故发生地与事故发生单位不在同一个县级以上行政区域的，由事故发生地人民政府负责调查，事故发生单位所在地人民政府应当派人参加。

（二）事故调查组的组成及人员要求

事故调查组的组成应当遵循精简、效能的原则。根据事故的具体情况，事故调查组由有关人民政府、安全生产监督管理部门、负有安全生产监督管理职责的有关部门、监察机关、公安机关以及工会派人组成，并应当邀请人民检察院派人参加。

事故调查组可以聘请有关专家参与调查。事故调查组成员应当具有事故调查所需要的知识和专长，并与所调查的事故没有直接利害关系。事故调查组组长由负责事故调查的人民政府指定。事故调查组组长主持事故调查组的工作。

（三）事故调查组的职责

1. 查明事故发生的经过、原因、人员伤亡情况及直接经济损失。

2. 认定事故的性质和事故责任。

3. 提出对事故责任者的处理建议。

4. 总结事故教训，提出防范和整改措施。

5. 提交事故调查报告。

（四）事故调查组的权利和义务

1. 事故调查组的权利

事故调查组有权向有关单位和个人了解与事故有关的情况，并要求其提供相关文件、资料，有关单位和个人不得拒绝。事故调查中发现涉嫌犯罪的，事故调查组应当及时将有关材料或者其复印件移交司法机关处理。

事故调查中需要进行技术鉴定的，事故调查组应当委托具有国家规定资质的单位进行技术鉴定。必要时，事故调查组可以直接组织专家进行技术鉴定。

2. 事故调查组的义务

事故调查组成员在事故调查工作中应当诚信公正、恪尽职守，遵守事故调查组的纪律，保守事故调查的秘密。未经事故调查组组长允许，事故调查组成员不得擅自发布有关事故的信息。

(五)提交事故调查报告的时间规定

事故调查组应当自事故发生之日起 60 日内提交事故调查报告；特殊情况下，经负责事故调查的人民政府批准，提交事故调查报告的期限可以适当延长，但延长的期限最长不超过 60 日。

(六)事故调查报告的内容

1. 事故发生单位概况。
2. 事故发生经过和事故救援情况。
3. 事故造成的人员伤亡和直接经济损失。
4. 事故发生的原因和事故性质。
5. 事故责任的认定以及对事故责任者的处理建议。
6. 事故防范和整改措施。

事故调查报告应当附具有关证据材料。事故调查组成员应当在事故调查报告上签名。事故调查报告报送负责事故调查的人民政府后，事故调查工作即告结束。事故调查的有关资料应当归档保存。

五、事故处理

事故调查组是为了调查某一特定事故而临时组成的，不管是有关人民政府直接组织的事故调查组，还是授权或者委托有关部门组织的事故调查组，其形成的事故调查报告只有经过有关人民政府批复后，才具有效力，才能被执行和落实。因此，事故调查报告批复的主体是负责事故调查的人民政府。《生产安全事故报告和调查处理条例》明确事故处理中各方的职责。

重大事故、较大事故、一般事故，负责事故调查的人民政府应当自收到事故调查报告之日起 15 日内做出批复；特别重大事故，30 日内做出批复，特殊情况下，批复时间可以适当延长，但延长的时间最长不超过 30 日。有关机关应当按照人民政府的批复，依照法律、行政法规规定的权限和程序，对事故发生单位和有关人员进行行政处罚，对负有事故责任的国家工作人员进行处分。

事故发生单位应当按照负责事故调查的人民政府的批复，对本单位负有事故责任的人员进行处理。负有事故责任的人员涉嫌犯罪的，依法追究刑事责任。

事故发生单位应当认真吸取事故教训，落实防范和整改措施，防止事故再次发生。防范和整改措施的落实情况应当接受工会和职工的监督。安全生产监督管理部门和负有安全生产监督管理职责的有关部门应当对事故发生单位落实防范和整改措施的情况进行监督检查。事故处理的情况由负责事故调查的人民政府或者其授权的有关部门、机构向社会公布，依法应当保密的除外。

六、法律责任

(一)对事故相关责任人的处理

1. 事故发生单位主要负责人

有下列行为之一的,处上一年年收入 40%～80% 的罚款;属于国家工作人员的,并依法给予处分;构成犯罪的,依法追究刑事责任:

(1)不立即组织事故抢救的。

(2)迟报或者漏报事故的。

(3)在事故调查处理期间擅离职守的。

事故发生单位主要负责人未依法履行安全生产管理职责,导致事故发生的,依照表 3-4 规定处以罚款。属于国家工作人员的,并依法给予处分;构成犯罪的,依法追究刑事责任。

表 3-4 事故处罚标准

序号	事故等级	处上一年年收入的罚款比例
1	一般事故	30%
2	较大事故	40%
3	重大事故	60%
4	特别重大事故	80%

2. 参与事故调查的人员

在事故调查中有下列行为之一的,依法给予处分;构成犯罪的,依法追究刑事责任:

(1)对事故调查工作不负责任,致使事故调查工作有重大疏漏。

(2)包庇、袒护负有事故责任的人员或者借机打击报复的。

3. 事故发生单位有关人员

有下列行为之一的,对主要负责人、直接负责的主管人员和其他直接责任人员处上一年年收入 60%～100% 的罚款;属于国家工作人员的,并依法给予处分;构成违反治安管理行为的,由公安机关依法给予治安管理处罚;构成犯罪的,依法追究刑事责任:

(1)谎报或者瞒报事故的,伪造或者故意破坏事故现场的。

(2)转移、隐匿资金、财产,或者销毁有关证据、资料的。

(3)拒绝接受调查或者拒绝提供有关情况和资料的。

(4)在事故调查中作伪证或者指使他人作伪证的。

(5)事故发生后逃匿的。

(二)对事故相关责任单位或部门的处理

1. 事故发生单位有下列行为之一的,对事故发生单位处 100 万元以上 500 万元以下的罚款:

(1)谎报或者瞒报事故的。

(2)伪造或者故意破坏事故现场的。

(3)转移、隐匿资金、财产,或者销毁有关证据、资料的。

（4）拒绝接受调查或者拒绝提供有关情况和资料的。

（5）在事故调查中作伪证或者指使他人作伪证的。

（6）事故发生后逃匿的。

2. 事故发生单位对事故发生负有责任的，依照表3-5规定处以罚款。

表3-5 事故等级及相应处罚规定

序号	事故等级	罚 款
1	一般事故	10万元以上20万元以下
2	较大事故	20万元以上50万元以下
3	重大事故	50万元以上200万元以下
4	特别重大事故	200万元以上500万元以下

3. 政府有关部门，即有关地方人民政府、安全生产监督管理部门和负有安全生产监督管理职责的有关部门有下列行为之一的，对直接负责的主管人员和其他直接责任人员依法给予处分；构成犯罪的，依法追究刑事责任：

（1）不立即组织事故抢救的。

（2）迟报、漏报、谎报或者瞒报事故的。

（3）阻碍、干涉事故调查工作的。

（4）在事故调查中作伪证或者指使他人作伪证的。

（三）对事故相关责任单位、部门、人员的资质的处罚

事故发生单位对事故发生负有责任的，由有关部门依法暂扣或者吊销其有关证照；对事故发生单位负有事故责任的有关人员，依法暂停或者撤销其与安全生产有关的执业资格、岗位证书；事故发生单位主要负责人受到刑事处罚或者撤职处分的，自刑罚执行完毕或者受处分之日起，5年内不得担任任何生产经营单位的主要负责人。

为发生事故的单位提供虚假证明的中介机构，由有关部门依法暂扣或者吊销其有关证照及其相关人员的执业资格；构成犯罪的，依法追究刑事责任。

第三节 《国务院关于特大安全事故行政责任追究的规定》

为了有效地防范特大安全事故的发生，严肃追究特大安全事故的行政责任，保障人民群众生命、财产安全，国务院出台了《国务院关于特大安全事故行政责任追究的规定》（以下简称《事故责任追究规定》），这是我国一部专门规范各级人民政府和有关部门安全事故行政责任追究的行政法规。这部行政法规的核心是建立了事故行政责任追究法律制度，把对特大事故责任追究纳入法治化轨道，使之有法可依，是安全生产立法的重大突破。《事故责任追究规定》的实施，规范了各级人民政府和有关部门领导的安全生产行为，增强了安全生产的责任感和使命感，促进了安全生产法治建设，为推动全国安全生产形势的根本好转发挥了不可替代的、重大的作用。

一、特大安全事故的类别

地方人民政府主要领导人和政府有关部门正职负责人对下列特大安全事故的防范、发生，

依照法律、行政法规和《事故责任追究规定》的规定有失职、渎职情形或者负有领导责任的,依照《事故责任追究规定》给予行政处分;构成玩忽职守罪或者其他罪的,依法追究刑事责任:

1. 特大火灾事故。

2. 特大交通安全事故。

3. 特大建筑质量安全事故。

4. 民用爆炸物品和化学危险品特大安全事故。

5. 煤矿和其他矿山特大安全事故。

6. 锅炉、压力容器、压力管道和特种设备特大安全事故。

7. 其他特大安全事故。

二、地方各级政府和政府有关部门防范特大安全事故的职责

(一)地方各级政府和政府有关部门防范特大安全事故的一般性职责

1. 地方各级人民政府及政府有关部门应当依照有关规定,采取行政措施,对本地区实施安全监督管理,对本地区或者职责范围内防范特大安全事故的发生、特大安全事故发生后的迅速和妥善处理负责。

2. 应当组织有关部门按照职责分工对本地区容易发生特大安全事故的单位、设施和场所安全事故的防范明确责任、采取措施,并组织有关部门对上述单位、设施和场所进行严格检查。

3. 必须制定本地区特大安全事故应急处理预案。本地区特大安全事故应急处理预案经政府主要领导人签署后,报上一级人民政府备案。

(二)市(地、州)、县(市、区)人民政府的职责

市(地、州)、县(市、区)人民政府应当组织有关部门对《事故责任追究规定》所列各类特大安全事故的隐患进行查处;发现特大安全事故隐患的,责令立即排除;特大安全事故隐患排除前或者排除过程中,无法保证安全的,责令暂时停产、停业或者停止使用。

市(地、州)、县(市、区)人民政府及其有关部门对本地区存在的特大安全事故隐患,超出其管辖或者职责范围的,应当立即向有管辖权或者负有职责的上级人民政府或者政府有关部门报告;情况紧急的,可以立即采取包括责令暂时停产、停业在内的紧急措施,同时报告;有关上级人民政府或者政府有关部门接到报告后,应当立即组织查处。

(三)中小学校的职责

中小学校对学生进行劳动技能教育以及组织学生参加公益劳动等社会实践活动,必须确保学生安全。严禁以任何形式、名义组织学生从事接触易燃、易爆、有毒、有害等危险品的劳动或者其他危险性劳动。严禁将学校场地出租作为从事易燃、易爆、有毒、有害等危险品的生产、经营场所。

三、在发生特大事故后,有关方面应采取的措施以及对有关事故责任人的处罚

(一)在发生特大事故后,有关方面应采取的措施

1. 上报事故情况

特大安全事故发生后,有关地区人民政府及政府有关部门应当按照国家规定的程序和时限立即上报,不得隐瞒不报、谎报或者拖延报告。

2. 协助事故调查

特大安全事故发生后,有关地区人民政府及政府有关部门应当配合、协助事故调查,不得以任何方式阻碍、干涉事故调查。

3. 组织救助

特大安全事故发生后,有关地方人民政府应当迅速组织救助,有关部门应当服从指挥、调度,参加或者配合救助,将事故损失降到最低限度。省(自治区、直辖市)人民政府应当按照国家有关规定迅速、如实发布事故消息。按照国家有关规定组织调查组对事故进行调查。事故调查工作应当在规定期限内完成,并由调查组提出调查报告。调查报告应当包括依照《事故责任追究规定》对有关责任人员追究行政责任或者其他法律责任的意见。省(自治区、直辖市)人民政府应当自调查报告提交之日起 30 日内,对有关责任人员作出处理决定;必要时,国务院可以对特大安全事故的有关责任人员作出处理决定。

(二)重大事故的责任人应受到的行政处罚和应承担的刑事责任

1. 中小学校重大事故的责任人应承担的法律责任

中小学校违反规定的,按照学校隶属关系,对县(市、区)、乡(镇)人民政府主要领导人和县(市、区)人民政府教育行政部门正职负责人,根据情节轻重,给予记过、降级直至撤职的行政处分;构成玩忽职守罪或者其他罪的,依法追究刑事责任。

2. 安全生产事项负责行政审批的政府部门或者机构的责任人的法律责任

依法对涉及安全生产事项负责行政审批(包括批准、核准、许可、注册、认证、颁发证照、竣工验收等,下同)的政府部门或者机构,必须严格依照法律、法规和规章规定的安全条件和程序进行审查;不符合法律、法规和规章规定的安全条件的,不得批准;弄虚作假,骗取批准或者勾结串通行政审批工作人员取得批准的,负责行政审批的政府部门或者机构除必须立即撤销原批准外,应当对弄虚作假骗取批准或者勾结串通行政审批工作人员的当事人依法给予行政处罚;构成行贿罪或者其他罪的,依法追究刑事责任。

负责行政审批的政府部门或者机构对不符合法律、法规和规章规定的安全条件予以批准的,对部门或者机构的正职负责人,根据情节轻重,给予降级、撤职直至开除公职的行政处分;与当事人勾结串通的,应当开除公职;构成受贿罪、玩忽职守罪或者其他罪的,依法追究刑事责任。

3. 市(地、州)、县(市、区)人民政府责任人的法律责任

市(地、州)、县(市、区)人民政府未依照《事故责任追究规定》履行职责,本地区发生特大安全事故的,对政府主要领导人,根据情节轻重,给予降级或者撤职的行政处分;构成玩忽职守罪的,依法追究刑事责任。负责行政审批的政府部门或者机构、负责安全监督管理的政府有关部门,未依照《事故责任追究规定》履行职责,发生特大安全事故的,对部门或者机构的正职负责人,根据情节轻重,给予撤职或者开除公职的行政处分;构成玩忽职守罪或者其他罪的,依法追究刑事责任。

4. 发生社会影响特别恶劣的特大安全事故时,对负有领导责任的人员的行政处罚

发生特大安全事故,社会影响特别恶劣或者性质特别严重的,由国务院对负有领导责任的省长(自治区主席、直辖市市长)和国务院有关部门正职负责人给予行政处分。

地方人民政府或者政府部门阻挠、干涉对特大安全事故有关责任人员追究行政责任的,对该地方人民政府主要领导人或者政府部门正职负责人,根据情节轻重,给予降级或者撤职的行政处分。

5. 任何单位和个人均有举报权

任何单位和个人均有权向有关地方人民政府或者政府部门报告特大安全事故隐患,有权向上级人民政府或者政府部门举报地方人民政府或者政府部门不履行安全监督管理职责或者不按照规定履行职责的情况。接到报告或者举报的有关人民政府或者政府部门,应当立即组织对事故隐患进行查处,或者对举报的不履行、不按照规定履行安全监督管理职责的情况进行调查处理。

第四节 《城市轨道交通运营管理规定》

城市轨道交通是个外延较广泛的概念,国际上没有统一的定义。《城市公共交通分类标准》(CJJ/T 114—2007)将城市轨道交通定义为"城市轨道交通为采用轨道结构进行承重和导向的车辆运输系统,依据城市交通总体规划的要求,设置全封闭或部分封闭的专用轨迹线路,以列车或单车形式,运送相关规模客流量的公共交通方式。"城市轨道交通通常是指城市境内使用电能为主要动力能源,线路固定,并需铺设固定轨道,配备运输车辆及服务设施,运用于城市客运的公共交通系统,是城市公共交通系统的重要组成部分。随着我国城市化进程的加快,地方政府开始兴建服务于城市市区内的各种轻型化有轨交通系统,如地铁系统、轻轨系统、单轨系统、有轨电车、磁悬浮系统、自动导向轨道系统和市域快速轨道系统等。它主要负责无障碍兼短距离的旅客运输,通常由轻型动车组或有轨电车作为运载体。

城市轨道交通法是调整城市轨道交通建设和运输关系以及与建设和运输有关的法律规范的总称。

2018年3月,国务院办公厅印发了《关于保障城市轨道交通安全运行的意见》(国办发〔2018〕13号,以下简称《意见》),明确提出要根据实际需要及时修订城市轨道交通法规规章。为贯彻落实《意见》要求,适应新的发展形势和需要,规范城市轨道交通运营管理,保障运营安全,提高服务质量,促进城市轨道交通行业健康发展,更好履行指导城市轨道交通运营职责。根据国家有关法律、行政法规和国务院有关文件要求,交通运输部发布了《城市轨道交通运营管理规定》(交通运输部令2018年第8号,以下简称《运营管理规定》),自2018年7月1日起施行。地铁、轻轨等城市轨道交通的运营及相关管理活动,适用《运营管理规定》。

城市轨道交通运营管理应当遵循以人民为中心、安全可靠、便捷高效、经济舒适的原则。

交通运输部负责指导全国城市轨道交通运营管理工作。省、自治区交通运输主管部门负责指导本行政区域内的城市轨道交通运营管理工作。城市轨道交通所在地城市交通运输主管部门或者城市人民政府指定的城市轨道交通运营主管部门(以下统称城市轨道交通运营主管部门)在本级人民政府的领导下负责组织实施本行政区域内的城市轨道交通运营监督管理工作。

一、运营基础要求

(一)城市轨道交通线网规划及建设规划需考虑的因素

在城市轨道交通线网规划及建设规划征求意见阶段,城市轨道交通运营主管部门应当综合考虑:与城市规划的衔接、城市轨道交通客流需求、运营安全保障等因素,对线网布局和规模、换乘枢纽规划、建设时序、资源共享、线网综合应急指挥系统建设、线路功能定位、线路制式、系统规模、交通接驳等提出意见。

在城市轨道交通工程项目可行性研究报告和初步设计文件编制审批征求意见阶段,城市轨道交通运营主管部门应当对客流预测、系统设计运输能力、行车组织、运营管理、运营服务、运营安全等提出意见。

（二）运营服务专篇的设置及其内容

城市轨道交通工程项目可行性研究报告和初步设计文件中应当设置运营服务专篇,内容应当至少包括：

1. 车站开通运营的出入口数量、站台面积、通道宽度、换乘条件、站厅容纳能力等设施、设备能力与服务需求和安全要求的符合情况。

2. 车辆、通信、信号、供电、自动售检票等设施设备选型与线网中其他线路设施设备的兼容情况。

3. 安全应急设施规划布局、规模等与运营安全的适应性,与主体工程的同步规划和设计情况。

4. 与城市轨道交通线网运力衔接配套情况。

5. 其他交通方式的配套衔接情况。

6. 无障碍环境建设情况。

（三）城市轨道交通设施设备和综合监控系统的要求

城市轨道交通车辆、通信、信号、供电、机电、自动售检票、站台门等设施设备和综合监控系统需要满足以下要求：

1. 应当符合国家规定的运用准入技术条件。

2. 实现系统互联互通、兼容共享,满足网络化运营需要。

（四）运营单位的选择及资质要求

城市轨道交通工程项目原则上应当在可行性研究报告编制前,按照有关规定选择确定运营单位,运营单位应当满足以下条件：

1. 具有企业法人资格,经营范围包括城市轨道交通运营管理。

2. 具有健全的行车管理、客运管理、设施设备管理、人员管理等安全生产管理体系和服务质量保障制度。

3. 具有车辆、通信、信号、供电、机电、轨道、土建结构、运营管理等专业管理人员,以及与运营安全相适应的专业技术人员。

（五）轨道交通工程项目开展中运营单位的义务

运营单位应当全程参与城市轨道交通工程项目按照规定开展的不载客试运行,熟悉工程设备和标准,查看系统运行的安全可靠性,发现存在质量问题和安全隐患的,应当督促城市轨道交通建设单位(以下简称建设单位)及时处理。同时,运营单位应当在运营接管协议中明确相关土建工程、设施设备、系统集成的保修范围、保修期限和保修责任,并督促建设单位将上述内容纳入建设工程质量保修书。

（六）初期运营的相关要求

城市轨道交通工程项目验收合格后,由城市轨道交通运营主管部门组织初期运营前安全评估。通过初期运营前安全评估的,方可依法办理初期运营手续。

初期运营期间,运营单位应当按照设计标准和技术规范,对土建工程、设施设备、系统集成的运行状况和质量进行监控,发现存在问题或者安全隐患的,应当要求相关责任单位按照有关规定或者合同约定及时处理。

(七)正式运营前的安全评估

城市轨道交通线路初期运营期满1年,运营单位应当向城市轨道交通运营主管部门报送初期运营报告,并由城市轨道交通运营主管部门组织正式运营前安全评估。通过安全评估的,方可依法办理正式运营手续。对安全评估中发现的问题,城市轨道交通运营主管部门应当报告城市人民政府,同时通告有关责任单位要求限期整改。

开通初期运营的城市轨道交通线路有甩项工程的,甩项工程完工并验收合格后,应当通过城市轨道交通运营主管部门组织的安全评估,方可投入使用。受客观条件限制难以完成甩项工程的,运营单位应当督促建设单位与设计单位履行设计变更手续。全部甩项工程投入使用或者履行设计变更手续后,城市轨道交通工程项目方可依法办理正式运营手续。

(八)运营单位的安全生产责任及要求

1.《运营管理规定》确立了运营单位承担安全生产主体责任,应当建立安全生产责任制,设置安全生产管理机构,配备专职安全管理人员,保障安全运营所必需的资金投入。

2. 在专职安全管理人员方面,《运营管理规定》着重强调运营单位应当配置满足运营需求的从业人员,且从以下方面予以保障:

(1)需按照相关标准对该类人员进行安全和技能培训教育,以提高其技术水平和安全意识。

(2)对城市轨道交通列车驾驶员、行车调度员、行车值班员、信号工、通信工等重点岗位人员进行考核,考核不合格的,不得从事岗位工作。

(3)运营单位需要对重点岗位工作的安全背景进行审查,以避免具有危险背景的人员从事城市轨道交通运营管理的重点岗位工作。

(4)城市轨道交通驾驶员应当按照法律法规的规定取得驾驶员职业准入资格证。运营单位应当对列车驾驶员定期开展心理测试,对于不符合要求的驾驶员应当及时调整工作岗位。

3. 在风险管控和隐患排查方面,《运营管理规定》从运营单位和城市轨道交通运营主管部门两方面进行了规定:

(1)运营单位应当按照有关规定,完善风险分级管控和隐患排查治理双重预防制度,建立风险数据库和隐患排查手册,对于可能影响安全运营的风险隐患需要及时整改,并向城市轨道交通运营主管部门报告。

(2)城市轨道交通主管部门应当建立运营重大隐患治理督办制度,督促运营单位采取安全防护措施,尽快消除重大隐患;对于非运营单位原因不能及时消除的,应当报告城市人民政府依法处理。

4. 在城市轨道交通运营设施设备管理方面,运营单位需要履行以下职责:

(1)运营单位需要建立健全本单位的城市轨道交通运营设施设备定期检查、检测评估、养护维修、更新改造制度和技术管理体系,并报城市轨道交通运营主管部门备案。

(2)运营单位应当对设施设备积极开展定期检查、检测评估、养护维修和更新改造工作,并保存记录。

5. 在管理系统和安全管理制度方面,《运营管理规定》要求城市轨道交通主管部门和运营单位建立城市轨道交通智能管理系统和网络安全管理制度。

(1)智能管理系统需要满足以下功能：

①能够对所有运营过程、区域和关键设施设备进行监管。

②具备运行控制、关键设施和关键部位监测、风险管控和隐患排查、应急处置、安全监控等功能。

③能够实现运营单位和各级交通运输主管部门之间的信息共享，以提高运营管理水平。

(2)建立网络安全管理制度，严格落实网络安全有关规定和等级保护要求，加强列车运行控制等关键系统信息安全保护，提升网络安全水平。

(九)运营安全管理工作的监督

《运营管理规定》要求城市轨道交通主管部门应当对运营单位运营安全管理工作进行监督检查，定期委托第三方机构组织专家开展运营期间安全评估工作，确保运营单位运营管理工作符合相关要求。初运营前、正式运营前以及运营期间的安全评估工作管理办法由交通运输部另行制定。

(十)城市轨道交通运营信息统计分析制度

城市轨道交通运营主管部门和运营单位应当建立城市轨道交通运营信息统计分析制度，并按照有关规定及时报送相关信息。

二、运营服务

城市轨道交通运营服务应当满足安全、可靠、便捷、高效、经济等要求，为此，《运营管理规定》对城市轨道交通运营服务进行了详细的规定，以保障运营服务的质量。

(一)运营服务质量承诺的公布和备案

运营单位应当向社会公布运营服务质量承诺，并报城市轨道交通运营主管部门备案，定期报告履行的情况。

(二)城市轨道交通运行图的编制及调整

1.运行图的制定需要以城市轨道交通沿线乘客出行规律和网络化运输组织的要求为依据。

2.需要报城市轨道交通运营主管部门备案。

3.当运营单位调整运行图严重影响服务质量时，需要向城市轨道交通运营主管部门说明理由。

(三)运营服务和安全应急等信息的提供

运营单位应当通过标识、广播、视频设备、网络等多种方式按照下列要求向乘客提供运营服务和安全应急等信息：

1.在车站醒目位置公布首末班车时间、城市轨道交通线网示意图、进出站指示、换乘指示和票价信息。

2.在站厅或者站台提供列车到达、间隔时间、方向提示、周边交通方式换乘、安全提示、无障碍出行等信息。

3.在车厢提供城市轨道交通线网示意图、列车运行方向、到站、换乘、开关车门提示等信息。

4.首末班车时间调整、车站出入口封闭、设施设备故障、限流、封站、甩站、暂停运营等非正常运营信息。

（四）城市轨道交通票价制定和调整

1. 城市轨道交通票价制定和调整须按照国家有关规定执行，不得在没有相关规定或者违反相关规定的情形下擅自制定和调整票价。

2. 城市轨道交通运营主管部门应当按照有关标准组织实施交通一卡通在轨道交通的建设与推广应用，推动跨区域、跨交通方式的互联互通。

（五）城市轨道交通乘客乘车规范的制定和执行

城市轨道交通运营主管部门应当制定城市轨道交通乘客乘车规范，乘客应当遵守。拒不遵守的，运营单位有权劝阻和制止，制止无效的，报告公安机关依法处理。

（六）对运营单位服务质量的监督和考评

为了提高运营服务的质量，城市轨道交通运营主管单位应当通过乘客满意度调查等多种形式，定期对运营单位服务质量进行监督和考评，考评结果须向社会公布。

（七）投诉处理制度的建立

城市轨道交通运营主管部门和运营单位应当分别建立投诉受理制度。接到乘客投诉后，应当及时处理，并将处理结果告知乘客。

（八）乘客的相关义务及责任

乘客应当持有效乘车凭证乘车，不得使用无效、伪造、变造的乘车凭证。运营单位有权查验乘客的乘车凭证。乘客及其他人员因违法违规行为对城市轨道交通运营造成严重影响的，应当依法追究责任。

（九）信息技术的使用

现阶段，信息技术的发展不仅给公民生活带来了极大的便利，而且也越来越成为企业、政府部门履行职责、开展工作的强力助手。在城市轨道交通运营服务方面，运营单位应积极采用大数据分析、移动互联网等先进技术及有关的设施设备，提升服务品质。同时，运营单位应当保证乘客个人信息的采集和使用符合国家网络和信息安全的有关规定，保障乘客个人信息的安全。

三、安全支持保障

城市轨道交通的运营关系人民群众的生命财产安全等重大利益，因而有必要对其进行规范，《运营管理规定》从保护区内进行作业时的有关程序要求，保护区作业巡查有关要求，地面、高架线路沿线建（构）筑物等妨碍瞭望和侵界情况的处置，危害城市轨道交通设施设备运行、影响运营安全的禁止性行为，广告、商业设施等非运营设施的设置要求，乘客进站禁止、限制携带物品的具体要求以及相关部门和人员安全管理职责等方面进行了详细的规定。

（一）保护区内作业时的有关程序要求

城市轨道交通工程项目应当按照规定划定保护区。开通初期运营前，建设单位应当向运营单位提供保护区平面图，并在具备条件的保护区设置提示或者警告标志，在城市轨道交通保护区内进行下列作业的，作业单位应当按照有关规定制定安全防护方案，经运营单位同意后，依法办理相关手续并对作业影响区域进行动态监测：

1. 新建、改建、扩建或者拆除建（构）筑物。

2. 挖掘、爆破、地基加固、打井、基坑施工、桩基础施工、钻探、灌浆、喷锚、地下顶进作业。

3. 敷设或者搭架管线、吊装等架空作业。

4. 取土、采石、采砂、疏浚河道。

5. 大面积增加或者减少建(构)筑物载荷的活动。

6. 电焊、气焊和使用明火等具有火灾危险作业。

(二)保护区作业巡查有关要求

运营单位有权进入作业现场进行巡查,发现危及或者可能危及城市轨道交通运营安全的情形,运营单位有权予以制止,并要求相关责任单位或者个人采取措施消除妨害;逾期未改正的,及时报告有关部门依法处理。

(三)地面、高架线路沿线建(构)筑物等妨碍瞭望和侵界情况的处置

使用高架线路桥下空间不得危害城市轨道交通运营安全,并预留高架线路桥梁设施日常检查、检测和养护维修条件。

地面、高架线路沿线建(构)筑物或者植物不得妨碍行车瞭望,不得侵入城市轨道交通线路的限界。沿线建(构)筑物、植物可能妨碍行车瞭望或者侵入线路限界的,责任单位应当及时采取措施消除影响。责任单位不能消除影响,危及城市轨道交通运营安全、情况紧急的,运营单位可以先行处置,并及时报告有关部门依法处理。

(四)危害城市轨道交通设施设备运行、影响运营安全的禁止性行为

1. 禁止下列危害城市轨道交通运营设施设备安全的行为:

(1)损坏隧道、轨道、路基、高架、车站、通风亭、冷却塔、变电站、管线、护栏护网等设施。

(2)损坏车辆、机电、电缆、自动售检票等设备,干扰通信信号、视频监控设备等系统。

(3)擅自在高架桥梁及附属结构上钻孔打眼,搭设电线或者其他承力绳索,设置附着物。

(4)损坏、移动、遮盖安全标志、监测设施以及安全防护设备。

2. 禁止下列危害或者可能危害城市轨道交通运营安全的行为:

(1)拦截列车。

(2)强行上下车。

(3)擅自进入隧道、轨道或者其他禁入区域。

(4)攀爬或者跨越围栏、护栏、护网、站台门等。

(5)擅自操作有警示标志的按钮和开关装置,在非紧急状态下动用紧急或者安全装置。

(6)在城市轨道交通车站出入口5米范围内停放车辆、乱设摊点等,妨碍乘客通行和救援疏散。

(7)在通风口、车站出入口50米范围内存放有毒、有害、易燃、易爆、放射性和腐蚀性等物品。

(8)在出入口、通风亭、变电站、冷却塔周边躺卧、留宿、堆放和晾晒物品。

(9)在地面或者高架线路两侧各100米范围内升放风筝、气球等低空漂浮物体和无人机等低空飞行器。

(五)广告、商业设施等非运营设施的设置要求

在城市轨道交通车站、车厢、隧道、站前广场等范围内设置广告、商业设施的,不得影响正常运营,不得影响导向、提示、警示、运营服务等标识识别、设施设备使用和检修,不得挤占出入口、通道、应急疏散设施空间和防火间距;城市轨道交通车站站台、站厅层不应设置妨碍安全疏散的非运营设施。

（六）禁止携带危险物品进站乘车

禁止乘客携带有毒、有害、易燃、易爆、放射性、腐蚀性以及其他可能危及人身和财产安全的危险物品进站、乘车。

运营单位应当按规定在车站醒目位置公示城市轨道交通禁止、限制携带物品目录。

（七）运营主管部门对运营单位安全管理工作的监督指导

各级城市轨道交通运营主管部门应当按照职责监督指导运营单位开展反恐防范、安检、治安防范和消防安全管理相关工作。

鼓励推广应用安检新技术、新产品，推动实行安检新模式，提高安检质量和效率。

（八）信用信息共享平台的建立

交通运输部应当建立城市轨道交通重点岗位从业人员不良记录和乘客违法违规行为信息库，并按照规定将有关信用信息及时纳入交通运输和相关统一信用信息共享平台。

（九）城市轨道交通运营安全志愿者的权利

鼓励经常乘坐城市轨道交通的乘客担任志愿者，及时报告城市轨道交通运营安全问题和隐患，检举揭发危害城市轨道交通运营安全的违法违规行为。运营单位应当对志愿者开展培训。

四、应急处置

城市轨道交通运营事故的发生往往具有巨大的破坏性，会产生十分严重的后果，因此提高城市轨道交通运营的应急处置能力显然是城市道交通运营主管部门和运营单位必须考虑的事项。《运营管理规定》从健全综合应急预案、专项应急预案和现场处置方案的应急预案体系、运营单位的应急物资、应急救援装备和队伍、应急值守和报告等制度的设立、运营突发事件应急演练的开展、运营安全重大故障和事故报送制度的建立以及安全乘车理念和突发事件应对知识的宣传等方面进行了规定，不断提高安全防范和应急处置水平，切实保护人民的生命财产安全。

（一）应急预案体系的建立与完善

健全综合应急预案、专项应急预案和现场处置方案的应急预案体系。

1. 城市轨道交通所在地城市及以上地方各级人民政府应当建立运营突发事件处置工作机制，明确相关部门和单位的职责分工、工作机制和处置要求，制定完善运营突发事件应急预案。

2. 运营单位应当按照有关法规要求建立运营突发事件应急预案体系，制定综合应急预案、专项应急预案和现场处置方案。运营单位应当组织专家对专项应急预案进行评审。

3. 因地震、洪涝、气象灾害等自然灾害和恐怖袭击、刑事案件等社会安全事件以及其他因素影响或者可能影响城市轨道交通正常运营时，参照运营突发事件应急预案做好监测预警、信息报告、应急响应、后期处置等相关应对工作。

（二）提高应急救援能力的相关措施

运营单位应当储备必要的应急物资，配备专业应急救援装备，建立应急救援队伍，配齐应急人员，完善应急值守和报告制度，加强应急培训，提高应急救援能力。

（三）运营突发事件应急演练的开展

城市轨道交通运营主管部门应当按照有关法规要求，在城市人民政府领导下会同有关部门定期组织开展联动应急演练。

运营单位应当定期组织运营突发事件应急演练，其中综合应急预案演练和专项应急预案演练每半年至少组织一次。现场处置方案演练应当纳入日常工作，开展常态化演练。运营单位应当组织社会公众参与应急演练，引导社会公众正确应对突发事件。

（四）安全警示标志和安全救生器械的装置

运营单位应当在城市轨道交通车站、车辆、地面和高架线路等区域的醒目位置设置安全警示标志，按照规定在车站、车辆配备灭火器、报警装置和必要的救生器材，并确保能够正常使用。

（五）城市轨道交通运营突发事件发生后的处置

城市轨道交通运营突发事件发生后，运营单位应当按照有关规定及时启动相应应急预案。运营单位应当充分发挥志愿者在突发事件应急处置中的作用，提高乘客自救互救能力。

现场工作人员应当按照各自岗位职责要求开展现场处置，通过广播系统、乘客信息系统和人工指引等方式，引导乘客快速疏散。

（六）城市轨道交通客流监测及相关疏导措施

运营单位应当加强城市轨道交通客流监测。可能发生大客流时，应当按照预案要求及时增加运力进行疏导；大客流可能影响运营安全时，运营单位可以采取限流、封站、甩站等措施。

因运营突发事件、自然灾害、社会安全事件以及其他原因危及运营安全时，运营单位可以暂停部分区段或者全线网的运营，根据需要及时启动相应应急保障预案，做好客流疏导和现场秩序维护，并报告城市轨道交通运营主管部门。

运营单位采取限流、甩站、封站、暂停运营措施应当及时告知公众，其中封站、暂停运营措施还应当向城市轨道交通运营主管部门报告。

（七）运营安全重大故障和事故报送制度的建立

城市轨道交通运营主管部门和运营单位应当建立城市轨道交通运营安全重大故障和事故报送制度。城市轨道交通运营主管部门和运营单位应当定期组织对重大故障和事故原因进行分析，不断完善城市轨道交通运营安全管理制度以及安全防范和应急处置措施。

（八）安全乘车理念和突发事件应对知识的宣传

城市轨道交通运营主管部门和运营单位当加强舆论引导，宣传文明出行、安全乘车理念和突发事件应对知识，培养公众安全防范意识，引导理性应对突发事件。

五、法律责任

（一）城市轨道交通运营单位的法律责任

1. 违反《运营管理规定》，城市轨道交通工程项目（含甩项工程）未经安全评估投入运营的，由城市轨道交通运营主管部门责令限期整改，并对运营单位处以 2 万元以上 3 万元以下的罚款，同时对其主要负责人处以 1 万元以下的罚款；有严重安全隐患的，城市轨道交通运营主管部门应当责令暂停运营。

2. 违反《运营管理规定》，运营单位有下列行为之一的，由城市轨道交通运营主管部门责令限期改正；逾期未改正的，处以 5 000 元以上 3 万元以下的罚款，并可对其主要负责人处以 1 万元以下的罚款：

（1）未全程参与试运行。

（2）未按照相关标准对从业人员进行技能培训教育。

（3）列车驾驶员未按照法律法规的规定取得职业准入资格。

（4）列车驾驶员、行车调度员、行车值班员、信号工、通信工等重点岗位从业人员未经考核上岗。

（5）未按照有关规定完善风险分级管控和隐患排查治理双重预防制度。

（6）未建立风险数据库和隐患排查手册。

（7）未按要求报告运营安全风险隐患整改情况。

（8）未建立设施设备检查、检测评估、养护维修、更新改造制度和技术管理体系。

（9）未对设施设备定期检查、检测评估和及时养护维修、更新改造。

（10）未按照有关规定建立运营突发事件应急预案体系。

（11）储备的应急物资不满足需要，未配备专业应急救援装备，或者未建立应急救援队伍、配齐应急人员。

（12）未按时组织运营突发事件应急演练。

3. 违反《运营管理规定》，运营单位未按照规定上报城市轨道交通运营相关信息或者运营安全重大故障和事故的，由城市轨道交通运营主管部门责令限期改正；逾期未改正的，处以5 000元以上3万元以下的罚款。

4. 违反《运营管理规定》，运营单位有下列行为之一，由城市轨道交通运营主管部门责令限期改正；逾期未改正的，处以1万元以下的罚款：

（1）未向社会公布运营服务质量承诺或者定期报告履行情况。

（2）运行图未报城市轨道交通运营主管部门备案或者调整运行图严重影响服务质量的，未向城市轨道交通运营主管部门说明理由。

（3）未按规定向乘客提供运营服务和安全应急等信息。

（4）未建立投诉受理制度，或者未及时处理乘客投诉并将处理结果告知乘客。

（5）采取的限流、甩站、封站、暂停运营等措施，未及时告知公众或者封站、暂停运营等措施未向城市轨道交通运营主管部门报告。

（二）相关责任人和单位的法律责任

违反《运营管理规定》，有下列行为之一，由城市轨道交通运营主管部门责令相关责任人和单位限期改正、消除影响；逾期未改正的，可以对个人处以5 000元以下的罚款，对单位处以3万元以下的罚款；造成损失的，依法承担赔偿责任；情节严重构成犯罪的，依法追究刑事责任：

1. 高架线路桥下的空间使用可能危害运营安全的。

2. 地面、高架线路沿线建（构）筑物或者植物妨碍行车瞭望、侵入限界的。

违反《运营管理规定》，运营单位有权予以制止，并由城市轨道交通运营主管部门责令改正，可以对个人处以5 000元以下的罚款，对单位处以3万元以下的罚款；违反治安管理规定的，由公安机关依法处理；构成犯罪的，依法追究刑事责任。

（三）城市轨道交通运营主管部门的法律责任

城市轨道交通运营主管部门不履行《运营管理规定》职责造成严重后果的，或者有其他滥用职权、玩忽职守、徇私舞弊行为的，对负有责任的领导人员和直接责任人员依法给予处分；构成犯罪的，依法追究刑事责任。

地方性法规、地方政府规章对城市轨道交通运营违法行为需要承担的法律责任与《运营管理规定》有不同规定的,从其规定。

第五节　《铁路安全管理条例》

《铁路安全管理条例》是国务院发布的一部行政法规,自 2014 年 1 月 1 日起施行。《铁路安全管理条例》的颁布实施,对于加强铁路安全管理,保障铁路运输安全和畅通,保护人身安全和财产安全及其他合法权益,具有重要意义。

一、修订原因

1989 年国务院发布的《铁路运输安全保护条例》,2005 年对其进行了重大修订后于 2005 年 4 月 1 日起开始执行。2008 年 8 月 1 日,设计时速 350 公里的京津城际铁路正式开通运营,标志着中国正式进入高铁时代,对铁路设施设备的安全运行提出了更高的要求。随着大规模铁路建设特别是高速铁路的建设发展,铁路安全管理面临许多新情况、新问题、新挑战,《铁路运输安全保护条例》已不能完全适应保障铁路安全的新形势、新体制、新要求,需修改完善。这主要体现在以下几个方面:

1. 铁路建设质量安全是保障铁路运输安全的基础,但《铁路运输安全保护条例》缺乏对铁路建设的规定,需要补充。

2. 高速铁路的发展对铁路安全提出了更高要求,需要在立法中作出有针对性的规定。

3. 要根据铁路政企分开和国务院深入推进行政审批制度改革的精神,对《铁路运输安全保护条例》中不适应改革要求的规定及时进行调整、充实和完善。

《铁路安全管理条例》是在 2005 年《铁路运输安全保护条例》的基础上,结合铁路改革与发展新的实践进行了全面修订,对铁路建设质量安全、铁路专用设备质量安全、铁路线路安全、铁路运营安全以及社会公众对保护铁路安全的义务等作了全面规定。《铁路安全管理条例》的颁布实施为新阶段的铁路建设和运营提供更完善的制度保障,对于完善我国铁路法律制度体系,推进铁路事业的市场化、法治化进程有着非常重要的意义,为铁路改革提供新的动力。

二、铁路安全管理的方针与相关方责任与义务

(一)铁路安全管理方针

铁路安全管理坚持安全第一、预防为主、综合治理的方针。铁路监管部门,即国务院铁路行业监督管理部门和铁路监督管理机构负责各级铁路安全监督管理工作。铁路沿线地方各级人民政府和县级以上地方人民政府有关部门应当按照各自职责,加强保障铁路安全的教育,落实护路联防责任制,防范和制止危害铁路安全的行为,协调和处理保障铁路安全的有关事项,做好保障铁路安全的有关工作。

(二)从事铁路建设、运输、设备制造维修的单位

从事铁路建设、运输、设备制造维修的单位应当加强安全管理,建立健全安全生产管理制度,落实企业安全生产主体责任,设置安全管理机构或者配备安全管理人员,执行保障生产安全和产品质量安全的国家标准、行业标准,加强对从业人员的安全教育培训,保证安全生产所必需的资金投入。工作人员应当严格执行规章制度,实行标准化作业,保证铁路安全。

（三）突发事件应急预案及应急演练规定

铁路监管部门、铁路运输企业等单位应当按照国家有关规定制定突发事件应急预案，并组织应急演练。

（四）公民及社会组织的义务

禁止扰乱铁路建设、运输秩序。禁止损坏或者非法占用铁路设施设备、铁路标志和铁路用地。任何单位或者个人发现损坏或者非法占用铁路设施设备、铁路标志、铁路用地以及其他影响铁路安全的行为，有权报告铁路运输企业，或者向铁路监管部门、公安机关或者其他有关部门举报。接到报告的铁路运输企业、接到举报的部门应当根据各自职责及时处理。对维护铁路安全作出突出贡献的单位或者个人，按照国家有关规定给予表彰奖励。

三、铁路建设质量安全

针对保障铁路建设质量安全的关键环节和主要问题，《铁路安全管理条例》确立了以下保障铁路工程质量安全的管理制度：

（一）招标投标制度

铁路建设工程勘察、设计、施工、监理以及建设物资设备采购，应当依法进行招标。

（二）建设市场准入制度

从事铁路建设工程勘察、设计、施工、监理活动的单位应当依法取得相应资质，并在其资质等级许可的范围内从事铁路工程建设活动。铁路建设单位应当选择具备相应资质等级的勘探、设计、施工、监理单位进行工程建设，并对建设工程的质量安全进行监督检查，制作检查记录留存备查。

（三）铁路建设工程质量安全责任制度

铁路建设工程的勘察、设计、施工、监理单位应遵守国家关于建设工程质量和安全管理的规定、标准，依法承担质量安全责任。

（四）工程地质勘察监理制度

高速铁路和地质构造复杂的铁路建设工程实行工程地质勘察监理制度。《铁路安全管理条例》所称高速铁路，是指设计开行时速250公里以上（含预留），并且初期运营时速200公里以上的客运列车专线铁路。《铁路安全管理条例》对于保障高速铁路安全规定了高速铁路工程地质勘察监理制度、高速铁路立体交叉制度、高速铁路线路安全保护区制度、高速铁路线路禁止或限制采取地下水制度、铁路建设、施工单位违反工程地质勘察监理、营业线施工安全管理规定的处罚措施。

（五）铁路建设工程安全设施"三同时"制度

铁路建设工程的安全设施应当与主体工程同时设计、同时施工、同时投入使用。安全设施投资应当纳入建设项目概算。

（六）铁路建设工程所用产品质量符合标准制度

铁路建设工程所用产品质量应当符合强制性国家标准、行业标准制度。

（七）铁路建设工程实行合理工期制度

建设工期确定和调整原则，任何单位和个人不得违反规定要求铁路建设、设计、施工单位压缩建设工期。

（八）竣工验收制度

铁路建设工程竣工经验收、评估合格，符合运营安全要求的，方可投入运营。铁路运营安全评估是指铁路运输企业对新建或改建铁路的安全机构、规章制度、人员配备及培训、设备设施运用及养护维修、路外安全、治安防范、应急预案等运营准备工作进行检查的过程。竣工验收和运营安全评估是保证铁路开通后运营安全的重要保障手段。

（九）铁路营业线施工安全管理制度

在铁路线路及其邻近区域进行铁路建设工程施工，应当执行铁路营业线施工安全管理规定。铁路建设单位应当会同相关铁路运输企业和工程设计、施工单位制定安全施工方案，按照方案进行施工。施工完毕应当及时清理现场，不得影响铁路运营安全。

此外，《铁路安全管理条例》对铁路与公路立体交叉设置、管理、维护及费用分担做了明确规定。同时对专用铁路、铁路专用线与公用铁路网接轨的安全提出了原则性要求。《铁路安全管理条例》第十七条规定，新建、改建设计开行时速 120 公里以上列车的铁路或者设计运输量达到国务院铁路行业监督管理部门规定的较大运输量标准的铁路，需要与道路交叉的，应当设置立体交叉设施。新建、改建高速公路、一级公路或者城市道路中的快速路，需要与铁路交叉的，应当设置立体交叉设施，并优先选择下穿铁路的方案。已建成的属于前两款规定情形的铁路、道路为平面交叉的，应当逐步改造为立体交叉。新建、改建高速铁路需要与普通铁路、道路、渡槽、管线等设施交叉的，应当优先选择高速铁路上跨方案。

四、铁路专用设备质量安全

（一）铁路专用设备、关键环节、关键岗位及人员实行行政许可

行政许可是指行政机关根据公民、法人或者其他组织的申请，经依法审查，准予其从事特定活动的行为，包括审批、审核、批准、认可、登记等多种形式。《铁路安全管理条例》根据依法行政的要求和铁路安全监管的特点，对直接影响铁路运输安全的关键设施设备、关键环节、关键岗位及人员，设定了下列行政审批事项：

1. 对设计、制造、维修或者进口新型铁路机车车辆，应当符合国家标准、行业标准，并分别向国务院铁路行业监督管理部门申请领取型号合格证、制造许可证、维修许可证或者进口许可证。铁路机车车辆的制造、维修、使用单位应当遵守有关产品质量的法律、行政法规以及国家其他有关规定，确保投入使用的机车车辆符合安全运营要求。

2. 对生产铁路道岔及其转辙设备、铁路信号控制软件和控制设备、铁路通信设备、铁路牵引供电设备的企业，实行资格许可。

3. 对铁路机车车辆和自轮运转车辆的驾驶人员，实行资格许可。

（二）生产铁路专用设备的企业应当符合的法律条件

生产铁路道岔及其转辙设备、铁路信号控制软件和控制设备、铁路通信设备、铁路牵引供电设备的企业，应当符合下列条件并经国务院铁路行业监督管理部门依法审查批准：

1. 有按照国家标准、行业标准检测、检验合格的专业生产设备。

2. 有相应的专业技术人员。

3. 有完善的产品质量保证体系和安全管理制度。

4. 法律、行政法规规定的其他条件。

（三）重要铁路专用设备实行产品认证

《铁路安全管理条例》规定，铁路机车车辆以外的直接影响铁路运输安全的铁路专用设备，依法应当进行产品认证的，经认证合格方可出厂、销售、进口、使用。根据这一规定，除铁路机车车辆以外，凡列入国家强制性产品认证目录的直接影响铁路运输安全的铁路专用设备，必须经国家认证认可监督管理委员会指定的认证机构认证合格，取得相关证书并标注认证标志后，方可出厂、销售、进口、使用。至于铁路机车车辆已纳入行政许可范畴，不再纳入强制性产品认证。

（四）用于危险化学品和放射性物品运输的铁路车辆和其他容器相关法律规定

《铁路安全管理条例》规定，用于危险化学品和放射性物品运输的铁路罐车、专用车辆以及其他容器的生产和检测、检验，依照有关法律、行政法规的规定执行。其他危险货物，如民用爆炸物品、易制毒化学品等的专用车辆、运输容器的生产和检测、检验也适用《铁路安全管理条例》。

（五）用于保障铁路运输安全的设施设备的特别规定

用于铁路运输的安全检测、监控、防护设施设备，集装箱和集装化用具等运输器具，专用装卸机械、索具、篷布、装载加固材料或者装置，以及运输包装、货物装载加固等，应当符合国家标准、行业标准和技术规范。由于用于保障铁路运输安全的设施设备涉及生产厂家比较多，市场化程度也比较高，能够较好地运用市场机制，通过优胜劣汰来促使企业严格质量把关，因此国家没有对这类产品设置行政许可，而是通过制定技术标准和技术规范来进行管理。

（六）铁路机车车辆以及其他铁路专用设备的缺陷产品实行召回制度

召回是指产品的生产者、销售者依照法定程序，对其生产或者销售的缺陷产品以换货、退货、修理、更换零部件等方式，及时消除缺陷产品危害、使之符合相关标准的行为。召回制度是基于风险管理理论，在传统的补偿性法律责任和惩罚性法律责任之外，确立的预防性法律责任。

铁路机车车辆以及其他铁路专用设备的安全状态对铁路运营安全有重大影响，倘有缺陷而不及时消除，将危及铁路安全，有可能造成恶劣后果。因此，《铁路安全管理条例》规定铁路机车车辆以及其他铁路专用设备存在缺陷，即由于设计、制造、标识等原因导致同一批次、型号或者类别的铁路专用设备普遍存在不符合保障人身、财产安全的国家标准、行业标准的情形或者其他危及人身、财产安全的不合理危险的，应当立即停止生产、销售、进口、使用；设备制造者应当召回缺陷产品，采取措施消除缺陷。由于铁路专用设备种类繁多，特性各异，需要根据实际情况研究确定缺陷产品召回及消除缺陷的具体方式，因此，《铁路安全管理条例》对召回具体办法作出授权性规定，要求由国务院铁路行业监督管理部门制定。

五、铁路线路安全

（一）铁路线路安全保护区的范围

铁路线路安全保护区是指为防止外来因素对铁路列车运行的干扰，减少铁路运输安全隐患，保护国家的重要基础设施，在铁路沿线两侧一定范围内对影响铁路运输安全的行为进行限制而设置的特定区域。铁路线路安全保护区不涉及土地权属问题，只是为了保障铁路运输安全而设的一个特定区域。在此区域内，禁止从事危及铁路运输安全的行为，但并不改变用地的权属关系。

铁路线路两侧应当设立铁路线路安全保护区。铁路线路安全保护区的范围,从铁路线路路堤坡脚、路堑坡顶或者铁路桥梁(含铁路、道路两用桥,下同)外侧起向外的距离分别为:

1. 城市市区高速铁路为 10 米,其他铁路为 8 米。

2. 城市郊区居民居住区高速铁路为 12 米,其他铁路为 10 米。

3. 村镇居民居住区高速铁路为 15 米,其他铁路为 12 米。

4. 其他地区高速铁路为 20 米,其他铁路为 15 米。

以上规定距离不能满足铁路运输安全保护需要的,由铁路建设单位或者铁路运输企业提出方案,铁路监督管理机构或者县级以上地方人民政府依照《铁路安全管理条例》第三条规定程序划定。

在铁路用地范围内划定铁路线路安全保护区的,由铁路监督管理机构组织铁路建设单位或者铁路运输企业划定并公告。在铁路用地范围外划定铁路线路安全保护区的,由县级以上地方人民政府根据保障铁路运输安全和节约用地的原则,组织有关铁路监督管理机构、县级以上地方人民政府国土资源等部门划定并公告。

铁路线路安全保护区与公路建筑控制区、河道管理范围、水利工程管理和保护范围、航道保护范围或者石油、电力以及其他重要设施保护区重叠的,由县级以上地方人民政府组织有关部门依照法律、行政法规的规定协商划定并公告。

新建、改建铁路的铁路线路安全保护区范围,应当自铁路建设工程初步设计批准之日起30 日内,由县级以上地方人民政府依照《铁路安全管理条例》的规定划定并公告。铁路建设单位或者铁路运输企业应当根据工程竣工资料进行勘界,绘制铁路线路安全保护区平面图,并根据平面图设立标桩。

(二)设计开行时速 120 公里以上列车的铁路应当实行全封闭管理

在铁路既有线提速之前,由于列车速度较低,多数情况下行人发现来车紧急撤离铁道,具有一定的可能性,伤亡情况发生也较少。但是,随着列车运行速度不断提高,情况发生了很大的变化,行人穿越铁路,发现来车往往来不及撤离铁道,发生伤亡事故的概率大大增加。因此,《铁路安全管理条例》规定,设计开行时速 120 公里以上列车的铁路应当实行全封闭管理。铁路建设单位或者铁路运输企业应当按照国务院铁路行业监督管理部门的规定在铁路用地范围内设置封闭设施和警示标志。

(三)铁路线路安全保护区内保护铁路线路安全的相关法律规定

1. 在铁路线路安全保护区内禁止烧荒、放养牲畜、种植影响铁路线路安全和行车瞭望的树木等植物。禁止向铁路线路安全保护区排污、倾倒垃圾以及其他危害铁路安全的物质。

2. 在铁路线路安全保护区内建造建筑物、构筑物等设施,取土、挖砂、挖沟、采空作业或者堆放、悬挂物品,应当征得铁路运输企业同意并签订安全协议,遵守保证铁路安全的国家标准、行业标准和施工安全规范,采取措施防止影响铁路运输安全。铁路运输企业应当派员对施工现场实行安全监督。

3. 铁路线路安全保护区内既有的建筑物、构筑物危及铁路运输安全的,应当采取必要的安全防护措施;采取安全防护措施后仍不能保证安全的,依照有关法律的规定拆除。

拆除铁路线路安全保护区内的建筑物、构筑物,清理铁路线路安全保护区内的植物,或者对他人在铁路线路安全保护区内已依法取得的采矿权等合法权利予以限制,给他人造成损失的,应当依法给予补偿或者采取必要的补救措施。但是,拆除非法建设的建筑物、构筑物的除外。

4. 在铁路线路安全保护区及其邻近区域建造或者设置的建筑物、构筑物、设备等,不得进入国家规定的铁路建筑限界。

5. 在铁路线路两侧建造、设立生产、加工、储存或者销售易燃、易爆或者放射性物品等危险物品的场所、仓库,应当符合国家标准、行业标准规定的安全防护距离。

6. 在铁路线路两侧从事采矿、采石或者爆破作业,应当遵守有关采矿和民用爆破的法律法规,符合国家标准、行业标准和铁路安全保护要求。在铁路线路路堤坡脚、路堑坡顶、铁路桥梁外侧起向外各 1 000 米范围内,以及在铁路隧道上方中心线两侧各 1 000 米范围内,确需从事露天采矿、采石或者爆破作业的,应当与铁路运输企业协商一致,依照有关法律法规的规定报县级以上地方人民政府有关部门批准,采取安全防护措施后方可进行。

7. 高速铁路线路路堤坡脚、路堑坡顶或者铁路桥梁外侧起向外各 200 米范围内禁止抽取地下水。如果高速铁路线路经过的区域属于地面沉降区域,抽取地下水危及高速铁路安全的,还应当设置地下水禁止开采区或者限制开采区,具体范围由铁路监督管理机构会同县级以上地方人民政府水行政主管部门提出方案,报省、自治区、直辖市人民政府批准并公告。

8. 在电气化铁路附近从事排放粉尘、烟尘及腐蚀性气体的生产活动,超过国家规定的排放标准,危及铁路运输安全的,由县级以上地方人民政府有关部门依法责令整改,消除安全隐患。

(四)铁路线路安全保护区内铁路桥梁及相关河道的法律要求

1. 任何单位和个人不得擅自在铁路桥梁跨越处河道上下游各 1 000 米范围内围垦造田、拦河筑坝、架设浮桥或者修建其他影响铁路桥梁安全的设施。

因特殊原因确需在前款规定的范围内进行围垦造田、拦河筑坝、架设浮桥等活动的,应当进行安全论证,负责审批的机关在批准前应当征求有关铁路运输企业的意见。

2. 禁止在铁路桥梁跨越处河道上下游的下列范围内采砂、淘金:

(1)跨河桥长 500 米以上的铁路桥梁,河道上游 500 米,下游 3 000 米。

(2)跨河桥长 100 米以上不足 500 米的铁路桥梁,河道上游 500 米,下游 2 000 米。

(3)跨河桥长不足 100 米的铁路桥梁,河道上游 500 米,下游 1 000 米。

有关部门依法在铁路桥梁跨越处河道上下游划定的禁采范围大于上述规定的禁采范围的,按照划定的禁采范围执行。县级以上地方人民政府水行政主管部门、国土资源主管部门应当按照各自职责划定禁采区域、设置禁采标志,制止非法采砂、淘金行为。

3. 在铁路桥梁跨越处河道上下游各 500 米范围内进行疏浚作业,应当进行安全技术评价,有关河道、航道管理部门应当征求铁路运输企业的意见,确认安全或者采取安全技术措施后,方可批准进行疏浚作业。但是,依法进行河道、航道日常养护、疏浚作业的除外。

4. 铁路、道路两用桥由所在地铁路运输企业和道路管理部门或者道路经营企业定期检查、共同维护,保证桥梁处于安全的技术状态。铁路、道路两用桥的墩、梁等共用部分的检测、维修由铁路运输企业和道路管理部门或者道路经营企业共同负责,所需费用按照公平合理的原则分担。

5. 船舶通过铁路桥梁应当符合桥梁的通航净空高度并遵守航行规则。桥区航标中的桥梁航标、桥柱标、桥梁水尺标由铁路运输企业负责设置、维护,水面航标由铁路运输企业负责设置,航道管理部门负责维护。

6. 下穿铁路桥梁、涵洞的道路应当按照国家标准设置车辆通过限高、限宽标志和限高防护架。城市道路的限高、限宽标志由当地人民政府指定的部门设置并维护，公路的限高、限宽标志由公路管理部门设置并维护。限高防护架在铁路桥梁、涵洞、道路建设时设置，由铁路运输企业负责维护。机动车通过下穿铁路桥梁、涵洞的道路，应当遵守限高、限宽规定。

下穿铁路涵洞的管理单位负责涵洞的日常管理、维护，防止淤塞、积水。

此外，铁路的重要桥梁和隧道按照国家有关规定由中国人民武装警察部队负责守卫。

（五）铁路线路安全保护区内铁路道口、铁路人行过道等的法律要求

1. 设置或者拓宽铁路道口、铁路人行过道，应当征得铁路运输企业的同意。

2. 铁路与道路交叉的无人看守道口应当按照国家标准设置警示标志；有人看守道口应当设置移动栏杆、列车接近报警装置、警示灯、警示标志、铁路道口路段标线等安全防护设施。

道口移动栏杆、列车接近报警装置、警示灯等安全防护设施由铁路运输企业设置、维护；警示标志、铁路道口路段标线由铁路道口所在地的道路管理部门设置、维护。

3. 机动车或者非机动车在铁路道口内发生故障或者装载物掉落的，应当立即将故障车辆或者掉落的装载物移至铁路道口停止线以外或者铁路线路最外侧钢轨 5 米以外的安全地点。无法立即移至安全地点的，应当立即报告铁路道口看守人员；在无人看守道口，应当立即在道口两端采取措施拦停列车，并就近通知铁路车站或者公安机关。

4. 履带车辆等可能损坏铁路设施设备的车辆、物体通过铁路道口，应当提前通知铁路道口管理单位，在其协助、指导下通过，并采取相应的安全防护措施。

（六）铁路线路安全保护区内禁止性的法律规定

1. 禁止毁坏铁路线路、站台等设施设备和铁路路基、护坡、排水沟、防护林木、护坡草坪、铁路线路封闭网及其他铁路防护设施。

2. 禁止实施下列危及铁路通信、信号设施安全的行为：

（1）在埋有地下光（电）缆设施的地面上方进行钻探，堆放重物、垃圾，焚烧物品，倾倒腐蚀性物质。

（2）在地下光（电）缆两侧各 1 米的范围内建造、搭建建筑物、构筑物等设施。

（3）在地下光（电）缆两侧各 1 米的范围内挖砂、取土。

（4）在过河光（电）缆两侧各 100 米的范围内挖砂、抛锚或者进行其他危及光（电）缆安全的作业。

3. 禁止实施下列危害电气化铁路设施的行为：

（1）向电气化铁路接触网抛掷物品。

（2）在铁路电力线路导线两侧各 500 米的范围内升放风筝、气球等低空漂浮物体。

（3）攀登铁路电力线路杆塔或者在杆塔上架设、安装其他设施设备。

（4）在铁路电力线路杆塔、拉线周围 20 米范围内取土、打桩、钻探或者倾倒有害化学物品。

（5）触碰电气化铁路接触网。

（七）铁路线路安全保护区内有关安全防护设施和警示标志的相关规定

铁路线路安全保护区内的道路和铁路线路路堑上的道路、跨越铁路线路的道路桥梁，应当按照国家有关规定设置防止车辆以及其他物体进入、坠入铁路线路的安全防护设施和警示标志，并由道路管理部门或者道路经营企业维护、管理。架设、铺设铁路信号和通信线路、杆塔应当符合国家标准、行业标准和铁路安全防护要求。铁路运输企业、为铁路运输提供服务的电信

企业应当加强对铁路信号和通信线路、杆塔的维护和管理。

在铁路桥梁、隧道的两端；铁路信号、通信光(电)缆的埋设、铺设地点；电气化铁路接触网、自动闭塞供电线路和电力贯通线路等电力设施附近易发生危险的地点等,铁路运输企业应当按照国家标准、行业标准设置易于识别的警示、保护标志。并应当对铁路线路、铁路防护设施和警示标志进行经常性巡查和维护；对巡查中发现的安全问题应当立即处理,不能立即处理的应当及时报告铁路监督管理机构。巡查和处理情况应当记录留存。

此外,县级以上各级人民政府及其有关部门、铁路运输企业应当依照地质灾害防治法律法规的规定,加强铁路沿线地质灾害的预防、治理和应急处理等工作。

六、铁路运营安全

(一)铁路运输企业落实铁路运输安全主体责任的总体要求

铁路运输企业在铁路运输安全生产的主体地位,铁路运输企业安全生产工作能否搞好,直接影响整个铁路运输安全工作。因此,《铁路安全管理条例》除了第五条作出从事铁路建设、运输、设备制造维修的单位应当加强安全管理,建立健全安全生产管理制度,落实企业安全生产主体责任的规定外,第五十六条规定,铁路运输企业应当依照法律、行政法规和国务院铁路行业监督管理部门的规定,制定铁路运输安全管理制度,完善相关作业程序,保障铁路旅客和货物运输安全。

(二)铁路机车车辆驾驶人员实行资格考试

铁路机车车辆的驾驶人员是铁路的特殊工种,工种责任大,技术性强,驾驶人员(特别是高速铁路驾驶人员)的技能素质,直接关系铁路行车安全。为加强对特殊工种、关键岗位人员的管理,《铁路安全管理条例》规定,铁路机车车辆的驾驶人员应当参加国务院铁路行业监督管理部门组织的考试,考试合格方可上岗。具体办法由国务院铁路行业监督管理部门制定。

(三)铁路运输企业特殊岗位从业人员要进行专门培训

安全生产教育和培训是安全生产管理工作的一个重要组成部分,是实现安全生产的一项重要的基础性工作。除了对从业人员进行普及性安全教育培训外,对铁路运输企业特殊岗位从业人员的培训作出专门规定：

1. 培训对象包括铁路专业技术岗位和主要行车工种岗位从业人员。

2. 培训内容包括业务培训和安全培训。业务培训主要是针对不同岗位的业务要求,进行相关技能培训；安全培训的基本内容包括安全意识、安全知识和安全技能教育。

3. 培训目标是提高从业人员的业务技能和安全意识。

(四)铁路运输企业运输及装载加固要求

铁路运输企业应当加强运输过程中的安全防护,使用的运输工具、装载加固设备以及其他专用设施设备应当符合国家标准、行业标准和安全要求。

(五)铁路运输企业及其从业人员要求

铁路运输设施设备是铁路运输生产的物质基础,其技术状态和质量状态的好坏直接影响制约生产效率和安全生产。因此,《铁路安全管理条例》规定,铁路运输企业应当建立健全铁路设施设备的检查防护制度,加强对铁路设施设备的日常维护检修,确保铁路设施设备性能完好和安全运行。

铁路运输企业的从业人员应当按照操作规程使用、管理铁路设施设备。并且规定,在法定假日和传统节日等铁路运输高峰期或者恶劣气象条件下,铁路运输企业应当采取必要的安全应急管理措施,加强铁路运输安全检查,确保运输安全。

(六)铁路运输企业安全公告、检查的规定

宣传、公告有关铁路安全管理方面的规章制度和基本常识,是铁路运输企业的责任。《铁路安全管理条例》规定,铁路运输企业应当在列车、车站等场所公告旅客、列车工作人员以及其他进站人员遵守的安全管理规定。禁止携带危险品或违禁品进站,禁止或者限制携带的物品种类及其数量由国务院铁路行业监督管理部门会同公安机关规定,并在车站、列车等场所公布。

《铁路安全管理条例》同时规定铁路运输企业应当依照法律、行政法规和国务院铁路行业监督管理部门的规定,对旅客及其随身携带、托运的行李物品进行安全检查。从事安全检查的工作人员应当佩戴安全检查标志,依法履行安全检查职责,并有权拒绝不接受安全检查的旅客进站乘车和托运行李物品。

(七)铁路运输企业对旅客、托运人等维护铁路安全的要求

1. 旅客维护铁路安全方面的规定

(1)旅客应当接受并配合铁路运输企业在车站、列车实施的安全检查,不得违法携带、夹带管制器具,不得违法携带、托运烟花爆竹、枪支弹药等危险物品或者其他违禁物品。

(2)在全面总结我国铁路运输安全保护工作经验基础上,针对铁路沿线及站车安全保护中存在的主要行为,列举了禁止旅客实施下列危害铁路安全的行为:

①非法拦截列车、阻断铁路运输。

②扰乱铁路运输指挥调度机构以及车站、列车的正常秩序。

③在铁路线路上放置、遗弃障碍物。

④击打列车。

⑤擅自移动铁路线路上的机车车辆,或者擅自开启列车车门、违规操纵列车紧急制动设备。

⑥拆盗、损毁或者擅自移动铁路设施设备、机车车辆配件、标桩、防护设施和安全标志。

⑦在铁路线路上行走、坐卧或者在未设道口、人行过道的铁路线路上通过。

⑧擅自进入铁路线路封闭区域或者在未设置行人通道的铁路桥梁、隧道通行。

⑨擅自开启、关闭列车的货车阀、盖或者破坏施封状态。

⑩擅自开启列车中的集装箱箱门,破坏箱体、阀、盖或者施封状态。

⑪擅自松动、拆解、移动列车中的货物装载加固材料、装置和设备。

⑫钻车、扒车、跳车。

⑬从列车上抛扔杂物。

⑭在动车组列车上吸烟或者在其他列车的禁烟区域吸烟。

⑮强行登乘或者以拒绝下车等方式强占列车。

⑯冲击、堵塞、占用进出站通道或者候车区、站台。

(3)铁路运输企业应当按照国务院铁路行业监督管理部门的规定实施火车票实名购买、查验制度。实施火车票实名购买、查验制度的,旅客应当凭有效身份证件购票乘车;对车票所记载身份信息与所持身份证件或者真实身份不符的持票人,铁路运输企业有权拒绝其进站乘车。

铁路运输企业应当采取有效措施为旅客实名购票、乘车提供便利,并加强对旅客身份信息的保护。铁路运输企业工作人员不得窃取、泄露旅客身份信息。

2. 对托运人维护铁路安全的要求

(1)要求铁路运输托运人托运货物、行李、包裹,不得有下列行为:

①匿报、谎报货物品名、性质、重量。

②在普通货物中夹带危险货物,或者在危险货物中夹带禁止配装的货物。

③装车、装箱超过规定重量。

(2)运输危险货物应当依照法律法规和国家其他有关规定使用专用的设施设备,托运人应当配备必要的押运人员和应急处理器材、设备以及防护用品,并使危险货物始终处于押运人员的监管之下;危险货物发生被盗、丢失、泄漏等情况,应当按照国家有关规定及时报告。

(3)办理危险货物运输业务的工作人员和装卸人员,押运人员,应当掌握危险货物的性质、危害特性、包装容器的使用特性和发生意外的应急措施。

(4)铁路运输企业和托运人应当按照操作规程包装、装卸、运输危险货物,防止危险货物泄漏、爆炸。

(5)铁路运输企业和托运人应当依照法律法规和国家其他有关规定包装、装载、押运特殊药品,防止特殊药品在运输过程中被盗、被劫或者发生丢失。

(八)网络与信息安全规定

铁路运输管理信息系统是指在铁路运输企业全面推广使用并与铁路运输生产安全直接相关的铁路信息系统,是计算机应用软件、支撑应用软件运行的系统软件、设备和基础设施的集成,是铁路运输生产管理的重要组成部分。因此《铁路安全管理条例》规定,铁路管理信息系统及其设施的建设和使用,应当符合法律法规和国家其他有关规定的安全技术要求。铁路运输企业应当建立网络与信息安全应急保障体系,并配备相应的专业技术人员负责网络和信息系统的安全管理工作。

铁路无线电台设置和频率使用采用行政审批的方式管理,当铁路运营指挥调度无线电频率受到干扰时,会影响铁路安全,引发铁路安全事故。《铁路安全管理条例》禁止铁路运输企业使用无线电台(站)以及其他仪器、装置干扰铁路运营指挥调度无线电频率的正常使用,规定铁路运营指挥调度无线电频率受到干扰的,铁路运输企业应当立即采取排查措施并报告无线电管理机构、铁路监管部门,无线电管理机构、铁路监管部门应当依法排除干扰。

此外,《铁路安全管理条例》对于电力、食品安全,公安机关分工做了原则性规定。《铁路安全管理条例》规定电力企业应当依法保障铁路运输所需电力的持续供应,并保证供电质量。铁路运输企业应当加强用电安全管理,合理配置供电电源和应急自备电源。遇有特殊情况影响铁路电力供应的,电力企业和铁路运输企业应当按照各自职责及时组织抢修,尽快恢复正常供电。铁路运输企业应当加强铁路运营食品安全管理,遵守有关食品安全管理的法律法规和国家其他有关规定,保证食品安全。公安机关应当按照职责分工,维护车站、列车等铁路场所和铁路沿线的治安秩序。

七、监督检查

(一)铁路监管部门依法行使有关监督检查职责的规定

1. 应当对从事铁路建设、运输、设备制造维修的企业执行《铁路安全管理条例》的情况实施监督检查。

2. 依法查处违反《铁路安全管理条例》规定的行为。

3. 依法组织或者参与铁路安全事故的调查处理。

4. 应当建立企业违法行为记录和公告制度,对违反《铁路安全管理条例》被依法追究法律责任的从事铁路建设、运输、设备制造维修的企业予以公布。

5. 应当加强对铁路运输高峰期和恶劣气象条件下运输安全的监督管理。

6. 加强对铁路运输的关键环节、重要设施设备的安全状况。

7. 铁路运输突发事件应急预案的建立和落实情况的监督检查。

(二)铁路信息安全通报规定

1. 铁路监管部门和县级以上人民政府安全生产监督管理部门应当建立信息通报制度和运输安全生产协调机制。

2. 铁路运输企业发现重大安全隐患,难以自行排除的,应当及时向铁路监管部门和有关地方人民政府报告。

3. 地方人民政府获悉铁路沿线有危及铁路运输安全的重要情况,应当及时通报有关的铁路运输企业和铁路监管部门。

(三)发现和排除安全隐患的规定

铁路监管部门发现安全隐患,应当责令有关单位立即排除。重大安全隐患排除前或者排除过程中无法保证安全的,应当责令从危险区域内撤出人员、设备,停止作业;重大安全隐患排除后方可恢复作业。

(四)铁路安全监督检查人员执行公务时的要求

铁路安全监督检查的人员执行监督检查任务时,应当佩戴标志或者出示证件。任何单位和个人不得阻碍、干扰安全监督检查人员依法履行安全检查职责。这一规定既是证明检查人员主体资格合法、有效的重要方式,也是体现安全执法的严肃性。运输企业也有权要求安全检查人员出示有效执法证件。对不出示证件,或者出示的证件不符合要求的人员,铁路运输企业有权拒绝接受其"监督检查"。

八、法律责任

法律责任是指行为人(包括单位和个人)违反法律、法规规定所应承担的法律后果,是法律、法规得以实施,获得普遍遵守的重要保障。《铁路安全管理条例》对于不遵守法规规定列出了要承担的法律责任。

(一)铁路建设质量安全

相关单位违反《铁路安全管理条例》关于铁路建设质量安全方面规定要承担的法律责任主要有:

1. 铁路建设单位和铁路建设的勘察、设计、施工、监理单位违反《铁路安全管理条例》关于铁路建设质量安全管理的规定的,由铁路监管部门依照有关工程建设、招标投标管理的法律、行政法规的规定处罚。

2. 铁路建设单位未对高速铁路和地质构造复杂的铁路建设工程实行工程地质勘察监理,或者在铁路线路及其邻近区域进行铁路建设工程施工不执行铁路营业线施工安全管理规定,影响铁路运营安全的,由铁路监管部门责令改正,处 10 万元以上 50 万元以下的罚款。

（二）铁路专用设备质量安全

相关单位违反铁路专用设备质量安全方面规定要承担的法律责任主要有：

1. 依法应当进行产品认证的铁路专用设备未经认证合格，擅自出厂、销售、进口、使用的，依照《中华人民共和国认证认可条例》的规定处罚。

2. 铁路机车车辆以及其他专用设备制造者未按规定召回缺陷产品，采取措施消除缺陷的，由国务院铁路行业监督管理部门责令改正；拒不改正的，处缺陷产品货值金额1%以上10%以下的罚款；情节严重的，由国务院铁路行业监督管理部门吊销相应的许可证件。

3. 有下列情形之一的，由铁路监督管理机构责令改正，处2万元以上10万元以下的罚款：

（1）用于铁路运输的安全检测、监控、防护设施设备，集装箱和集装化用具等运输器具、专用装卸机械、索具、篷布、装载加固材料或者装置、运输包装、货物装载加固等，不符合国家标准、行业标准和技术规范。

（2）不按照国家有关规定和标准设置、维护铁路封闭设施、安全防护设施。

（3）架设、铺设铁路信号和通信线路、杆塔不符合国家标准、行业标准和铁路安全防护要求，或者未对铁路信号和通信线路、杆塔进行维护和管理。

（4）运输危险货物不依照法律法规和国家其他有关规定使用专用的设施设备。

（三）铁路线路安全

相关单位违反铁路线路安全方面规定要承担的法律责任主要有：

1. 在铁路线路安全保护区内烧荒、放养牲畜、种植影响铁路线路安全和行车瞭望的树木等植物，或者向铁路线路安全保护区排污、倾倒垃圾以及其他危害铁路安全的物质的，由铁路监督管理机构责令改正，对单位可以处5万元以下的罚款，对个人可以处2000元以下的罚款。

2. 未经铁路运输企业同意或者未签订安全协议，在铁路线路安全保护区内建造建筑物、构筑物等设施，取土、挖砂、挖沟、采空作业或者堆放、悬挂物品，或者违反保证铁路安全的国家标准、行业标准和施工安全规范，影响铁路运输安全的，由铁路监督管理机构责令改正，可以处10万元以下的罚款。

3. 铁路运输企业未派员对铁路线路安全保护区内施工现场进行安全监督的，由铁路监督管理机构责令改正，可以处3万元以下的罚款。

4. 在铁路线路安全保护区及其邻近区域建造或者设置的建筑物、构筑物、设备等进入国家规定的铁路建筑限界，或者在铁路线路两侧建造、设立生产、加工、储存或者销售易燃、易爆或者放射性物品等危险物品的场所、仓库不符合国家标准、行业标准规定的安全防护距离的，由铁路监督管理机构责令改正，对单位处5万元以上20万元以下的罚款，对个人处1万元以上5万元以下的罚款。

5. 有下列行为之一的，分别由铁路沿线所在地县级以上地方人民政府水行政主管部门、国土资源主管部门或者无线电管理机构等依照有关水资源管理、矿产资源管理、无线电管理等法律、行政法规的规定处罚：

（1）未经批准在铁路线路两侧各1000米范围内从事露天采矿、采石或者爆破作业。

（2）在地下水禁止开采区或者限制开采区抽取地下水。

（3）在铁路桥梁跨越处河道上下游各1000米范围内围垦造田、拦河筑坝、架设浮桥或者修建其他影响铁路桥梁安全的设施。

（4）在铁路桥梁跨越处河道上下游禁止采砂、淘金的范围内采砂、淘金。

（5）干扰铁路运营指挥调度无线电频率正常使用。

6. 铁路运输企业、道路管理部门或者道路经营企业未履行铁路、道路两用桥检查、维护职责的，由铁路监督管理机构或者上级道路管理部门责令改正；拒不改正的，由铁路监督管理机构或者上级道路管理部门指定其他单位进行养护和维修，养护和维修费用由拒不履行义务的铁路运输企业、道路管理部门或者道路经营企业承担。

7. 机动车通过下穿铁路桥梁、涵洞的道路未遵守限高、限宽规定的，由公安机关依照道路交通安全管理法律、行政法规的规定处罚。

8. 违反《铁路安全管理条例》第四十八条、第四十九条关于铁路道口安全管理的规定的，由铁路监督管理机构责令改正，处 1 000 元以上 5 000 元以下的罚款。

9. 违反《铁路安全管理条例》第五十一条、第五十二条、第五十三条、第七十七条规定的，由公安机关责令改正，对单位处 1 万元以上 5 万元以下的罚款，对个人处 500 元以上 2 000 元以下的罚款。

（四）铁路运营安全

相关单位违反铁路运营安全方面规定要承担的法律责任主要有：

1. 铁路运输托运人托运货物、行李、包裹时匿报、谎报货物品名、性质、重量，或者装车、装箱超过规定重量的，由铁路监督管理机构责令改正，可以处 2 000 元以下的罚款；情节较重的，处 2 000 元以上 2 万元以下的罚款；将危险化学品谎报或者匿报为普通货物托运的，处 10 万元以上 20 万元以下的罚款。

2. 铁路运输托运人在普通货物中夹带危险货物，或者在危险货物中夹带禁止配装的货物的，由铁路监督管理机构责令改正，处 3 万元以上 20 万元以下的罚款。

3. 铁路运输托运人运输危险货物未配备必要的应急处理器材、设备、防护用品，或者未按照操作规程包装、装卸、运输危险货物的，由铁路监督管理机构责令改正，处 1 万元以上 5 万元以下的罚款。

4. 铁路运输托运人运输危险货物不按照规定配备必要的押运人员，或者发生危险货物被盗、丢失、泄漏等情况不按照规定及时报告的，由公安机关责令改正，处 1 万元以上 5 万元以下的罚款。

5. 旅客违法携带、夹带管制器具或者违法携带、托运烟花爆竹、枪支弹药等危险物品或者其他违禁物品的，由公安机关依法给予治安管理处罚。

6. 铁路运输企业有下列情形之一的，由铁路监管部门责令改正，处 2 万元以上 10 万元以下的罚款：

（1）在非危险货物办理站办理危险货物承运手续。

（2）承运未接受安全检查的货物。

（3）承运不符合安全规定、可能危害铁路运输安全的货物。

（4）未按照操作规程包装、装卸、运输危险货物。

（五）监督检查

相关单位违反监督检查方面规定要承担的法律责任主要有：

1. 铁路监管部门及其工作人员应当严格按照《铁路安全管理条例》规定的处罚种类和幅度,根据违法行为的性质和具体情节行使行政处罚权,具体办法由国务院铁路行业监督管理部门制定。

2. 铁路运输企业工作人员窃取、泄露旅客身份信息的,由公安机关依法处罚。

3. 从事铁路建设、运输、设备制造维修的单位违反《铁路安全管理条例》规定,对直接负责的主管人员和其他直接责任人员依法给予处分。

4. 铁路监管部门及其工作人员不依照《铁路安全管理条例》规定履行职责的,对负有责任的领导人员和直接责任人员依法给予处分。违反《铁路安全管理条例》规定,给铁路运输企业或者其他单位、个人财产造成损失的,依法承担民事责任。违反《铁路安全管理条例》规定,构成违反治安管理行为的,由公安机关依法给予治安管理处罚;构成犯罪的,依法追究刑事责任。

案例点击

20××年11月1日16时许,吴某在京广线上行K2179+390和K2179+220之间,将四块石块和一个水泥柱由南向北排列在铁轨轨面上。16:52,K2××次旅客列车运行至此处,司机发现障碍物后紧急制动,列车由于惯性作用撞上石块后停车。20××年11月6日21时许,吴某在京广线上行K2179+220和K2179+110之间,将三块石块由南向北排列在铁轨轨面上。21:54,K9××次旅客列车运行至此处时撞上石块,司机紧急停车。民警接报后赶赴现场及周边开展堵截、调查工作,22:20抓获吴某。经司法鉴定吴某案发时无精神异常,作案时有完全刑事责任能力。

法院认为,被告人吴某无视国家法律,在铁轨轨道上放置石块,足以使火车发生倾覆、毁坏危险,已构成破坏交通设施罪,尚未造成严重后果。公诉机关指控被告人所犯罪名成立,证据确实、充分。被告人认罪态度好,依法酌情从轻处罚。依照《中华人民共和国刑法》第一百一十七条之规定,判决被告人吴某犯破坏交通设施罪,判处有期徒刑3年。

九、发布实施的重要意义

《铁路安全管理条例》的发布实施,对于依法加强铁路安全管理,保障铁路运输安全和畅通,保护人身安全、财产安全、促进铁路运输业和国民经济的健康发展,具有非常重要的意义。

(一)充分体现了安全第一、预防为主、综合治理的安全生产方针

铁路作为国家重要交通基础设施和大众化交通工具,是社会公共安全的重点领域,行业安全风险高,铁路安全事关人民群众的生命财产安全,事关社会稳定,事关党和国家工作大局。《铁路安全管理条例》明确提出了有关部门和单位的安全管理责任,加大了对建设工程质量和铁路专用设备的安全监管力度,对保障铁路建设质量安全、高速铁路安全和铁路运输安全作出了明确规定。《铁路安全管理条例》的贯彻实施,必将有力地推进铁路安全管理,更好地保障公众生命财产安全,促进铁路安全发展。

（二）为创造铁路安全环境，实现铁路安全发展目标提供了重要的法规保障

铁路作为国民经济的大动脉，承担着繁重的客货运任务，尤其在主要干线运输能力仍然紧张，以及高速度、高密度和客货并举的运输组织方式下，运输效率与安全的矛盾日益突出，对加强铁路安全管理提出了更高要求。《铁路安全管理条例》明确了铁路安全监督管理体制和各部门的职责，体现了权益和责任的结合，不仅规定社会为铁路的安全承担义务，也规定铁路监管部门、铁路运输企业等单位对铁路运输安全承担相应责任，从立法角度完善了铁路市场的运营机制和监管体系，为铁路发展创造了必要的安全环境，为铁路运输企业在市场经济体制下搞好铁路运营安全提供了法规保障。

（三）为规范和加强铁路安全管理，奠定了重要基础

《铁路安全管理条例》作为国务院行政法规，首次从立法角度，对铁路安全管理的职责分工、内部环境、外部环境、监督检查等进行了系统规范。依法对铁路建设和运营中安全管理问题作出明确规定，填补了以往高铁建设、运营只有具体操作办法没有相关行政法规的空白，完善了铁路安全管理的相关制度，使铁路安全管理的总体思路和方式方法更加清晰，给铁路系统规范安全管理、制定与之相配套的安全管理规则、修订相关专业规章制度、完善安全管理体系提供了重要的法规依据。

（四）对充分发挥各方面积极作用，加强铁路安全综合治理，将起到重要的推动作用

保持铁路安全的相对稳定，除了铁路部门自身努力外，还需要地方各级人民政府、县级以上地方人民政府有关部门、广大旅客、托运人、接收人以及铁路沿线人民群众和各有关单位积极支持配合，进行综合治理，形成统一协调、责任明确、相互配合的铁路安全管理长效机制。《铁路安全管理条例》适应铁路安全发展的需要，围绕明确政府及相关部门保护铁路运输安全的权责，明确铁路运输企业的安全生产主体责任，规定社会公众保护铁路运输安全的义务等方面内容，必将更有利于充分发挥社会各方面的积极作用，共同维护铁路运输安全。

重大铁路交通事故的发生，引起了人们对高速铁路的安全运行的关注。《铁路安全管理条例》进一步完善了保障高速铁路安全的规定，对高速铁路建设实行工程地质勘察监理制度，以保证地质勘察质量；为确保高速铁路运行安全和路外人员人身安全，明确了高速铁路线路安全保护区的范围，要求设计开行时速120公里以上列车的铁路应当实行全封闭管理；高速铁路线路200米范围内禁止抽取地下水。同时对于铁路项目的建设强调要严格保证工期，任何单位和个人不得违反规定要求压缩工期。这些规定对高铁施工建设和运行提出了更为严格的要求，使我国的高速铁路不仅在速度上达到世界一流水平，更要在运行的稳定性和安全性上保持领先。

复习思考题

1.《安全生产法》的主要内容有哪些？

2.《安全生产法》对从业人员安全生产的权利和义务有何规定？

3. 生产经营单位的主要负责人未履行《安全生产法》规定的安全生产管理职责要承担哪些责任？

4.《生产安全事故报告和调查处理条例》对生产安全事故分级有何规定？

5. 根据《生产安全事故报告和调查处理条例》简要列举事故报告和调查处理的原则，以及事故报告和调查处理的四项工作机制。

6.《生产安全事故报告和调查处理条例》对事故报告的时间有何规定？报告事故应当包括哪些内容？

7.《生产安全事故报告和调查处理条例》对事故调查组的权利和义务有何规定？

8.《生产安全事故报告和调查处理条例》规定事故发生单位主要负责人、事故发生单位有关人员等应承担哪些法律责任？

9. 列举《国务院关于特大安全事故行政责任追究的规定》特大安全事故的类别。

10.《国务院关于特大安全事故行政责任追究的规定》规定，在发生特大事故后，有关方面应采取哪些措施应对？

11. 简述《城市轨道交通运营管理规定》应当遵循的原则。

12. 城市轨道交通运营主管部门在城市轨道交通线网规划及建设规划阶段，需要考虑哪些主要因素？

13. 简述危害城市轨道交通设施设备运行、影响运营安全的禁止性行为。

14.《铁路安全管理条例》对保障铁路工程质量安全的管理制度有何规定？

15.《铁路安全管理条例》对旅客维护铁路安全方面有何规定？

16.《铁路安全管理条例》对托运人维护铁路安全有何规定？

第四章
铁路交通事故应急救援和调查处理

第一节 《铁路交通事故应急救援和调查处理条例》

一、立法目的与依据

（一）立法目的

1. 加强铁路交通事故的应急救援工作

铁路的网络特性以及在我国社会经济中的特殊地位和作用，决定了铁路交通事故一旦发生，其影响在很多情况下并不仅限于局部或一个点，很有可能波及整个运输网络，给国民经济的正常运行带来不利影响。处理铁路交通事故，既要考虑最大限度地减少人员伤亡和财产损失，又要考虑尽快抢通线路、恢复通车，应急救援工作十分重要。因此，《铁路交通事故应急救援和调查处理条例》（以下简称《条例》）加强铁路交通事故的应急救援工作，设立专章对事故应急救援进行全面规范，对铁路运输企业、事故各方当事人、事故现场的各类人员及国务院铁路主管部门、铁路管理机构和铁路沿线的地方各级人民政府参与事故应急救援的义务作了明确规定。

2. 规范铁路交通事故调查处理

铁路交通事故的调查处理事关铁路运输安全畅通、事关广大人民群众的切身利益，是一项非常严肃、非常重要的工作，有必要对事故调查处理的组织体系、工作程序、期限要求、行为规范以及有关法律责任作出具体明确的法律规定。《条例》依据《铁路法》和《生产安全事故报告和调查处理条例》有关规定，从事故应急救援、事故报告、事故调查、事故处理等方面，对铁路交通事故的调查处理基本程序，有关机关和铁路管理机构组织事故调查组进行调查处理的程序和权限，相关地方人民政府有关部门参加事故调查等各个环节作出明确规定，保证事故调查处理工作的依法规范进行。

3. 减少人员伤亡和财产损失

铁路交通事故发生后，人员伤亡和财产损失难以避免，但最大限度地减少伤亡和损失是事故应急救援和调查处理工作的第一要务，《条例》对如何采取措施减少伤亡和损失也作出了十分明确的要求。

（1）事故发生后，要求列车司机应当立即停车，采取紧急处置措施；对无法处置的，应当立即报告邻近铁路车站、列车调度员进行处置。

（2）对事故造成中断铁路行车的，要求铁路运输企业应当立即组织抢修，或者调整运输径路，尽快恢复通车，减小事故影响。

（3）要求国务院铁路主管部门、铁路管理机构和地方人民政府、铁路运输企业启动应急预案或者成立现场救援机构，开展应急救援。

（4）明确了铁路沿线单位和群众对救援物资设备的支持以及可以请求部队支援的规定。

4. 保障铁路运输安全和畅通

铁路运输是我国的基础产业，是国民经济的大动脉。铁路运输的根本目的就是实现旅客和货物安全有序的位移，满足社会经济发展和人民群众生产生活的需要，铁路运输安全畅通是铁路实现运输目的的根本保证。我国铁路发展迅速，铁路建设经营更加突飞猛进发展，国家铁路、地方铁路、专用铁路和铁路专用线等各类铁路的营业里程增加，汽车等机动车的增长和铁路提速范围的不断扩大，防范各类铁路交通事故发生的工作难度更大，保证铁路运输的安全畅通成为铁路工作的头等大事。《条例》充分体现了保证铁路运输安全畅通这一要求：

（1）强调对事故进行调查的目的除了查明责任外，更主要的是总结经验教训，防止事故的再次发生，《条例》第三十条规定，事故责任单位和有关人员应当认真吸取事故教训，落实防范和整改措施，防止事故再次发生。国务院铁路主管部门、铁路管理机构以及其他有关行政机关应当对事故责任单位和有关人员落实防范和整改措施的情况进行监督检查，充分体现了"安全第一、预防为主、综合治理"的安全工作的根本方针。

（2）对事故应急救援的强调，就是为了能及时抢通线路，尽快恢复通车，保证铁路运输的安全畅通。

（二）立法依据

《铁路法》第四章对铁路交通事故的应急救援和调查处理作出了规定，第五十七条明确规定，发生铁路交通事故，铁路运输企业应当依照国务院和国务院有关主管部门关于事故调查处理的规定办理，并及时恢复正常行车。这是制定《条例》最直接的立法依据，是《铁路法》有关基本原则的细化，必须与《铁路法》精神和具体规定相一致。此外，与铁路运输安全管理、事故应急救援和调查处理相关的其他法律，如《安全生产法》等法律也对事故应急救援和调查处理作出了相应规定，这些法律也是《条例》的立法依据，内容也需要与这些法律相衔接。

二、适用范围

所谓适用范围是指一部法律文件在空间、事项等方面的适用对象和适用情形。铁路交通事故主要有两类：

1. 铁路机车车辆在运行过程中与行人、机动车、非机动车、牲畜及其他障碍物相撞导致的事故，长期以来，这类事故在铁路系统称为"路外伤亡事故"，在铁路交通事故中占有较大比例。

2. 铁路机车车辆在运行过程中发生冲突、脱轨、火灾、爆炸等影响铁路正常行车的事故，包括影响铁路正常行车的相关作业过程中发生的事故。

随着铁路投融资体制改革的进一步深入，多种投资主体进入铁路市场投资建设并参与铁路经营，出现了大量的合资铁路、地方铁路以及其他投资主体多元化的铁路公司。为了适应铁路改革发展的需要，便于加强铁路运输安全管理，有必要对事故调查处理方式和主体进行调整。据此,《条例》将所有的行车事故与路外伤亡事故统一纳入其调整范围,将事故的调查处理明确为国务院铁路主管部门、铁路管理机构以及有关政府部门的职责,改变了事故调查处理的方式和性质。

三、事故应急救援和调查处理中的职责或义务

(一)国务院铁路主管部门的职责

《铁路法》的规定,国务院铁路主管部门主管全国铁路工作,是铁路行业主管部门。国务院铁路主管部门主管全国铁路工作,对国家铁路实行高度集中、统一指挥的管理体制,对地方铁路、专用铁路和铁路专用线进行指导、协调、监督和帮助。《铁路安全管理条例》规定,铁路监管部门即国务院铁路行业监督管理部门和铁路监督管理机构负责各级铁路安全监督管理工作。国务院"三定方案"对铁路相关部门在铁路运输安全的监督管理职责也作了明确规定,拟订铁路行车安全法规、制度并进行监督检查;管理劳动安全、锅炉压力容器安全和劳动保护工作。为做好铁路运输安全工作,落实上述职责,铁路相关部门建立了一系列的安全管理制度和监管机制,对铁路运输安全进行全方位、多层次、多角度的监管,使铁路运输安全形势始终保持平稳的良好势头。《条例》发布实施后,由于事故调查处理方式将发生较大变化,国务院铁路主管部门需要对有关制度进行全面清理,与规定不一致的,要进行修改或者废止;对《条例》作出的新规定新制度,要研究制定新的实施细则。加强铁路运输安全管理,要坚持"安全第一,预防为主、综合治理"的方针,既包括事前防范,督促铁路运输企业及相关单位落实安全管理制度,也包括事故发生后依法追究责任,督促落实整改措施,防止事故的发生。因此《条例》明确规定,国务院铁路主管部门应当加强铁路运输安全监督管理,建立健全事故应急救援和调查处理的各项制度,按照国家规定的权限和程序,负责组织、指挥、协调事故的应急救援和调查处理工作。

(二)铁路管理机构的职责

1. 加强日常的铁路运输安全监督检查

铁路管理机构是依据《铁路安全管理条例》设立的。《铁路安全管理条例》第四条规定,国务院铁路行业监督管理部门负责全国铁路安全监督管理工作,国务院铁路行业监督管理部门设立的铁路监督管理机构负责辖区内的铁路安全监督管理工作。国务院铁路行业监督管理部门和铁路监督管理机构统称铁路监管部门。国务院有关部门依照法律和国务院规定的职责,负责铁路安全管理的有关工作。《铁路安全管理条例》规定,铁路管理机构还负有以下三个方面的监管职责:

(1)对有关铁路安全的法律、法规执行情况进行监督检查。

(2)有权监督、制止各种侵占、损坏铁路运输的设施、设备、标志、用地等行为。

(3)对铁路运输高峰时期的运输安全的监督检查,对铁路运输的关键环节、要害设施、设备的安全状况,及安全运输突发事件应急预案的建立和落实情况的监督检查。

根据《铁路安全管理条例》的授权,铁路管理机构主要有三个方面的工作职责:

(1)安全监督检查,如对有关铁路安全的法律、法规执行情况进行监督检查,加强对铁路运输高峰时期,铁路运输关键环节和要害设施、设备的安全状况及应急预案的建立和落实情况的监督检查,对发现的安全隐患立即排除,及时处理铁路运输安全事故等。

(2)作为行政许可实施主体,对《铁路安全管理条例》设定的行政许可项目进行审查,决定

批准或不批准。

（3）作为行政执法主体，及时制止各种侵占、损坏铁路运输的设施、设备、标志、用地及其他违反《铁路安全管理条例》的行为，行使法律规定的处罚权。铁路管理机构进行日常的铁路运输安全监督检查，就是要落实好上述职责规定，最大限度地减少事故发生。《条例》实施后，铁路管理机构还应当加强对事故发生单位落实整改措施情况监督检查。

2. 指导、督促铁路运输企业落实应急救援的各项规定

铁路相关部门、铁路管理机构以及各铁路运输企业相继制定发布了一系列的应急预案，为铁路处置突发公共事件奠定了坚实的基础。《铁路安全管理条例》第六条规定，铁路监管部门、铁路运输企业等单位应当按照国家有关规定制定突发事件应急预案，并组织应急演练。《条例》也对铁路运输企业在铁路交通事故中的应急救援职责作出了具体要求，第六条规定，事故发生后，铁路运输企业和其他有关单位应当及时、准确地报告事故情况，积极开展救援工作，减少人员伤亡和财产损失，尽快恢复铁路正常行车。第十八条规定，事故发生后，列车司机应当立即停车，采取紧急处置措施；对无法处置的，应当立即报告邻近铁路车站、列车调度员进行处置。为保障铁路旅客安全或者因特殊运输需要不宜停车的，可以不停车；但是列车司机应当立即将事故情况报告邻近铁路车站、列车调度员，接到报告的邻近铁路车站、列车调度员应当立即进行处置。第十九条规定，事故中断铁路行车的，铁路运输企业应当立即组织抢修，尽快恢复铁路正常行车；必要时，铁路运输调度指挥部门应当调整运输径路，减少事故影响。这些应急救援规定的落实，既需要铁路运输企业积极启动应急预案，也需要铁路管理机构予以指导、督促，保证各项应急救援措施能落实到位，尽快恢复列车正常运行，减少人员伤亡和财产损失，减少铁路交通事故对路网运行和社会经济的影响。

3. 按照规定的权限和程序，组织、参与、协调本辖区内事故的应急救援和调查处理工作

《条例》规定，铁路管理机构在铁路交通事故应急救援和调查处理中的职责，根据情况的不同，所承担的具体职责也有所区别，有的是组织，有的是参与，有的是协调。

（1）组织事故的应急救援和调查处理。这种情形主要是发生在本辖区内的所有事故的应急救援和较大事故、一般事故的调查处理中。《条例》规定，事故发生后，国务院铁路主管部门或者铁路管理机构应当启动应急预案；必要时，成立现场应急救援机构。根据这一规定，除国务院铁路主管部门组织应急救援外，铁路管理机构都应当组织事故应急救援，在国务院铁路主管部门组织的应急救援工作中，事故发生地的铁路管理机构也应当参加事故的应急救援。《条例》规定，较大和一般的铁路交通事故由事故发生地的铁路管理机构组织事故调查组进行调查。这就是铁路管理机构的事故调查处理权限，在此情形下，除国务院铁路主管部门组织事故调查组外，事故发生地的铁路管理机构都具有组织事故调查组的职责。

（2）参与事故的应急救援和调查处理。这种情形主要是在发生特别重大事故、重大事故的调查中，以及国务院铁路主管部门组织调查或者其他铁路管理机构组织调查但涉及本机构的较大事故和一般事故的调查处理中。《条例》规定，特别重大事故由国务院或者国务院授权部门组织事故调查组进行调查。重大事故由国务院铁路主管部门组织事故调查组进行调查。较大事故和一般事故由事故发生地铁路管理机构组织事故调查组进行调查；国务院铁路主管部门认为必要时，可以组织事故调查组对较大事故和一般事故进行调查。据此规定，当国务院、国务院授权部门或者国务院铁路主管部门组织事故调查时，铁路管理机构不是事故调查组

的组织主体,属于本辖区的事故或者涉及本机构管理范围的情形时,铁路管理机构在事故调查中的作用是参与;发生在其他铁路管理机构管辖范围内的较大事故、一般事故,其他铁路管理机构是组织事故调查的主体,除非调查工作涉及本机构的需要参与调查外,否则一般不应参与。

(3)协调事故的应急救援和调查处理。这主要是指与事故发生地地方人民政府的协调、与事故发生单位的协调、与部队的协调以及与有关事故调查单位的协调等。事故发生地的铁路管理机构,应当做好相关的协调工作,不是事故发生地的铁路管理机构,根据事故应急救援和调查处理的需要及铁路相关部门的要求,也有可能参与协调有关事故应急救援和调查处理的事项。

(三)其他有关部门和地方人民政府的职责

1. 国务院其他有关部门在事故应急救援和调查处理工作中的职责

铁路交通事故的应急救援和调查处理是一项时间要求紧、处理难度大、涉及面较广的工作,做好这项工作不仅需要国务院铁路主管部门的精心组织,也离不开国务院其他有关部门的支持配合。根据《安全生产法》的规定和国务院部门的职责分工,应急管理部门对全国安全生产实施综合监督管理,是全国安全生产监督管理的主管部门,对铁路交通事故的应急救援和调查处理也担负有综合监管和指导、协调处理的职责。国务院行政监察部门,是全国行政监察机关,负责全国行政监察工作,在铁路交通事故的应急救援和调查处理中,负有对行政机关履行职责的情况实施监督检查的职能,这是保证有关行政机关及其工作人员正确履行职责,正确处理事故应急救援和调查处理工作的重要保证。《国家处置铁路行车事故应急预案》规定,国家卫生健康委员会负责协调事故伤员的医疗救护和事故现场的有关防疫工作;公安部负责维护事故发生地社会秩序,依法打击组织盗窃铁路物资、破坏铁路设施的违法犯罪活动,协助组织群众从危险地区安全撤离;依法对事发地区道路交通实施交通管制,负责组织、协调、指挥火灾事故灭火救援工作,负责消防力量、资源的统一调配。为了充分发挥各有关部门的积极作用,《条例》对有关部门在铁路交通事故应急救援和调查处理中的职责也作出明确规定,第二十六条第四款规定,根据事故的具体情况,事故调查组由有关人民政府、公安机关、应急管理部门、监察机关等单位派人组成,并应当邀请人民检察院派人参加。为此,《条例》对国务院有关部门要根据职责和分工,组织、参与铁路交通事故应急救援和调查处理工作作出原则性规定。

2. 有关地方人民政府在事故应急救援和调查处理中职责的规定

各级人民政府的宗旨是为人民服务,代表和维护人民群众的根本利益。根据《国家突发公共事件总体应急预案》对突发公共事件实行"分类管理、分级负责、条块结合、属地管理为主"的工作原则,铁路交通事故的应急救援和调查处理确实离不开地方人民政府的支持和配合。特别是一些涉及沿线单位和群众的铁路交通事故,在地方政府领导下组织救援,非常必要,因此地方人民政府与铁路部门一样对于铁路交通事故应急救援和调查处理,同样也肩负重要职责。

《条例》规定,有关地方人民政府在铁路交通事故的应急救援和调查处理工作中,主要有下列三个方面的职责:

(1)参与应急救援的职责。《条例》第二十条中规定,铁路交通事故发生后,事故发生地县级以上地方人民政府应当根据事故等级启动相应的应急预案,必要时,成立现场应急救援机构。

（2）紧急转移、救治和安置铁路旅客和沿线居民的职责。《条例》第二十二条规定，事故造成重大人员伤亡或者需要紧急转移、安置铁路旅客和沿线居民的，事故发生地县级以上地方人民政府应当及时组织开展救治和转移、安置工作。

（3）请求救援支援的职责。《条例》第二十三条中规定，事故发生地县级以上地方人民政府根据事故救援的实际需要，可以请求当地驻军、武装警察部队参与事故救援。

（4）参与事故调查。《条例》第二十六条规定，根据事故的具体情况，事故调查组由有关人民政府、公安机关、应急管理部门、监察机关等单位派人组成，并应当邀请人民检察院派人参加。为充分发挥地方人民政府在铁路交通事故应急救援和调查处理工作中的作用，使上述职责能够落实到位，《条例》进一步强调了地方人民政府履行职责，做好铁路交通事故应急救援和调查处理工作的要求。

（四）铁路运输企业及有关单位、个人的义务

1. 安全管理义务

铁路运输是一种依赖于轨道的交通方式，一旦发生事故可能会中断列车的正常运行，造成线路堵塞，给社会经济和人民群众的生产生活造成重大影响。预防和减少事故的发生是铁路运输安全管理的首要原则，这就要求铁路运输企业及其相关单位要坚持"安全第一、预防为主、综合治理"的安全生产方针，坚决落实有关的安全管理职责，最大限度地减少事故的发生。

（1）铁路运输企业的安全管理义务

根据《铁路法》《铁路安全管理条例》的有关规定，铁路运输企业在日常安全管理中主要承担以下义务：

①保证铁路运输设施完好的义务。

②建立健全安全生产管理制度的职责。相关条例规定铁路运输企业应当加强铁路运输安全管理，建立、健全安全生产管理制度。

③机构和资金保障职责。《铁路安全管理条例》规定，铁路运输企业应当设置安全管理机构，保证铁路运输安全所必需的资金投入。

④建立完善相关安全保护设施的职责。铁路运输企业应当在铁路线路安全保护区边界设立标桩，并根据需要设置围墙、栅栏等防护设施。

⑤建立应急预案的职责。铁路运输企业应当按照国家有关规定，建立、健全本企业的应急预案，明确应急指挥、救援等事项。

⑥对从业人员培训教育的职责。铁路运输企业应当加强对从业人员的安全教育和培训。铁路运输企业的从业人员应当严格按照国家规定的操作规程，使用、管理铁路运输的设施、设备。

⑦安全检查职责。铁路运输企业应当按照法律、行政法规和国务院铁路主管部门的规定，对旅客携带物品和托运的行李进行安全检查。

⑧信息安全管理职责。铁路运输企业应当使用国务院铁路主管部门认定的符合国家安全技术标准的铁路运输管理信息系统，并配备专门的安全管理人员，负责系统安全保护工作。

⑨信息公告职责。铁路运输企业应当将有关旅客、列车工作人员及其他进入车站的人员遵守的安全管理规定在列车内、车站等场所公告。

除了上述法律、行政法规规定的职责以外，铁路运输企业的安全管理职责也包括铁路

运输安全管理的规章、规范性文件及有关运输安全管理的技术规范和技术标准规定的其他职责。

（2）相关单位和个人保护铁路运输安全的义务

其他有关单位是指与铁路运输活动有关的单位，如运输设施设备的制造方、铁路线路的建设方等与铁路运输活动相关的单位。个人是指与铁路交通事故有关联的自然人个体。铁路运输安全保护涉及面广，做好这项工作不仅需要铁路运输企业切实履行安全管理的职责，也需要相关单位和个人的积极参与，履行义务。

①有关铁路运输设施设备生产单位的义务

铁路运输设施设备的质量安全管理是铁路安全管理的源头性、基础性工作，《铁路安全管理条例》从保证铁路运输设施设备质量合格的角度出发，对铁路运输中的关键性设施设备，如机车车辆的设计、生产、维修、进口，铁路道岔及其转辙设备、铁路通信信号控制软件及控制设备、铁路牵引供电设备，以及其他直接关系铁路运输安全的铁路专用设备、器材、工具和安全检测设备，用于铁路运输的安全防护设施、设备、集装箱和集装化用具等运输器具，篷布、装载加固材料或者装置、运输包装及货物装载加固等关键设施设备，设立了行政许可或者强制认证制度，有关的生产、检验单位必须严格遵守有关的法律规定，依法申请许可、检测和认证，确保产品质量安全。

②有关铁路建设单位的义务

参与铁路建设、维修的建筑勘察、设计、施工、监理等单位，除了要严格遵守有关的建筑法律法规以外，还必须遵守铁路运输管理的各项规则，如有关"天窗修"的规定等。

③铁路沿线单位和个人的保护义务

铁路沿线单位和个人遵守有关铁路运输安全管理的法律法规，提高保护铁路运输安全的意识，是预防和减少铁路交通事故的重要因素。《铁路法》和《铁路安全管理条例》规定了下列内容：

a. 落实护路联防职责的规定。《铁路安全管理条例》第四条规定，铁路沿线地方各级人民政府和县级以上地方人民政府有关部门应当按照各自职责，加强保障铁路安全的教育，落实护路联防责任制，防范和制止危害铁路安全的行为，协调和处理保障铁路安全的有关事项，做好保障铁路安全的有关工作。护路联防责任制是多年来发动沿线单位和广大人民群众，共同保护铁路运输安全的重要制度，具有强大的生命力，在地方人民政府的领导下，铁路沿线各单位和人员有责任参与保护铁路运输安全的工作，也只有充分发挥铁路沿线单位和广大人民群众的积极性和重要作用，铁路运输安全才有坚实的群众基础，预防和减少铁路交通事故的目的才有可能达到。

b. 保护铁路沿线设施设备的规定。《铁路法》第四十九条规定，对损毁、移动铁路信号装置及其他行车设备或者在铁路线路上放置障碍物的，铁路职工有权制止，可以扭送公安机关处理。《铁路运输安全保护条例》第九条规定，任何单位和个人不得破坏、损坏或者非法占用铁路运输设施、设备、铁路标志及铁路用地。

c. 保护铁路沿路安全的规定。《铁路法》第五十一条规定，禁止在铁路线路上行走、坐卧。《铁路安全管理条例》规定，在铁路线路安全保护区内，除必要的铁路施工、作业、抢险活动外，任何单位和个人不得实施下列行为：

（a）建造建筑物、构筑物；取土、挖砂、挖沟。

（b）采空作业；堆放、悬挂物品。

（c）任何单位和个人不得在铁路线路安全保护区内烧荒、放养牲畜、种植影响铁路线路安全和行车瞭望的树木等植物。

（d）任何单位和个人不得向铁路线路安全保护区排污、排水、倾倒垃圾及其他有害物质。

《条例》规定，任何单位不得进入国家规定的铁路建筑接近限界，不得在规定的区域内采砂、围垦造田、抽取地下水、拦河筑坝、架设浮桥及修建其他影响或者危害铁路桥安全的设施，不得在规定区域内建造、设立生产、加工、储存和销售易燃、易爆或者放射性物品等危险物品场所、仓库，不得在规定区域内从事采矿、采石及爆破作业等。

2. 事故发生后的报告、救援义务

一旦发生事故，积极抢救受伤人员，尽快恢复列车正常运行，减少因中断行车导致的损失，保证铁路运输安全和畅通是铁路运输企业及有关单位开展救援和调查工作的首要任务。《条例》规定，事故发生后，铁路运输企业和其他有关单位应当及时、准确地报告事故情况，积极开展救援工作。

（1）铁路运输企业的报告、救援义务

《条例》规定，铁路交通事故发生后，铁路运输企业的报告、救援职责主要包括以下几个方面：

①及时准确报告事故情况。铁路交通事故发生后，报告事故情况要及时、准确。也就是说，事故发生后要马上报告，而不能随意拖延；报告的事故信息要准确，而不能捕风捉影，误报信息；事故报告要包括事故地点、时间、伤亡、机车车辆脱轨、行车设备损失情况，以及是否需要救援等主要情况，报告情况尽可能详细完整。《条例》第十四条的规定，事故发生后，事故现场的铁路运输企业工作人员及其他人员应当立即报告邻近铁路车站、列车调度员或者公安机关。有关单位和人员接到报告后，应当立即将事故情况报告事故发生地铁路管理机构。报告事故应当包括事故发生的时间、地点、区间（线名、公里、米）、事故相关单位和人员；发生事故的列车种类、车次、部位、计长、机车型号、牵引辆数、吨数；承运旅客人数或者货物品名、装载情况；人员伤亡情况，机车车辆、线路设施、道路车辆的损坏情况，对铁路行车的影响情况；事故原因的初步判断；事故发生后采取的措施及事故控制情况；具体救援请求等内容。事故报告后出现新情况的，应当及时补报。

②积极组织救援。《条例》第十八条规定，事故发生后，列车司机应当立即停车，采取紧急处置措施；对无法处置的，应当立即报告邻近铁路车站、列车调度员进行处置。为保障铁路旅客安全或者因特殊需要不宜停车的，可以不停车，但是列车司机应当立即将事故情况报告邻近铁路车站、列车调度员，接到报告的邻近铁路车站、列车调度员应当立即进行处置。第十九条规定，事故造成中断铁路行车的，铁路运输企业应当调整运输径路，减少事故影响。第二十条规定，事故发生后，铁路运输企业应当根据事故等级启动相应的应急预案；必要时，成立现场应急救援机构。第二十条规定，现场应急救援机构根据铁路交通事故应急救援工作的实际需要，可以借用有关单位和个人的设施、设备、物资等开展铁路交通事故应急救援。

（2）有关单位的事故报告、救援职责

这里所指的"有关单位"主要是指与事故发生以及与事故救援有密切关系的单位，如铁路交通事故中除铁路运输企业之外的另一方（或多方）当事单位和参与应急救援的沿线单位、公安机关、驻军和人民武装警察。《条例》规定，这些有关单位的职责主要是将事故情况报告事故发生地的铁路管理机构，积极支持、配合救援工作，维护事故现场秩序，根据请求参与事故救援等。

铁路运输企业和其他有关单位、个人，必须遵守铁路运输安全管理的各项规定。这不仅是对铁路运输企业全体人员在法律上的约束性规定，同时也是全社会公民的义务性规定，其目的就是保证和维护铁路正常运输秩序，保证铁路大动脉的畅通，保护国家利益和广大人民群众生命财产不受损失。

铁路运输企业、其他有关单位和自然人，在自觉遵守铁路运输安全管理各项规定的同时，还应当自觉维护铁路运输安全秩序和铁路治安，对突发事件和危及铁路运输安全的破坏犯罪行为，应当采取积极防护和制止措施；禁止损害铁路机车车辆和铁路线路、桥梁、隧道、供电、通信、信号等基础设备设施，防止和避免铁路交通事故的发生。

（五）事故应急救援和调查处理不受干扰阻碍

1. 不得干涉和阻碍事故应急救援、铁路线路开通和列车运行

《条例》规定，铁路交通事故发生后，国务院铁路主管部门、铁路管理机构、铁路运输企业以及有关地方人民政府应当及时开展应急救援工作，这是对事故应急救援的总体要求，有关单位和个人必须按照这个总体要求组织或者参与事故应急救援。为了切实达到这个要求，《条例》进一步明确任何单位和个人不得干扰、阻碍事故应急救援。

所谓干扰、阻碍事故应急救援，既包括不允许或阻挡、妨碍有关单位救治伤员、抢修线路和开通列车，不支持或阻碍有关单位开展救援工作，也包括为救援工作设置障碍或不配合等情形，具体表现为强制命令、威逼利诱、打骂救援人员以及在线路上设立障碍物、破坏事故现场、拦截列车开行等救援行为等，这些行为可能是明示，也可以是暗示或者授意别人进行。为了保证事故得到及时救援，减少人员伤亡和财产损失，尽快恢复列车正常运行，明确规定任何单位和个人不得扰乱、阻碍事故应急救援、铁路线路开通、列车运行是非常必要的。这是一项严格的禁止性规范，违反该规定，应当依法承担相应的法律责任。这一要求也是《铁路法》所明确规定的。

2. 不得干扰、阻碍对事故的依法调查处理

事故发生后，国务院或国务院授权的部门、国务院铁路主管部门、铁路管理机构以及地方人民政府及其有关部门应当依照《条例》以及其他法律、行政法规的规定及时进行调查处理。《条例》规定，除特别重大事故由国务院或者授权国务院有关部门组织事故调查组进行调查外，重大事故由国务院铁路主管部门组织事故调查组进行调查，较大事故和一般事故由铁路管理机构组织事故调查，国务院铁路主管部门认为必要时，可以直接组织事故调查组对较大事故、一般事故进行调查。事故调查报告形成后，报经组织事故调查组的机关或者铁路管理机构同意，事故调查组的工作即告结束。组织事故调查组的机关或者铁路管理机构根据事故调查报告，制作事故认定书。

依法进行事故调查处理，对于查明事故原因，明确事故责任，落实事故责任追究，总结事故经验教训，完善事故防范措施，防止事故再次发生，具有十分重要的意义，是铁路运输安全管理工作中不可或缺的环节。为了保证事故调查处理的顺利进行，必须从制度上排除一切干扰和阻力。因此，《条例》明确任何单位和个人不得干扰、阻碍事故的调查处理。

《条例》规定，不管是行政机关、铁路管理机构及其工作人员，还是事故的当事人都不得扰

乱和阻碍事故的依法调查处理。实践中,扰乱、阻碍事故调查处理,可以是多个环节。例如,在事故调查组组成过程中扰乱、阻碍事故调查组的组成;在事故调查处理中扰乱、阻碍事故调查组的工作,包括故意破坏事故现场或者转移、隐匿证据,打骂、威胁调查组工作人员,无正当理由拒绝接受事故调查组的询问或者拒绝提供有关情况和资料或者作伪证、提供虚假情况,或者为事故调查设置其他障碍。在事故认定中干扰、阻碍事故性质或者事故责任的确定。在事故处理中干扰、阻碍对有关事故责任人员的处理。对干扰、阻碍依法调查处理事故的单位和个人,必须依法严肃处理。构成犯罪的,依法追究刑事责任;不构成犯罪的,依法给予行政处罚或者处分。

需要强调的是,如果事故调查处理不合法,如事故调查组的组成不合法,事故调查的程序不合法,对事故责任人的处理不符合法律规定等,有关方面可以提出意见,有关机关也可以要求纠正。这些都不属于扰乱、阻碍对事故的依法调查处理范畴。

四、事故等级

事故等级的划分是一项十分重要的基础性工作,直接关系到事故报告、应急预案启动的响应级别、事故调查组的组成以及事故责任的追究。在《生产安全事故报告和调查处理条例》和《国家处置突发公共事件总体应急预案》关于事故等级划分的基础上,结合铁路交通事故的特点,《条例》对铁路交通事故等级分类及其标准作出的一般性规定,即根据事故造成的人员伤亡、直接经济损失、列车脱轨辆数、中断铁路行车时间等情形,事故等级分为特别重大事故、重大事故、较大事故和一般事故。

1. 有下列情形之一的,为特别重大事故:

(1)造成 30 人以上死亡,或者 100 人以上重伤(包括急性工业中毒,下同),或者 1 亿元以上直接经济损失的。

(2)繁忙干线客运列车脱轨 18 辆以上并中断铁路行车 48 小时以上的。

(3)繁忙干线货运列车脱轨 60 辆以上并中断铁路行车 48 小时以上的。

2. 有下列情形之一的,为重大事故:

(1)造成 10 人以上 30 人以下死亡,或者 50 人以上 100 人以下重伤,或者 5 000 万元以上 1 亿元以下直接经济损失的。

(2)客运列车脱轨 18 辆以上的。

(3)货运列车脱轨 60 辆以上的。

(4)客运列车脱轨 2 辆以上 18 辆以下,并中断繁忙干线铁路行车 24 小时以上或者中断其他线路铁路行车 48 小时以上的。

(5)货运列车脱轨 6 辆以上 60 辆以下,并中断繁忙干线铁路行车 24 小时以上或者中断其他线路铁路行车 48 小时以上的。

3. 有下列情形之一的,为较大事故:

(1)造成 3 人以上 10 人以下死亡,或者 10 人以上 50 人以下重伤,或者 1 000 万元以上 5 000 万元以下直接经济损失的。

(2)客运列车脱轨 2 辆以上 18 辆以下的。

(3)货运列车脱轨 6 辆以上 60 辆以下的。

(4)中断繁忙干线铁路行车 6 小时以上的。

(5)中断其他线路铁路行车 10 小时以上的。

4. 一般事故：

造成 3 人以下死亡，或者 10 人以下重伤，或者 1 000 万元以下直接经济损失的，为一般事故。

以上所称的"以上"包括本数，所称的"以下"不包括本数。除以上规定外，国务院铁路主管部门可以对一般事故的其他情形作出补充规定。

五、事故报告

事故报告是铁路交通事故发生后的一项重要的信息传输工作，是减少人员伤亡、财产损失和恢复铁路行车秩序，保证事故调查正常进行的一个重要程序。

（一）铁路交通事故发生后现场报告的规定

事故发生后，事故现场的铁路运输企业工作人员或者其他人员应当立即报告邻近铁路车站、列车调度员或者公安机关。有关单位和人员接到报告后，应当立即将事故情况报告事故发生地铁路管理机构。

报告时限的要求充分反映了铁路交通事故应急救援、恢复通车的紧迫性和重要性。这就要求事故现场工作人员和有关接到事故报告的单位和个人，不得拖延报告时间，保证在第一时间内报告事故，便于有关部门能及时了解掌握事故情况，采取合理有效的应急救援措施。

（二）国务院铁路主管部门、铁路管理机构上报事故的规定

铁路管理机构接到事故报告，应当尽快核实有关情况，并立即报告国务院铁路主管部门；对特别重大事故、重大事故，国务院铁路主管部门应当立即报告国务院及其有关部门。发生特别重大事故、重大事故、较大事故或者有人员伤亡的一般事故，铁路管理机构还应当通报事故发生地县级以上地方人民政府及其管理部门。

根据事故应急救援和调查处理的需要，国务院铁路主管部门还应将事故情况通报有关部门，在实践中灵活掌握，应把握两条原则：一是应当参加应急救援的部门，如公安、消防等部门；二是应当参加事故调查处理的部门，如监察机关、检察院、工会等。《条例》规定中没有将未造成人员伤亡的事故列入通报地方人民政府的范围，主要是考虑这类事故的影响较小，处理较为容易，且事故发生的频率较高和件数也较多，如果都需要通报地方人民政府的话，地方人民政府的现有监管力量难以胜任。

（三）铁路交通事故报告内容的具体规定

《条例》关于报告的内容参照了《生产安全事故报告和调查处理条例》中关于事故报告的内容，明确铁路交通事故报告应当包括七个方面内容：

1. 事故发生的时间、地点、区间（线名、公里、米）、事故相关单位和人员。

2. 发生事故的列车种类、车次、部位、计长、机车型号、牵引辆数、吨数。

3. 承运旅客人数或者货物品名、装载情况。

4. 人员伤亡情况，机车车辆、线路设施、道路车辆的损坏情况，对铁路行车的影响情况。

5. 事故原因的初步判断。

6. 事故发生后采取的措施及事故控制情况。

7. 具体救援请求。

事故报告后出现新情况的，应当及时补报。之所以要求对出现的新情况及时补报，是因为

有些不确定的状态需要经过一段时间才能转为确定状态。例如,由于事故的应急救援不力,事故没有得到有效的控制,导致发生次生事故,引起新的人员伤亡和财产损失,有的甚至是救援人员的伤亡。又如,对失踪人员的搜救和对被困人员的营救能否取得积极的结果,重伤者经过抢救能否脱离生命危险,损坏的设备设施能否进行修复以及中断铁路行车的时间也是动态变化的,都需要经过一段时间以后才能确定。这些都直接影响到伤亡人数的确定、直接经济损失和中断铁路行车时间的认定,而伤亡人数、直接经济损失和中断铁路行车时间的情况直接关系到事故等级的划分和事故的调查处理权限等具体问题。另外,对这些新的变化内容,事故报告的主体要及时进行补充报告,也有利于国务院铁路主管部门、铁路管理机构随时掌握了解事故的最新情况,及时变换救援措施,尽量减少事故损失。

（四）建立受理铁路交通事故报告和举报的值班制度的规定

铁路交通事故值班制度是保证各级铁路管理部门和铁路运输企业正常履行铁路安全监督管理职责和落实安全管理义务的基本制度,建立事故值班制度,有利于全面准确掌握铁路安全动态,也有利于加强与广大人民群众的联系,接受社会和群众的监督。《条例》结合实践经验,第一次以行政法规的形式对铁路交通事故的值班制度作出明确规定,要求国务院铁路主管部门、铁路管理机构和铁路运输企业应当向社会公布事故报告值班电话,受理事故报告和举报。这里不仅要求国务院铁路主管部门、铁路管理机构建立相应的值班制度,也要求铁路运输企业公布事故报告值班电话,受理事故报告和举报。《条例》作出这样的规定,一是执行《条例》规定的事故报告制度,保证及时、准确上报事故的需要;二是对事故信息来源渠道的有益补充,对于揭露谎报、瞒报事故有重要作用;三是维护公民检举、举报权利,是确保人民群众民主权利的重要措施。

《条例》规定了两种义务:

（1）国务院铁路主管部门、铁路管理机构的行政责任。《条例》规定,国务院铁路主管部门、铁路管理机构应当向社会公布事故报告值班电话,受理事故报告和举报。

（2）增加了铁路运输企业的安全责任主体义务。《条例》规定了铁路运输企业的一项责任义务,即铁路运输企业应当向社会公布事故报告值班电话,受理事故报告和举报。

铁路主管部门和铁路运输企业,应利用报纸、电视、网络等新闻媒体,向社会公布事故举报电话,受理事故报告和举报。公示的电话号码应该是 24 小时有人值守的电话,一般应为铁路主管部门的总值班室的值班电话或者安全监察部门的值班电话,也可以单独设立公布。

六、事故应急救援

铁路运输是轨道交通,一旦发生事故就可能会中断列车正常运行,造成线路堵塞,甚至会影响全国铁路运输网的正常运行,给国民经济和人民群众利益造成重大影响。为了尽量减少铁路交通事故造成的影响,《条例》明确了国务院铁路主管部门、铁路管理机构、事故发生地县级以上地方人民政府及其所属部门、铁路运输企业等有关单位和人员在事故应急救援工作中的有关职责。

（一）列车司机等有关人员的应急处置和报告职责的规定

作为列车的直接操作人员,列车司机是列车运行或者停止的具体操作者,铁路交通事故发生后,他们的现场应急处置是否妥当,直接影响到后续的列车救援、伤员抢救、现场保护和事故调查处理工作。根据《国家处置铁路行车事故应急预案》关于紧急处置的要求和列车工作操作程序的特点,列车司机等列车工作人员在铁路交通事故发生后应当立即停车,开展自救、互救。

因此,事故发生后,列车司机应当立即停车,采取紧急处置措施;对无法处置的,应当立即报告邻近铁路车站、列车调度员进行处置。

为保障铁路旅客安全或者因特殊运输需要不宜停车的,可以不停车;但是,列车司机应当立即将事故情况报告邻近铁路车站、列车调度员,接到报告的邻近铁路车站、列车调度员应当立即进行处置。

(二)铁路交通事故造成中断铁路行车时,铁路运输企业应当立即组织抢修,以及必要时铁路运输调度指挥部门应当调整运输径路的规定

1. 关于铁路运输企业应当立即组织抢修线路的规定

铁路行业属于国民经济基础产业,保持 24 小时连续运输才能适应国民经济的需要。一旦发生中断铁路行车的事故,铁路运输企业必须尽快采取措施,抢修线路,保障路网畅通,这也是铁路交通事故应急救援与其他一般生产事故最大的不同点。因此,在铁路交通事故应急救援过程中,铁路运输企业应当立即组织抢修,确保尽快恢复铁路正常行车。

2. 关于铁路运输调度指挥部门应当调整运输径路的规定

《条例》除了规定铁路运输企业应当立即组织抢修,尽快恢复铁路正常行车外,还规定必要时,铁路运输调度部门应当调整运输径路,减少事故影响。

列车运行图是铁路行车组织工作的基础。所有与列车运行有关的铁路各部门,必须按列车运行图的要求,组织本部门的工作,以保证列车按运行图运行。列车运行图应根据客货运量和区段通过能力确定列车对数,并符合要求:列车运行的安全;迅速、便利地运输旅客和货物;充分利用通过能力,经济合理地运用机车车辆和安排施工、维修天窗;做好列车运行线与车流的结合;各站、各区段间的协调和均衡;合理安排乘务人员作息时间。铁路运输是按图运输,列车运行图对各次列车的运行线路、时间、停靠站点都有十分准确的规定,一般情况下不得随意改变列车运行径路,铁路运输调度指挥部门也只能按图作业,指挥、跟踪列车运行。但是,在铁路交通事故应急救援过程中,铁路运输调度指挥部门在必要时,应当调整运输径路,减少事故影响。对于这一规定的理解,应当注意以下两个方面的要求:

(1)根据立法精神,并非所有的事故救援都可以调整运输径路,应当严格把握"必要时"的定义。"必要时",一般是指线路破坏严重、救援工作艰难、进展缓慢,在较短时间内无法恢复通车,而且不对运输径路进行调整,将会对路网乃至社会经济造成重大影响时,才考虑调整运输径路。

(2)调整运输径路的权限在于铁路运输调度指挥部门,其他部门无权决定,铁路运输调度指挥部门根据调度权限调整径路,一般情况下,应当由铁路相关部门通盘考虑决定,组织各相关铁路局集团公司调度部门共同实施,并务必做好相互之间的衔接。

(三)启动应急预案以及成立现场应急救援机构的规定

凡事预则立、不预则废;思则有备、有备无患。近年来,国家对突发公共事件应急预案工作十分重视。逐步建立和完善了应急救援预案体系。《条例》规定,事故发生后,国务院铁路主管部门、铁路管理机构、事故发生地县级以上地方人民政府或者铁路运输企业应当根据事故等级启动相应的应急预案;必要时,成立现场应急救援机构。现场应急救援机构负责组织指挥现场救援等工作。《条例》规定的是"必要时",并非所有等级的铁路交通事故发生后都要成立现场救援机构。对"必要时"的界定,需要在实际工作中,根据具体情况灵活掌握。

（四）借用有关单位和个人的设施、设备以及其他物资的规定

由于铁路交通事故发生的偶然性，有很大一部分事故是发生在较为偏远的地方，即使是专业的救援队伍也难以配足抢险所需要的所有设施设备和其他物资，因此在大多数情况下需要就地取材，借用铁路沿线单位和个人的设施、设备和其他物资，以满足救援工作的需要，并且这种借用手段在许多救援工作中已广泛运用，对及时抢救伤员、修复线路、恢复行车具有十分重要的意义。《条例》也是基于上述考虑，借鉴铁路交通事故应急救援工作的实际做法，将这一行之有效的实践经验通过立法的形式予以明确，将"可以借用有关单位和个人的设施、设备和其他物资"作为现场应急救援机构的一个重要权限，同时也将其规定为铁路沿线有关单位和个人的法定义务。

这里所谈的"借用"属于一种民事行为，而非行政行为，这与"征收"和"征用"有着本质的区别，也充分体现了立法对人民群众物权的尊重和保护。在《条例》中将此设定为铁路沿线有关单位、个人的法定义务，因此规定的"借用"也具有一定的"强制性"。对铁路交通事故的应急救援，首先是铁路运输企业、行政机关和有关单位的义务，但也离不开广大人民群众的帮助、支持、配合。多一份力，列车就能早一刻恢复运行，国家的损失就少一点损失，受伤人员就多一份获救的希望。《条例》作出这样的义务性规定，也就是从提倡救死扶伤、一方有难八方支援的良好社会风尚的考虑出发的。

但是，为了防止对这一权力的滥用，《条例》同时也对此作了限制，即现场应急救援机构根据事故应急救援工作的实际需要。同时，需要注意的是，《条例》规定，借用单位使用完毕应当及时归还，并支付适当费用。根据这一规定，借用的设施、设备和其他物资使用完毕后必须及时归还，不能拖延不还。同时，对借用的设施、设备和其他物资，还应当支付适当的费用。至于费用的数额，一般应当由借用单位和被借用的单位、人员协商解决。

在铁路交通事故应急救援中借用有关单位、个人的设施、设备以及其他物资，造成损失的，应当赔偿。理解这一规定，需要注意以下问题：

1. 只有确实造成了损失，才予以赔偿。

2. 只有损失与借用行为存在直接的因果关系才予以赔偿，若损失是因其他原因造成的，不在《条例》规定的范围内，包括由事故直接导致的损失也不在本范围内。

3. 赔偿的方式可以有多种形式，一般情况下有两种，一是作价赔偿，即对损失进行评估后以现金的形式直接赔偿；二是以实物赔偿，即以相同或者类似的物品赔偿损失的物品。其他方式的赔偿只要双方认可也是允许的。

（五）事故发生地县级以上地方人民政府应急救援职责的规定

铁路属于点线结合的运输方式，实行的是高度集中统一指挥的管理体制，但是由于铁路交通事故直接影响的是广大人民群众的生命财产安全和正常生活秩序，开展事故应急救援工作，必须充分发挥中央和地方两个积极性，中央有关部门的积极应对与地方人民政府的支持和直接参与缺一不可。在组织救治、转移和安置群众方面，事故发生地县级以上地方人民政府有不可替代的优势，《条例》在赋予事故发生地县级以上地方人民政府这一职责的同时，也对它们履行这一职责的两个前提条件作了明确：

1. 铁路交通事故造成重大人员伤亡的。重大人员伤亡主要是指事故导致有较多的人员伤亡，地方人民政府，特别是事故发生地县级以上地方人民政府不参与、组织，其救治和转移工作将会受到严重影响甚至没办法开展，将会引起更大的伤亡和损失的情形。

2. 铁路交通事故发生后,需要紧急转移、安置铁路旅客和沿线居民的。这一情形一般是指铁路交通事故发生后,引发的危险物品泄漏、扩散,可能或者已经严重危及铁路旅客、沿线居民的生命财产安全。

一旦具备上述两个条件之一,事故发生地县级以上地方人民政府就应当切实行动起来,及时组织群众转移到安全地带并组织开展救治和防范工作。

事故发生地县级以上地方人民政府履行这一职责,在具体操作中还应当注意三个方面:

(1)事故发生地县级以上地方人民政府应当进一步健全紧急状况下,组织转移、安置和救治生命财产安全受到影响的人民群众的应急预案,完善运作协调机制。

(2)地方人民政府及铁路沿线单位要加强对沿线居民应对突发事件的应急措施和脱身技巧的宣传教育,使铁路沿线单位和群众能够在突发事件发生后,自觉听从地方人民政府的指挥。

(3)由于个人原因,在铁路交通事故中致伤致残丧失劳动能力者,为切实做好社会稳定的工作,体现以人为本构建和谐社会的理念,应根据国家相关政策由民政部门妥善安置。

(六)当地驻军和武装警察部队参与事故救援的规定

国务院铁路主管部门、铁路管理机构或者事故发生地县级以上地方人民政府根据事故救援的实际需要,可以请求当地驻军、武装警察部队参与事故救援。

国务院铁路主管部门、铁路管理机构或者县级以上地方人民政府提出需要军队参加抢险救援的请求时,应当按照《军队参加抢险救灾条例》的规定,说明险情或者灾情发生的种类、时间、地域、危害程度、已经采取的措施,以及需要使用的兵力、装备等情况。

另外,《军队参加抢险救灾条例》第十条规定,军队参加抢险救灾时,当地人民政府应当提供必要的装备、物资、器材等保障,派出专业技术人员指导部队的抢险救灾行动;铁路、交通、民航、公安、电信、邮政、金融等部门和机构,应当为执行抢险救灾任务的部队提供优先、便捷的服务。军队执行抢险救灾任务所需要的燃油,由执行抢险救灾任务的部队和当地人民政府共同组织保障。

至于军队参加事故救援的经费问题,《军队参加抢险救灾条例》第十三条第一款规定,军队参加国务院组织的抢险救灾所耗费用由中央财政负担。军队参加地方人民政府组织的抢险救灾所耗费用由地方财政负担。根据这一精神,军队参加救援所产生的费用由地方人民政府或者铁路部门负担。具体的费用应当包括购置专用物资和器材费用,指挥通信、装备维修、燃油、交通运输等费用,补充消耗的携行装备器材和作战储备物资费用,以及人员生活、医疗的补助费用。

(七)保护铁路交通事故现场以及相关证据的规定

妥善保护事故现场以及相关证据,对于判明事故原因,查清事故责任具有十分重要的意义。事故现场保护是开展事故调查工作的前提和基础,现场保护的好坏直接影响到事故能否顺利调查清楚、影响到责任追究是否能够落实。为此,《条例》对铁路交通事故现场保护从以下四个方面予以了明确:

1. 规定了有关单位和个人妥善保护事故现场以及相关证据的责任。这里所指的"有关单位和个人"主要是指事故现场的铁路运输企业及其工作人员、公安人员以及事故所涉及的沿线单位或者个人。

2. 规定了移交证据的义务,明确要求在事故调查组成立后,有关单位和个人应当将相关证据移交事故调查组,证据移交的对象只能是事故调查组,不能直接移交给事故调查组其中的某一个单位,特别是不能移交给与事故发生有直接关系的单位或者个人,这既是为了保证工作的有序衔接,更主要的是为了保证证据真实性,防止证据"失真"。

3. 对事故现场做出标记,绘制事故现场示意图,制作现场视听资料,并作出记录。第一时间保护事故现场,是为了防止在抢救伤员、恢复列车运行中挪动伤员、物品时,对事故现场造成破坏。现场记录包括发生事故的时间、线路、区段、人员伤亡情况、机车车辆及线路损坏情况、现场状况的基本描述和绘制简单的现场图;现场标记就是在必须挪动现场伤员或者物品的原有位置上作出明显标志。有条件的列车司机或现场目击人,可以对现场情况进行拍照、录像。需要注意的是,现场记录必须通过书面形式予以记载。

4. 作出了相关禁止性规定。规定任何单位和个人不得破坏事故现场,不得伪造、隐匿或者毁灭相关证据,这一规定完全符合对证据保护的一般规定,不论是在刑事案件、民事案件还是行政案件中,对证据的保护要求都是十分严格的,如果故意破坏现场,伪造、隐匿或者毁灭相关证据,将要依法追究责任,重者还可能会受到刑事追究。

(八)铁路交通事故中死亡人员尸体处置的规定

对铁路交通事故中的死亡人员的尸体进行处理前,应当经法定机构鉴定,该法定机构一般是指司法鉴定机构、医疗机构等,司法鉴定机构或者医疗机构对检验或鉴定结果作出书面结论后,要通知死者家属的认领。实践中,对需要临时看守的死者尸体,一般由公安机关安排邻近的铁路单位、乡村、街道派人看守。先于公安机关到达事故现场的就近车站负责人,也有责任安排就近单位、乡村、街道派人看守。看守的费用由事故调查组指定事故责任者家属或者事故责任者所属单位预先垫付。对于无法查找死者家属的,按照国家有关规定办理,总体来说,无论是何种情况下的尸体处理,都必须要有公安机关或者有关机构的介入,一是要出具死亡证明,二是要通过一定的程序方可处理无法查找死者家属的尸体。对铁路交通事故中的无法查找死者家属的尸体的处理,在没有其他具体规定之前,就应当遵循国家相关规定的处理原则,即由公安机关或者有权医疗机构出具死亡证明后且认定为"无法查找死者家属"后方可处理。

七、事故调查处理

(一)组织铁路交通事故调查组的主体的规定

特别重大事故由国务院或者国务院授权的部门组织事故调查组进行调查。

重大事故由国务院铁路主管部门组织事故调查组进行调查。

较大事故和一般事故由事故发生地铁路管理机构组织事故调查组进行调查;国务院铁路主管部门认为必要时,可以组织事故调查组对较大事故和一般事故进行调查。

铁路交通事故的调查处理实行的是由多部门组成的联合事故调查组进行调查的体制,组织事故调查组的机关或者铁路管理机构在其中发挥组织作用,直接领导事故调查组开展事故调查工作。为此,《条例》专门对事故调查组的成员单位和组成人员作了明确规定,即根据事故情况,事故调查组由有关人民政府、公安机关、应急管理部门、监察机关等单位派人组成,并应当邀请人民检察院派人参加。人民检察院参与事故调查,有一定的司法介入的性质,应当明确事故调查与检察院立案后开展的案件侦查,是属于完全不同的两种行为,前者属于行政行为,而后者具有司法性质,两者之间在调查取证方面可以互相配合,但最终的调查结论是有一定区别的。需要强调的是，上述事故调查组的组成并非只限于上述所列部门，根据事故调查的需要，其他行政机关也可参加事故调查，如在铁路道口发生农用车与铁路机车车辆相撞的事故时，当地的公安、交通和农机主管部门也应当参加事故调查组，参与事故调查处理。

考虑到铁路交通事故的专业性和复杂性，事故调查组遇到疑难问题，如技术难题时，邀请有关专家参与事故调查是十分必要的。因此，《条例》还规定，事故调查组认为必要时，可以聘请有关专家参与事故调查。

（二）事故调查组开展铁路交通事故调查及提交事故调查报告期限的规定

事故调查组按照国家有关规定开展事故调查，这里的国家有关规定，主要是指《安全生产法》《生产安全事故报告和调查处理条例》《条例》和国务院铁路主管部门有关事故调查的规定。《条例》根据事故等级的不同，确定了不同的调查期限：特别重大事故的调查期限为 60 日；重大事故的调查期限为 30 日；较大事故的调查期限为 20 日；一般事故的调查期限为 10 日。事故调查组应当在事故调查期限内向组织事故调查组的机关或者铁路管理机构提交事故调查报告。

关于期限，《条例》与《生产安全事故报告和调查处理条例》的规定有较大的差异，《生产安全事故报告和调查处理条例》规定事故调查组应当自事故发生之日起 60 日内提交事故调查报告；特殊情况下，提交事故调查报告的期限经批准可以延长，但延长的期限最长不超过 60 日。《条例》关于事故调查期限的规定，更加突出了铁路交通事故调查处理的及时性特点，以及尽快恢复铁路正常行车的时间要求。

需要注意的是，《条例》规定，事故调查期限是从事故发生之日起计算，而不是从事故调查组成立或者开始事故调查时起计算。这样规定，主要是为了督促有关行政机关及时成立调查组并迅速开展调查工作，防止推诿拖拉，延误调查时间。另外，根据国家相关法律对期限的规定，事故发生当日应当计算在事故调查期限内。

（三）铁路交通事故调查处理过程中进行技术鉴定和直接经济损失评估的规定

铁路交通事故发生不仅涉及人的操作行为、管理行为等不安全行为，而且会涉及铁路设备、设施以及其他财产损失状况的技术鉴定以及中断铁路行车造成的直接经济损失评估，因此，在事故调查处理过程中进行技术鉴定和损失评估往往是确定事故原因的有效途径和技术支持，也是判定事故等级，开展事故调查的一个重要依据。对事故原因作出科学判断，对事故损失作出准确鉴定和评估，是事故调查处理的一个重要方面，对于准确判定事故责任，划分赔偿比例，总结经验教训，妥善处理事故责任人具有十分重要意义。但是，由于铁路交通事故调查有时会受到专业性、技术性的限制，不依靠精密的检测仪器和专业的技术人员，很难对事故原因及其损失作出准确判断。所以，为保证对事故原因及其损失分析判断的准确性、权威性，《条例》对事故调查处理过程中，委托专门机构进行技术鉴定或者评估作出明确规定，主要包括以下几层意思：

1. 要不要进行技术鉴定、评估以及鉴定、评估的范围，应当由事故调查组根据事故调查的实际需要决定。

2. 由谁进行技术鉴定或评估，由事故调查组委托，不能由事故发生单位决定。

3. 承担技术鉴定和评估的单位要具备国家规定的资质。进行事故技术鉴定的单位资质一般由国务院相关部门或者国务院铁路主管部门、铁路管理机构授予。不具备国家规定资质的单位作出的技术鉴定结果无效，事故调查组也不能委托其进行技术鉴定。

4. 明确了技术鉴定或者评估所需时间与事故调查期限的关系。

《条例》第二十六条对事故调查期限作出明确规定的目的,是为了规范事故调查行为,促进事故调查组高效行使职权。但是规定事故调查期限必须确保事故调查组能够履行职责,了解清楚事故原因,保证事故调查质量为前提。对于事故调查中不能由事故调查组自己决定的事项,事故调查组无法承诺也不能保证该项活动在多长时间内完成,《条例》涉及的专门机构进行的事故鉴定或者评估时间,事故调查组无法掌握进度,也无法保证在事故调查期限内一定能够完成。为了保证事故调查处理达到公平、公正的效果,保证调查期限规定的严肃性,《条例》专门规定技术鉴定或者评估所需时间不计算在事故调查期限内。这一规定有利于科学、彻底地查清事故原因,确定铁路设备、设施及其他财产损失状况以及中断铁路行车造成的直接经济损失。

(四)铁路交通事故认定书的制作期限和效力规定

事故调查报告形成后,报经组织事故调查组的机关或者铁路管理机构同意,事故调查组工作即告结束。组织事故调查组的机关或者铁路管理机构应当自事故调查工作结束之日起15日内,根据事故调查报告,制作事故认定书。

事故认定书是事故赔偿、事故处理以及事故责任追究的依据。

(五)铁路交通事故责任单位和有关人员落实防范和整改措施,以及对其进行监督检查的规定

1. 事故责任单位和有关人员负责落实防范和整改措施

事故调查组查清事故原因的目的,不仅是为了分清事故责任,追究责任者的责任,更重要的是为了更好地吸取教训,防止同类事故的再次发生。要严格按照铁路"四不放过"原则,即事故原因未查明不放过、责任人未处理不放过、整改措施未落实不放过、有关人员未受到教育不放过,对事故进行认真查处,依法追究事故直接责任人和相关责任人的责任,严肃查处违法违纪行为,也同时督促铁路其他单位和部门深刻吸取事故教训,查找同类问题,制定防范措施,健全管理制度,切实加强和改进安全生产工作,从源头上防止事故的发生。

《条例》规定,事故责任单位和有关人员应当认真吸取事故教训,落实防范和整改措施,防止事故再次发生。每年发生的铁路交通事故中,有相当比例是由于铁路运输企业及相关的单位和人员违反铁路运输安全法律、行政法规、规章、标准和有关技术规程等人为原因造成的。例如,不遵守安全管理制度,管理人员违章指挥,职工违章违法冒险作业,企业不对职工进行安全和作业培训等。为此,事故责任单位和有关人员应当认真反思,吸取教训,查找安全生产管理方面的不足和漏洞,对于事故调查组在查明原因的基础上,提出的有针对性的问题和要求,事故责任单位和有关人员必须不折不扣地予以落实。

2. 国务院铁路主管部门、铁路管理机构等对落实防范和整改措施的监督检查

《条例》明确了国务院铁路主管部门、铁路管理机构以及其他有关行政机关,对事故责任单位和有关人员落实防范和整改措施的情况进行监督检查的职责。我国在铁路交通事故调查处理法治建设方面取得了很大的成绩,逐步建立起以《铁路法》《安全生产法》等相关法律为龙头,以《铁路安全管理条例》等行政法规为主体,以一大批事故处理规章为基础的铁路交通事故调查处理法规体系。但是事故调查中提出的事故整改方案和措施是否落到实处,直接关系事故的防范效果。在进一步规范事故应急救援和调查处理工作的同时,还必须加大对事故责任单位和个人落实整改措施的监督检查。

此外,事故的处理情况,除依法应当保密的外,应当由组织事故调查组的机关或者铁路管理机构向社会公布。

八、事故赔偿

(一)铁路运输企业承担赔偿责任的基本原则的规定

事故造成人身伤亡的,铁路运输企业应当承担赔偿责任;但是人身伤亡是不可抗力或者受害人自身原因造成的,铁路运输企业不承担赔偿责任。

违章通过平交道口或者人行过道,或者在铁路线路上行走、坐卧造成的人身伤亡,属于受害人自身的原因造成的人身伤亡。

(二)铁路交通事故造成铁路运输企业承运的货物、包裹、行李损失,铁路运输企业应当承担赔偿责任的规定

事故造成铁路运输企业承运的货物、包裹、行李损失的,铁路运输企业应当依照《铁路法》的规定承担赔偿责任。具体见《铁路法》相关内容。

此外,事故造成其他人身伤亡或者财产损失的赔偿,依照国家有关法律、行政法规的规定赔偿。"其他人身伤亡"主要指因铁路交通事故造成的铁路旅客以外其他人员的伤亡,包括路外人员的伤亡和铁路从业人员的伤亡。不同的人身伤亡根据不同情形,分别适用不同的法律、行政法规以及相关的司法解释。"其他财产损失",主要是指除铁路运输的货物或者旅客自带行李之外的其他财产损失。这类财产损失的赔偿,主要依据《民法典》的规定,按责任比例分担,这里既可能是铁路运输企业对受害人财产损失的赔偿,也可能是受害人对铁路运输企业财产损失的赔偿,至于赔偿的比例,应当按照事故责任大小分担。

(三)铁路交通事故当事人对事故损害赔偿有争议时的救济途径的规定

铁路交通事故发生后,在事故善后处理过程中,时常会出现事故当事人各方对铁路交通事故损害赔偿的方式、数额等产生争议的情况,在这种情况下,有必要为事故当事人提供有效的争议解决途径。《条例》主要规定了三种形式的救济途径,分别是事故当事人协商解决、请求组织事故调查组的机关或者铁路管理机构组织调解、直接提起民事诉讼。这个规定,一方面可以较大程度地化解事故当事人各方之间的矛盾;另一方面,也能够保障事故当事人认为自身合法权益受到侵犯时,可以通过法定的途径维护自身合法权益,从而可以有效化解社会矛盾,切实保障事故当事人各方的合法权益,充分维护正常的铁路运输秩序,最终促进整个社会经济生活和谐发展。

在出现事故当事人对事故损害赔偿有争议的情形时,无论是协商解决,或者是请求组织事故调查组的机关或者铁路管理机构组织调解,还是向人民法院提起民事诉讼,这三种争议解决方式是并行不悖的,事故当事人可以任意选择其中的一种方式解决争议,任何一种方式都不是其他解决方式的前置程序。

> **案例点击**
>
> 20××年×月×日,黄某进入铁路湘桂线,在 K4+738 处被由东向西行驶的货物列车撞击后死亡。湘江桥道口是湘江公铁大桥与湘江南路交汇的铁路平面交叉道口,穿越该道口的湘桂铁路为单线、非封闭线路。该铁路线路警示标志齐全,事发时列车行驶速度 46 公里/时,未超出该线路限速标准。家属要求铁路赔偿各项损失合计 767 561 元。

案例分析：本案为铁路运输人身损害责任纠纷。法院审理后认为，湘江桥道口由铁路工务部门管理，为24小时有人值守道口。黄某从道口进入铁路，铁路企业应承担未充分履行安全防护义务的责任，判定铁路企业对本次事故损失承担25%的赔偿责任，赔偿死亡赔偿金、丧葬费、精神损害抚慰金损失合计278 329元。

九、法律责任

法律责任是法律规范的重要构成部分。它是指行为人对其违法行为所应承担的不利的法律后果。任何法律规范不仅要明确规定法律主体的权利和义务，而且要明确规定因违反义务或者侵犯权利而应当承担的责任。法律责任以法律制裁为必然后果。通过法律制裁，对人们起到教育和警示作用，从而实现预防和制止违法行为的目的。设定法律责任的根本目的之一就是促使人们遵守法律规范。

法律责任的主要形式有行政责任、民事责任和刑事责任。《条例》是国务院公布的行政法规，从国务院的立法实践看，行政法规规定的法律责任主要是行政责任，包括行政处罚和纪律处分，同时，注意行政责任与刑事责任的衔接。

1. 对铁路运输企业及其职工违反法律、行政法规的规定造成铁路交通事故应当承担的法律责任的规定

为了从源头上避免和减少发生铁路交通事故，保障铁路运输安全和畅通，《条例》专门规定了铁路运输企业及其职工违反法律、行政法规的规定造成铁路交通事故后应当承担的法律责任，即铁路运输企业及其职工违反法律、行政法规的规定，造成事故的，由国务院铁路主管部门或者铁路管理机构依法追究行政责任。

此外，违反《条例》的规定，铁路运输企业及其职工不立即组织救援，或者迟报、漏报、瞒报、谎报事故的，对单位，由国务院铁路主管部门或者铁路管理机构处10万元以上50万元以下的罚款；对个人，由国务院铁路主管部门或者铁路管理机构处4 000元以上2万元以下的罚款；属于国家工作人员的，依法给予处分；构成犯罪的，依法追究刑事责任。

2. 铁路交通事故发生后，国务院铁路主管部门、铁路管理机构以及其他行政机关违反规定应当承担的法律责任的规定

违反《条例》的规定，国务院铁路主管部门、铁路管理机构以及其他行政机关未立即启动应急预案，或者迟报、漏报、瞒报、谎报事故的，对直接负责的主管人员和其他直接责任人员依法给予处分；构成犯罪的，依法追究刑事责任。

3. 铁路交通事故发生后，任何单位和人员干扰、阻碍事故救援、铁路线路开通、列车运行和事故调查处理应当承担的法律责任的规定

违反《条例》的规定，干扰、阻碍事故救援、铁路线路开通、列车运行和事故调查处理的，对单位，由国务院铁路主管部门或者铁路管理机构处4万元以上20万元以下的罚款；对个人，由国务院铁路主管部门或者铁路管理机构处2 000元以上1万元以下的罚款；情节严重的，对单位，由国务院铁路主管部门或者铁路管理机构处20万元以上100万元以下的罚款；对个人，由国务院铁路主管部门或者铁路管理机构处1万元以上5万元以下的罚款；属于国家工作人员

的,依法给予处分;构成违反治安管理行为的,由公安机关依法给予治安管理处罚;构成犯罪的,依法追究刑事责任。

第二节　《铁路交通事故应急救援规则》

一、总则

(一)立法目的与依据

为了规范和加强铁路交通事故的应急救援工作,最大限度地减少人员伤亡和财产损失,尽快恢复铁路运输秩序,依据《铁路交通事故应急救援和调查处理条例》及国家有关规定,铁路相关部门牵头制定《铁路交通事故应急救援规则》(以下简称《规则》)。

(二)适用范围

国家铁路、合资铁路、地方铁路、专用铁路和铁路专用线发生事故,造成人员伤亡、财产损失、中断行车及其他影响铁路正常行车,需要实施应急救援的,适用《规则》。

(三)事故应急救援工作的原则

事故应急救援工作应当遵循"以人为本、逐级负责、应急有备、处置高效"的原则。

(四)事故应急救援机构与组成

铁路相关部门成立事故应急救援领导小组并设工作机构,建立健全工作制度,制定和完善事故应急救援预案,按照国家规定的权限和程序,组织、指挥、协调事故应急救援工作。

铁路相关部门应当指导、督促铁路运输企业落实事故应急救援的各项规定,依法组织、指挥、协调本辖区内的事故应急救援工作。

铁路运输企业应当相应成立事故应急救援领导小组并设工作机构,建立健全工作制度,制定和完善事故应急救援预案,加强救援队、救援列车的建设,负责事故应急救援的人员培训、装备配置、物资储备、预案演练等基础工作,积极开展事故应急救援。

公安机关应当参与事故应急救援,负责保护事故现场,维护现场治安秩序,进行现场勘察和调查取证,依法查处违法犯罪嫌疑人,协助抢救遇险人员。

事故应急救援工作必要时,由铁路相关部门协调请求国务院其他有关部门、有关地方人民政府、当地驻军、武装警察部队给予支持帮助。

二、救援报告

(一)事故应急救援报告程序

事故应急救援实行逐级报告制度。铁路相关部门应当明确报告程序、方式和时限,公布接受报告的各级事故应急救援部门及电话。事故发生后,有关单位、部门应当按规定程序向上级单位和部门报告。

事故发生后,现场铁路工作人员或者其他有关人员应当立即向邻近铁路车站、列车调度员、公安机关或者相关单位负责人报告。接到报告的单位、部门应当根据需要立即通知救援队和救援列车。

遇有人员伤亡或者发生火灾、爆炸、危险货物泄漏等事故时,接到报告的单位、部门应当根据需要采取防护措施,并立即通知当地急救、医疗卫生部门等部门。

铁路运输企业列车调度员接到事故报告后,应当立即按规定程序报告本企业负责人,并向本区域的铁路相关部门列车调度员报告。

铁路相关部门列车调度员接到事故报告后,应当立即按规定程序上报。发生特别重大事故时,铁路相关部门应当立即向国务院报告。

(二)救援报告内容

1. 事故发生的时间、地点(站名)、区间(线名、公里、米)、线路条件、事故相关单位和人员。

2. 发生事故的列车种类、车次、机车型号、部位、牵引辆数、吨数、计长及运行速度。

3. 旅客人数,伤亡人数、性别、年龄以及救助情况,是否涉及境外人员伤亡。

4. 货物品名、装载情况,易燃、易爆等危险货物情况。

5. 机车车辆脱轨数量及型号、线路设备损坏程度等情况。

6. 铁路行车的影响情况。

7. 事故原因的初步判断,事故发生后采取的措施及事故控制情况。

8. 需要应急救援的其他事项。

此外,事故应急救援过程中,人员伤亡、脱轨辆数、设备损坏等情况发生变化时,应及时补报。

(三)事故应急救援情况通报

事故应急救援情况需要向社会通报时,由铁路相关部门统一负责。

三、紧急处置

(一)事故发生后,列车司机职责

事故发生后,列车司机等现场铁路工作人员应当立即采取停车措施,并按规定对列车进行安全防护。遇有人员伤亡时,应当向邻近车站或者列车调度员请求施救,并将伤亡人员移出线路、做好标记,有能力的应当对伤员进行紧急施救。

为保障铁路旅客安全或者因特殊运输需要不宜停车的,可以不停车。但是,列车司机等现场铁路工作人员应当立即将事故情况报告邻近车站、列车调度员,接到报告的邻近车站、列车调度员应当立即组织处置。

(二)事故发生后,客运列车列车长的职责

客运列车发生事故造成车内人员伤亡或者危及人员安全时,列车长应当立即组织车上人员进行紧急施救,稳定人员情绪,维护现场秩序,并向邻近车站或者列车调度员请求施救。

(三)事故发生后救援队的职责

救援队接到事故救援通知后,救援队长应当召集救援队员以最快速度赶赴事故现场。到达事故现场后,应当立即组织紧急抢救伤员,利用既有设备起复脱轨的机车车辆,清除各种障碍,搭设必要的设备设施,为进一步实施救援创造条件。

(四)现场铁路工作人员的职责

发生列车火灾、爆炸、危险货物泄漏等事故时,现场铁路工作人员应当尽快组织疏散现场人员并采取必要的防护措施。

事故发生后影响本线或者邻线行车安全时,现场铁路工作人员应当立即按规定采取紧急防护措施。

四、救援响应

（一）应急预案的等级

接到事故救援报告后，应当根据事故严重程度和影响范围，按特别重大、重大、较大、一般四个等级由相应单位、部门作出应急救援响应，启动应急预案。

（二）启动应急预案的级别

1. 特别重大事故的应急救援

特别重大事故的应急救援，由铁路相关部门报请国务院启动，或者由国务院授权的部门启动。铁路相关部门在国务院事故应急救援领导小组的领导下开展工作，开通与国务院有关部门、事发地省级事故应急救援指挥机构以及现场事故救援指挥部的应急通信系统，征求有关专家建议以及国务院有关部门意见提出事故应急救援方案，经国务院事故应急救援领导小组确定后组织实施，并派出专家和有关人员赶赴现场参加救援。

2. 重大事故的应急救援

重大事故的应急救援，由铁路相关部门启动。铁路相关部门事故应急救援工作机构应当组建现场事故应急救援指挥部（以下简称现场指挥部），并根据事故具体情况设立医疗救护、事故起复、后勤保障、应急调度、治安保卫、善后处理等工作组，开通与事发地铁路运输企业和现场指挥部的应急通信系统，咨询有关专家，确定事故应急救援具体实施方案，立即派出有关人员赶赴现场，调集各种应急救援资源，组织指挥应急救援工作。必要时，协调请求事发地人民政府、当地驻军、武装警察部队提供支援。遇有超出本级应急救援处置能力时，及时向国务院报告。

3. 较大事故、一般事故

较大事故、一般事故的应急救援，由安全监管办启动或者督促铁路运输企业事故应急救援工作机构启动，组织成立现场指挥部，并根据事故具体情况设立医疗救护、事故起复、后勤保障、应急调度、治安保卫、善后处理等工作组，开通与现场指挥部的应急通信系统，咨询有关专家，确定事故应急救援具体实施方案。有关负责人和专业人员应当立即赶赴现场，调集各种应急救援资源，组织指挥应急救援工作。必要时，由安全监管办协调事发地人民政府、当地驻军、武装警察部队提供支援。遇有超出本级应急救援处置能力时，及时向铁路相关部门报告。

五、现场救援

（一）现场救援工作实行总指挥负责制

现场救援工作实行总指挥负责制，按照事故应急救援响应等级，由相应负责人担任总指挥，或者视情况由上级事故应急救援工作机构指定人员担任临时总指挥，统一指挥现场救援工作。各工作组及参加事故应急救援的单位、部门应当确定负责人。救援列车进行起复作业时，由救援列车负责人或者指定人员单一指挥。

现场总指挥以及参加事故应急救援的各工作组负责人、各单位和部门负责人、作业人员应当区别佩戴明显标志。

（二）现场指挥部工作职责

现场指挥部应当在全面了解人员伤亡以及机车车辆、线路、接触网、通信信号等行车设备损坏、地形环境等情况后,确定人员施救、现场保护、调查配合、货物处置、救援保障、起复救援、设备抢修等应急救援方案,并迅速组织实施。

在实施救援过程中,各单位、部门应当严格执行作业规范和标准,防止衍生事故。

1. 事故造成人员伤亡时,现场指挥部应当立即组织协调对现场伤员进行救治,紧急调集有关药品器械,迅速将伤员转移至安全地带或者转移救治,采取必要的卫生防疫措施。

遇有重大人员伤亡或者需要大规模紧急转移、安置铁路旅客和沿线居民的,应当及时通知事发地人民政府组织开展救治和转移、安置工作,必要时可以由铁路相关部门进行协调。

2. 现场指挥部应当根据需要迅速调集装备设施、物资材料、交通工具、食宿用品、药品器械等救援物资。铁路运输企业各单位、部门必须无条件支持配合,不得以各种理由推诿拒绝,延误救援工作。物资调用超出铁路运输企业自身能力时,可以向有关单位、部门或者个人借用。

3. 事故遇有装载危险货物车辆时,现场指挥部应当在采取确保人身安全和作业安全措施后,方可开展救援。危险货物车辆需卸车、移动或者起复时,应当在专业人员指导下作业,及时清除有害残留物或者将其控制在安全范围内。必要时,由安全监管办协调环保监测部门及时检测有害物质的危害程度,采取防控措施。

4. 事故救援完毕后,现场指挥部应当组织救援人员对现场进行全面检查清理,进一步确认无伤亡人员遗留,拆除、回收、移送救援设备设施,清除障碍物,确认具备开通条件后,立即通知有关人员按规定办理手续,由列车调度员发布调度命令开通线路,尽快恢复正常行车。

(三)运输调度部门工作职责

事故发生后,运输调度部门应当根据需要及时发布各类救援调度命令。重点安排救援列车出动和救援物资运输。需要其他铁路运输企业出动救援列车时,由铁路相关部门发布调度命令。

造成列车大量晚点时,应当尽快采取措施恢复行车秩序。预计不能在短时间内恢复行车时,应当尽量将客运列车安排停靠在较大车站,并组织向站车滞留旅客提供必要的食品、饮用水等服务。

(四)货运部门职责

事故涉及货运列车时,货运部门应当迅速了解事故货车及相关货车的货物装载情况,组织调集装卸人员和机具清理事故货车及相关货车装载的货物,处置事故列车挂运的危险、鲜活易腐等货物,编制货运记录。

(五)相关部门配合的职责

1. 救援列车

事故应急救援需要出动救援列车时,救援列车应当在接到出动命令后30分钟内出动,到达事故现场后,救援列车负责人应当迅速确定具体的起复作业方案,经现场总指挥批准后立即开展起复作业。救援列车在桥梁或坡道等特殊地段作业时,应当连挂机车。两列及以上救援列车分头作业时的指挥,由现场总指挥协调分工后各自负责。两列及以上救援列车在同一个作业面集中作业或者联动作业时,由负责本区段救援任务的救援列车或者由现场总指挥指定人员负责指挥。救援列车在电气化区段实施救援作业时,应当在确认接触网工区接到停电命令并做好接地防护后方准进行。起复动车组、新型机车车辆等,应当使用专用吊索具。

2. 通信保障

事故应急救援需要通信保障时，通信部门应当在接到通知后根据需要立即启用"117"应急通信人工话务台，组织开通应急通信系统。事故发生在站内，应当在 30 分钟内开通电话、1 小时内开通图像传输设备。事故发生在区间，应当在 1 小时内开通电话、2 小时内开通图像传输设备。并指定专人值守，保证事故现场音频、视频和数据信息的实时传输，任何人不得干扰、阻碍事故信息采集和传输。

3. 铁路设备设施抢修

事故造成铁路设备设施损坏时，有关专业部门应当立即组织抢修，根据实际情况及时切断事故现场电源，拆除、拨移和恢复接触网，及时架设所需照明，调集足够的救援队伍、材料和机具，积极组织抢修损坏的线路、通信信号等行车设备设施，协助事故机车车辆的起复。对可以运行的受损机车车辆进行检查确认，符合挂运条件的方准移动，必要时派人护送。起复作业完毕后，应当迅速做好开通线路的各项准备。

4. 公安机关职责

公安机关应当组织解救和疏散遇险人员，设置现场警戒区域，阻止未经批准人员进入现场，指定专人进行现场勘查取证，必要时实施现场交通管制，负责事故现场旅客、货物及沿线滞留列车的安全保卫工作。

5. 现场与证据保护

事故应急救援过程中，有关单位和个人应当妥善保护事故现场以及相关证据，并及时移交事故调查组。因应急救援需要改变事故现场时，应当做出标记、绘制现场示意图、制作现场视听资料，并做出书面记录。任何单位和个人不得破坏事故现场，不得伪造、隐匿或者毁灭相关证据。

六、善后处理

(一)善后处理工作的组织

事故善后处理工作组应当依法进行事故的善后处理，组织妥善做好现场遇险滞留人员食宿、转移和旅客改签、退票等服务工作，以及伤亡人员亲属的通知、接待以及抚恤丧葬、经济补偿等处置工作。负责收取伤亡人员医疗档案资料，核定救治费用。

对事故造成的伤亡人员，现场指挥部应当在积极组织施救的同时，负责协调落实伤亡人员的救治、丧葬等临时费用，待事故责任认定后，由事故责任方承担。

(二)死亡人员处理规定

事故造成人员死亡的，应当由急救、医疗卫生部门或者法医出具死亡证明，尸体由其家属或者铁路运输企业存放于殡葬服务单位，或者存放于有条件的急救、医疗卫生部门。尸体检验完成后，由事故善后处理工作组通知死者家属在 10 日内办理丧葬事宜。对未知名尸体，由法医检验后填写"未知名尸体信息登记表"。经核查无法确认死者身份的，经事故善后处理工作组负责人批准，刊登认尸启事，刊登后 10 日无人认领的，由县级或者相当于县级以上的公安机关批准处理尸体。

事故造成境外来华人员死亡的，事故善后处理工作组应当通知死者亲属或者所属国家驻华使(领)馆，尸体处置事宜按照我国有关规定办理。

此外，对事故现场遗留的财物，事故善后处理工作组或者公安部门应当进行清点、登记并妥善保管。

（三）人员伤亡与财产赔偿的事故善后规定

对事故造成的人员伤亡、财产损失以及事故应急救援费用等应当进行统计。借用有关单位和个人的设备设施和其他物资，使用完毕后应当及时归还并适当支付费用，丢失或者损坏的应当合理赔偿。

对事故造成的人员伤亡和财产损失，按照国家有关法律、法规和《铁路交通事故应急救援和调查处理条例》有关规定给予赔偿。

事故当事人对损害赔偿有争议时，可以协商解决，或者请求组织事故调查组的机关或者铁路管理机构组织调解，也可以直接向人民法院提起民事诉讼。

属于肇事方责任给铁路运输企业造成损失的，应当按照事故认定书由肇事方赔偿。

因设备质量或者施工质量造成事故损失的，铁路运输企业有权依据事故认定书向有关责任方追偿损失。

（四）事故总结

事故应急救援工作结束后，现场指挥部应当对事故应急救援工作进行总结，于5日内形成书面报告，并附事故应急救援有关证据材料，按事故等级报铁路相关部门备案。由铁路相关部门组织进行全面总结分析，对事故应急救援的组织工作进行评价认定，总结经验教训，制定整改措施，修改完善应急预案及有关制度办法。

七、铁路交通事故应急救援不力或渎职的惩罚

铁路运输企业及其职工违反《规则》规定，不立即组织事故应急救援或者迟报、漏报、瞒报、谎报事故等延误救援的，由铁路相关部门对责任单位处10万元以上50万元以下的罚款，对责任人处4000元以上2万元以下的罚款。

铁路相关部门国家工作人员以及其他人员违反《规则》规定，未立即启动应急预案或者迟报、漏报、瞒报、谎报事故等延误救援的，对主管负责人和其他直接责任人依法给予行政处分。涉嫌犯罪的，依照有关规定移送司法机关处理。

违反《规则》规定，干扰、阻碍事故应急救援的，由铁路相关部门对责任单位处4万元以上20万元以下的罚款，对责任人处2000元以上1万元以下的罚款。情节严重的，对责任单位处20万元以上100万元以下的罚款，对责任人处1万元以上5万元以下的罚款。属于国家工作人员的，依法给予行政处分。违反治安管理规定的，由公安机关依法给予治安管理处罚。涉嫌犯罪的，依照有关规定移送司法机关处理。

第三节 《铁路交通事故调查处理规则》

一、历次制定、修订情况

2007年9月1日铁路施行的《铁路交通事故调查处理规则》，是铁道部自1949年6月之后，颁布施行的第十二部《铁路交通事故调查处理规则》，也是依照国务院颁布《铁路交通事故应急救援和调查处理条例》制定的具有法律属性的第一部《铁路交通事故调查处理规则》。前11部《铁路交通事故调查处理规则》制定修订情况简述如下：

第一部《铁路交通事故处理规则》于 1949 年 6 月 2 日发布,6 月 10 日执行,由铁道部运输局起草并主管。《铁路交通事故调查处理规则》将行车事故分为两种类别,第一个事故类别包括机车、车辆破损和故障、线路障碍等 26 项;第二个事故类别只包括"列车停车"和"列车晚点"2 项。

第二部《铁路交通事故调查处理规则》于 1950 年 3 月 18 日发布,4 月 1 日执行,由铁道部运输局起草,自 1950 年 3 月行车安全监察机构正式组建后,由行车安全监察室负责管理。此后,《铁路交通事故调查处理规则》的起草和管理都由安监部门负责。此部《铁路交通事故调查处理规则》把行车事故分为五种类别,即重大事故、大事故、恶性事故、一般事故和停车晚点事故。在"恶性事故"中确定了 19 项事故。

第三部《铁路交通事故调查处理规则》于 1955 年 9 月修订发布,删除了"停车晚点"事故,将事故分为重大事故、大事故、恶性事故(7 项)、一般事故(22 项)四种类别。同时修订、明确了构成各种事故的条件。

第四部《铁路交通事故调查处理规则》于 1957 年 12 月 3 日发布,1958 年 1 月 1 日执行。

第五部《铁路交通事故调查处理规则》于 1958 年 12 月 25 日发布,1959 年 1 月 1 日执行。这部《铁路交通事故调查处理规则》将车辆破损程度,由大、中破改为大、中、小破,并以设备破损尺寸来衡量。1962 年又单独发布了列车火灾事故的规定。

第六部《铁路交通事故调查处理规则》于 1975 年 12 月发布,1976 年 1 月 1 日执行。这部《铁路交通事故调查处理规则》将事故分为重大事故、大事故、险性事故和一般事故四种类别,并将险性事故改为 12 项。

第七部《铁路交通事故调查处理规则》于 1979 年 12 月 26 日发布,1980 年 1 月 1 日执行。这部《铁路交通事故调查处理规则》继续保留了四种类别,修改了重大、大事故范围,并将调车重大、大事故与列车重大、大事故分开。

第八部《铁路交通事故调查处理规则》于 1985 年 3 月 5 日发布,4 月 1 日执行。这部《铁路交通事故调查处理规则》基本是比较完善的。

第九部《铁路交通事故调查处理规则》于 1986 年 6 月 22 日发布,7 月 1 日执行。这部《铁路交通事故调查处理规则》主要是降低了重大、大事故条件,特别是调车作业造成的重大、大事故。

第十部《铁路交通事故调查处理规则》于 1987 年 12 月 10 日发布,1988 年 1 月 1 日执行。这部《铁路交通事故调查处理规则》主要是对列车事故和客车事故从严了要求,对客车构成的重大、大事故条件进行了改动;险性事故增加了 1 项,改为 13 项;一般事故取消了 6 项,改为26 项。1989 年将原发生重大、大事故初步判明是他局或工厂责任的,发生局在"三日内"电告他局的规定,改为"24 小时内"电告他局。1989 年国务院发布了《特别重大事故调查程序暂行规定》,共五章 28 条。

第十一部《铁路交通事故调查处理规则》于 2000 年 4 月 28 日发布,7 月 1 日执行。这部《铁路交通事故调查处理规则》将行车事故分为特别重大事故、重大事故、大事故、险性事故和一般事故五种类别,并将国务院规定的特别重大事故正式纳入其中,共分八章八节 73 条、7 个附件和附件 2 中的 44 条解释。

二、编写依据与目的

(一)编写依据

2007 版《铁路交通事故调查处理规则》的编写依据是《安全生产法》《铁路法》和《铁路交通

事故应急救援和调查处理条例》。2007版《铁路交通事故调查处理规则》也可以说是对《铁路交通事故应急救援和调查处理条例》有关条款的细化。在有关判据、释义等方面,参考了《铁路技术管理规程》等规章、标准。

（二）编写目的

2007版《铁路交通事故调查处理规则》的编写立足于与《铁路交通事故应急救援和调查处理条例》全面接轨,坚持源头治理、超前防范、抓小防大、防微杜渐,通过加强事故调查处理规章制度建设,使管理更加合理,措施更加有力,减少和防范铁路交通事故的发生,促进铁路安全发展、科学发展。

（三）施行时间

《铁路交通事故调查处理规则》自2007年9月1日起施行。《铁路行车事故处理规则》《铁路企业伤亡事故处理规则》《关于重新修订〈铁路路外伤亡报告、处理、统计办法〉的通知》同时废止。

三、主要内容

（一）总则

《铁路交通事故调查处理规则》的总则部分,共有6条。该部分明确了铁路交通事故调查处理规则制定的目的、意义,铁路交通事故的定义、适用范围,事故调查处理机构及权限,以及对企业、单位、个人的职责和事故调查原则的规定。

1. 立法目的及依据

为及时准确调查处理铁路交通事故,严肃追究事故责任,防止和减少铁路交通事故的发生,根据《铁路交通事故应急救援和调查处理条例》（国务院令第501号）,制定《铁路交通事故调查处理规则》。

2. 铁路交通事故定义

铁路机车车辆在运行过程中发生冲突、脱轨、火灾、爆炸等影响铁路正常行车的事故,包括影响铁路正常行车的相关作业过程中发生的事故;或者铁路机车车辆在运行过程中与行人、机动车、非机动车、牲畜及其他障碍物相撞的事故,均为铁路交通事故（以下简称事故）。

3. 适用范围

国家铁路、合资铁路、地方铁路以及专用铁路、铁路专用线等发生事故的调查处理,适用《铁路交通事故调查处理规则》。

4. 相关组织及个人义务

铁路运输企业及其他相关单位、个人应及时报告事故情况,如实提供相关证据,积极配合事故调查工作。

5. 事故调查处理原则

事故调查处理应坚持以事实为依据,以法律、法规、规章为准绳,认真调查分析,查明原因,认定损失,定性定责,追究责任,总结教训,提出整改措施。

（二）事故等级

1. 事故等级分类

依据《铁路交通事故应急救援和调查处理条例》规定,事故分为特别重大事故、重大事故、较大事故和一般事故四个等级。

2. 特别重大事故

有下列情形之一的，为特别重大事故：

(1)造成 30 人以上死亡。

(2)造成 100 人以上重伤(包括急性工业中毒，下同)。

(3)造成 1 亿元以上直接经济损失。

(4)繁忙干线客运列车脱轨 18 辆以上并中断铁路行车 48 小时以上。

(5)繁忙干线货运列车脱轨 60 辆以上并中断铁路行车 48 小时以上。

3. 重大事故

有下列情形之一的，为重大事故：

(1)造成 10 人以上 30 人以下死亡。

(2)造成 50 人以上 100 人以下重伤。

(3)造成 5 000 万元以上 1 亿元以下直接经济损失。

(4)客运列车脱轨 18 辆以上。

(5)货运列车脱轨 60 辆以上。

(6)客运列车脱轨 2 辆以上 18 辆以下，并中断繁忙干线铁路行车 24 小时以上或者中断其他线路铁路行车 48 小时以上。

(7)货运列车脱轨 6 辆以上 60 辆以下，并中断繁忙干线铁路行车 24 小时以上或者中断其他线路铁路行车 48 小时以上。

4. 较大事故

有下列情形之一的，为较大事故：

(1)造成 3 人以上 10 人以下死亡。

(2)造成 10 人以上 50 人以下重伤。

(3)造成 1 000 万元以上 5 000 万元以下直接经济损失。

(4)客运列车脱轨 2 辆以上 18 辆以下。

(5)货运列车脱轨 6 辆以上 60 辆以下。

(6)中断繁忙干线铁路行车 6 小时以上。

(7)中断其他线路铁路行车 10 小时以上。

5. 一般事故

一般事故分为一般 A 类事故、一般 B 类事故、一般 C 类事故、一般 D 类事故。

(1)一般 A 类事故

有下列情形之一，未构成较大以上事故的，为一般 A 类事故：

A1. 造成 2 人死亡。

A2. 造成 5 人以上 10 人以下重伤。

A3. 造成 500 万元以上 1 000 万元以下直接经济损失。

A4. 列车及调车作业中发生冲突、脱轨、火灾、爆炸、相撞，造成下列后果之一的：

A4.1 繁忙干线双线之一线或单线行车中断 3 小时以上 6 小时以下，双线行车中断 2 小时以上 6 小时以下。

A4.2 其他线路双线之一线或单线行车中断 6 小时以上 10 小时以下，双线行车中断 3 小时以上 10 小时以下。

A4.3 客运列车耽误本列 4 小时以上。

A4.4 客运列车脱轨 1 辆。

A4.5 客运列车中途摘车 2 辆以上。

A4.6 客车报废 1 辆或大破 2 辆以上。

A4.7 机车大破 1 台以上。

A4.8 动车组中破 1 辆以上。

A4.9 货运列车脱轨 4 辆以上 6 辆以下。

(2)一般 B 类事故

有下列情形之一,未构成一般 A 类以上事故的,为一般 B 类事故:

B1. 造成 1 人死亡。

B2. 造成 5 人以下重伤。

B3. 造成 100 万元以上 500 万元以下直接经济损失。

B4. 列车及调车作业中发生冲突、脱轨、火灾、爆炸、相撞,造成下列后果之一的:

B4.1 繁忙干线行车中断 1 小时以上。

B4.2 其他线路行车中断 2 小时以上。

B4.3 客运列车耽误本列 1 小时以上。

B4.4 客运列车中途摘车 1 辆。

B4.5 客车大破 1 辆。

B4.6 机车中破 1 台。

B4.7 货运列车脱轨 2 辆以上 4 辆以下。

(3)一般 C 类事故

有下列情形之一,未构成一般 B 类以上事故的,为一般 C 类事故:

C1. 列车冲突。

C2. 货运列车脱轨。

C3. 列车火灾。

C4. 列车爆炸。

C5. 列车相撞。

C6. 向占用区间发出列车。

C7. 向占用线接入列车。

C8. 未准备好进路接、发列车。

C9. 未办或错办闭塞发出列车。

C10. 列车冒进信号或越过警冲标。

C11. 机车车辆溜入区间或站内。

C12. 列车中机车车辆断轴,车轮崩裂,制动梁、下拉杆、交叉杆等部件脱落。

C13. 列车运行中碰撞轻型车辆、小车、施工机械、机具、防护栅栏等设备设施或路料、坍体、落石。

C14. 接触网接触线断线、倒杆或塌网。

C15. 关闭折角塞门发出列车或运行中关闭折角塞门。

C16. 列车运行中刮坏行车设备设施。

C17. 列车运行中设备设施、装载货物(包括行包、邮件)、装载加固材料(或装置)超限(含按超限货物办理超过电报批准尺寸的)或坠落。

C18. 装载超限货物的车辆按装载普通货物的车辆编入列车。

C19. 电力机车、动车组带电进入停电区。

C20. 错误向停电区段的接触网供电。

C21. 电气化区段攀爬车顶耽误列车。

C22. 客运列车分离。

C23. 发生冲突、脱轨的机车车辆未按规定检查鉴定编入列车。

C24. 无调度命令施工,超范围施工,超范围维修作业。

C25. 漏发、错发、漏传、错传调度命令导致列车超速运行。

(4)一般 D 类事故

有下列情形之一,未构成一般 C 类以上事故的,为一般 D 类事故:

D1. 调车冲突。

D2. 调车脱轨。

D3. 挤道岔。

D4. 调车相撞。

D5. 错办或未及时办理信号致使列车停车。

D6. 错办行车凭证发车或耽误列车。

D7. 调车作业碰轧脱轨器、防护信号,或未撤防护信号动车。

D8. 货运列车分离。

D9. 施工、检修、清扫设备耽误列车。

D10. 作业人员违反劳动纪律、作业纪律耽误列车。

D11. 滥用紧急制动阀耽误列车。

D12. 擅自发车、开车、停车、错办通过或在区间乘降所错误通过。

D13. 列车拉铁鞋开车。

D14. 漏发、错发、漏传、错传调度命令耽误列车。

D15. 错误操纵、使用行车设备耽误列车。

D16. 使用轻型车辆、小车及施工机械耽误列车。

D17. 应安装列尾装置而未安装发出列车。

D18. 行包、邮件装卸作业耽误列车。

D19. 电力机车、动车组错误进入无接触网线路。

D20. 列车上工作人员往外抛掷物体造成人员伤害或设备损坏。

D21. 行车设备故障耽误本列客运列车 1 小时以上,或耽误本列货运列车 2 小时以上;固定设备故障延时影响正常行车 2 小时以上(仅指正线)。

此外,铁路有关部门可对影响行车安全的其他情形,列入一般事故。因事故死亡、重伤人数 7 日内发生变化,导致事故等级变化的,相应改变事故等级。

(三)事故报告

1. 报告程序

事故发生后,事故现场的铁路运输企业工作人员或者其他人员应当立即向邻近铁路车站、列车调度员、公安机关或者相关单位负责人报告。有关单位和人员接到报告后,应立即将事故情况逐级向企业负责人和事故发生地相关部门报告。

发生特别重大事故、重大事故,由铁路相关部门负责向国务院有关部门报告。

发生特别重大事故、重大事故、较大事故或者有人员伤亡的一般事故,铁路相关部门向事故发生地县级以上地方人民政府相关部门通报。

铁路相关部门应向社会公布事故报告值班电话,受理事故报告和举报。

2. 报告的内容

(1)事故发生的时间、地点、区间(线名、公里、米)、线路条件、事故相关单位和人员。

(2)发生事故的列车种类、车次、机车型号、部位、牵引辆数、吨数、计长及运行速度。

(3)旅客人数,伤亡人数、性别、年龄以及救助情况,是否涉及境外人员伤亡。

(4)货物品名、装载情况,易燃、易爆等危险货物情况。

(5)机车车辆脱轨辆数、线路设备损坏程度等情况。

(6)对铁路行车的影响情况。

(7)事故原因的初步判断,事故发生后采取的措施及事故控制情况。

(8)应当立即报告的其他情况。

此外,事故报告后,人员伤亡、脱轨辆数、设备损坏等情况发生变化时,应及时补报。事故现场通话按"117"立接制应急通话级别办理。

(四)事故调查

1. 事故调查组的组成机关及人员要求

特别重大事故按《铁路交通事故应急救援和调查处理条例》规定由国务院或国务院授权的部门组织事故调查组进行调查。

重大事故由铁路相关部门组织事故调查组进行调查。

较大事故和一般事故由事故发生地政府有关部门组织事故调查组进行调查。

铁路相关部门认为必要时,可以参与或直接组织对较大事故和一般事故进行调查。

此外,根据事故的具体情况,事故调查组还可由工会、监察机关有关人员以及有关地方人民政府、公安机关、相关部门等单位派人组成,并应当邀请人民检察院派人参加。事故调查组认为必要时,可以聘请有关专家参与事故调查。

2. 事故调查组的职责

(1)查明事故发生的经过、原因、人员伤亡情况及直接经济损失。

(2)认定事故的性质和事故责任。

(3)提出对事故责任者的处理建议。

(4)总结事故教训,提出防范和整改措施建议。

(5)提交事故调查报告。

事故调查组在事故发生后应当及时通知相关单位和人员;一般 B 类以上、重大以下的事故(不含相撞的事故)发生后,应当在 12 小时内通知相关单位,接受调查。

自事故发生之日起 7 日内,因事故伤亡人数变化导致事故等级发生变化,依照《铁路交通事故应急救援和调查处理条例》规定由上级机关调查的,原事故调查组应当及时报告上级机关。

3. 事故调查组的权限

事故调查组到达现场前,组织事故调查组的机关可指定临时调查组组长,组成临时调查组,勘查现场,掌握人员伤亡、机车车辆脱轨、设备损坏等情况,保存痕迹和物证,查找事故线索及原因,做好调查记录,及时向事故调查组报告。

事故调查组到达后,发生事故的有关单位必须主动汇报事故现场真实情况,并为事故调查提供便利条件。事故发生单位的负责人和有关人员在事故调查期间应当随时接受事故调查组的询问,如实提供有关资料和物证。

事故调查组有权向有关单位和个人了解与事故有关的情况,并要求其提供相关文件、资料,有关单位和个人不得拒绝。

4. 事故调查组的工作程序及调查内容

事故调查组根据需要,可组建若干专业小组,进行调查取证。

(1)搜集事故现场物证、痕迹,测量并按专业绘制事故现场示意图,标注现场设备、设施、遗留物的名称、尺寸、位置、特征等。

需要搬动伤亡者、移动现场物体的,应做出标记,妥善保存现场的重要痕迹、物证;暂时无法移动的,应予守护,并设明显标志。

(2)询问事故当事人及相关人员,收取口述、笔述、笔录、证照、档案,并复制、拍照。不能书写书面材料的,由事故调查组指定人员代笔记录并经本人签认。无见证人或者当事人、相关人员拒绝签字的,应当记录在案。

(3)对事故现场全貌、方位、有关建筑物、相关设备设施、配件、机动车、遗留物、致害物、痕迹、尸体、伤害部位等进行拍照、摄像。及时转储、收存安全监控、监测、录音、录像等设备的记录。

(4)收取伤亡人员伤害程度诊断报告、病理分析、病程救治记录、死亡证明、既往病历和健康档案资料等。

(5)对有涂改、灭失可能或以后难以取得的相关证据进行登记封存。

(6)查阅有关规章制度、技术文件、操作规程、调度命令、作业记录、台账、会议记录、安全教育培训记录、上岗证书、资质证书、承(发)包合同、营业执照、安全技术交底资料等,必要时将原件或复印件附在调查记录内。

(7)对有关设备、设施、配件、机动车、器具、起因物、致害物、痕迹、现场遗留物等进行技术分析、检测和试验,组织笔迹鉴定,必要时组织法医进行尸表检验或尸体解剖,并写出专题报告。

(8)脱轨事故发生后,在全面调查的基础上,必要时应对事故地点前后一定长度范围内的线路设备进行检查测量,并调阅近期内该段线路质量检测情况;对事故地点前方(列车运行相反方向)一定长度的线路范围内,有无机车车辆配件脱落、刮碰行车设备的痕迹等进行检查,对脱轨列车中有关的机车车辆进行检查测量,并调阅脱轨机车车辆近期内运行情况监测记录。

事故调查中需要对相关的铁路设备、设施进行技术鉴定或者对财产损失状况以及中断铁路行车造成的直接经济损失进行评估的,事故调查组应当委托具有国家规定资质的机构进行技术鉴定或者评估。技术鉴定或者评估所需时间不计入事故调查期限。

各专业小组应按调查组组长的要求,及时提交专业小组调查报告。调查组组长应组织审议专业小组调查报告,并研究形成《铁路交通事故调查报告》,由调查组所有成员签认。调查组成员意见不一致时,应在事故报告中分别进行表述,报组织调查的机关审议、裁定。

事故调查中发现涉嫌犯罪的,事故调查组应当及时将有关证据、材料移交司法机关。

5.《铁路交通事故调查报告》内容

(1)事故概况。

(2)事故造成的人员伤亡和直接经济损失。

(3)事故发生的原因和事故性质。

(4)事故责任的认定以及对事故责任者的处理建议。

(5)事故防范和整改措施建议。

(6)与事故有关的证明材料。

6. 事故调查期限

事故调查组应在下列期限内向组织事故调查组的机关提交《铁路交通事故调查报告》:

(1)特别重大事故的调查期限为 60 日。

(2)重大事故的调查期限为 30 日。

(3)较大事故的调查期限为 20 日。

(4)一般事故的调查期限为 10 日。

事故调查期限自事故发生之日起计算。

事故调查组形成《铁路交通事故调查报告》,报组织事故调查的机关同意后,事故调查组的工作即告结束。铁路相关部门应在事故调查组工作结束后 15 日之内,根据事故报告,制作《铁路交通事故认定书》,经批准后,送达相关单位。

一般 B 类以上、重大以下事故(相撞事故为较大事故)的档案材料,应报铁路相关部门备案(3 份)。

7.《铁路交通事故认定书》内容要求

《铁路交通事故认定书》是事故赔偿、事故处理以及事故责任追究的依据,应按照铁路相关部门规定的统一格式制作,内容包括:

(1)事故发生的原因和事故性质。

(2)事故造成的人员伤亡和直接经济损失。

(3)事故责任的认定。

(4)对有关责任单位及人员的处理决定或建议。

事故责任单位接到《铁路交通事故认定书》后,于 7 日内,填写"铁路交通事故处理报告表(安监报 2)",按规定报送《铁路交通事故认定书》制作机关,并存档。

8. 事故报告发布要求

事故调查组成员在事故调查工作中应诚信公正、恪尽职守,遵守事故调查组的纪律,保守事故调查的秘密。未经事故调查组组长允许,调查组成员不得擅自发布有关事故的调查信息。

9. 调查事故的装备规定

调查事故应配备必要的调查设备和装备,保证调查工作顺利进行。调查设备和装备包括通信设备、摄影摄像设备、录音设备、绘图制图设备、便携电脑以及其他必要的装备。

(五)事故责任判定和损失认定

《铁路交通事故调查处理规则》对造成铁路交通事故的各种原因进行了责任划分,对事故损失认定方式进行了明确。突出了当前铁路安全管理的特点,对设备准入、设备采购、委托维修、线路防护设施管理、作业人员伤亡、路外伤亡等方面的责任认定进行明确规定。铁路相关部门不认真履行职责、导致事故发生时，将追究相关部门和人员的责任。

1. 事故责任判定

（1）事故分类

事故分为责任事故和非责任事故。事故责任分为全部责任、主要责任、重要责任、次要责任和同等责任。

（2）事故责任划分

《铁路交通事故调查处理规则》对造成铁路交通事故的各种原因进行了责任划分，对事故损失认定方式进行了明确。

①铁路运输企业或相关单位发布的文电，违反法律法规、铁路相关部门规章或铁路相关技术标准和作业标准等，直接导致事故发生的，定发文电单位责任。

②因设备管理不善造成的事故，定设备管理单位责任。

③因产品质量不良造成事故，属设计、制造、采购、检修等单位责任的，定相关单位责任；应采用经行政许可或强制认证的产品而采用其他产品的，追究采用单位责任；采购不合格或不达标产品的，追究采购单位责任。

④自然灾害原因导致的事故，因防范措施不到位，定责任事故。确属不可抗力原因导致的事故，定非责任事故。

⑤营业线施工中发生责任事故，属工程建设、设计、监理、施工等原因造成的，定上述相关单位责任；同时追究设备管理单位责任。

已经竣工验收的设备，因质量问题发生责任事故，确属工程建设、设计、施工、监理等单位责任的，定上述相关单位责任；属设备管理不善的，定设备管理单位责任。

⑥涉嫌人为破坏造成的事故，在公安机关确认前，定发生单位责任事故；经公安机关确认属人为破坏原因造成的，定发生单位非责任事故。

⑦机车车辆断轴造成事故，由于探测、监测工作人员违章违纪或设备不良、管理不善等原因造成漏报、误报或预报后未及时拦停列车的，定相关单位责任。由于货物超载、偏载造成车辆断轴事故，定装车站或作业站责任。

⑧因列车折角塞门关闭造成事故，无法判明责任的定发生地铁路运输企业责任事故。

⑨错误办理行车凭证发车或耽误列车事故的责任划分：司机起动列车，定车务、机务单位责任；司机发现未动车，定车务单位责任；通过列车司机未及时发现，定车务、机务单位责任；司机发现及时停车，定车务单位责任。

⑩应停车的客运列车错办通过，定车站责任；在区间乘降所错误通过，定机务单位责任。

⑪因断钩导致列车分离事故，断口为新痕时定机务单位责任（司机未违反操作规程的除外），断口旧痕时定机车车辆配属或定检单位责任；机车车辆车钩出现超标的砂眼、夹渣或气孔等铸造缺陷定制造单位责任。未断钩造成的列车分离事故根据具体情况进行分析定责。

⑫因货物装载加固不良造成事故，定货物承运单位责任；属托运人自装货物的，定托运人责任，货物承运单位监督检查失职的，追究货物承运单位同等责任。因调车作业超速连挂和"禁溜车"溜放等造成货物装载加固状态破坏而引发的事故，定违章作业站责任；因押运人员在运输途中随意搬动货物和降低货物装载加固质量而引发的事故，定押运人员所在

单位责任,货物承运单位管理失职的,追究同等责任;货检人员未认真履行职责的,追究货检人员所在单位同等责任。因卸车质量不良造成事故,定卸车单位责任,同时追究负责检查的单位责任。

⑬自轮运转设备编入列车因质量不良发生事故时,定设备配属单位责任;过轨检查失职的,定检查单位责任;违规挂运的,定编入或同意放行的单位责任。

⑭因临时租(借)用其他单位的设备设施、人员,发生事故,定使用单位责任。产权单位委托其他单位维修设备设施,因维修质量不良造成事故,定维修单位责任;产权单位管理不善的,追究其同等责任。

⑮凡经铁路相关部门批准并报铁路相关部门核备后的技术革新项目、科研项目在运营线上试验时,在限定的试验期限内确因试验项目本身原因发生事故,不定责任事故;但由于违反操作规程以及其他人为因素造成的事故,定责任事故。

⑯事故发生后,因发生单位未如实提供情况,导致不能查明事故原因和判定责任的,定发生单位责任。

⑰事故涉及两个以上单位管理的相关设备,设备质量均未超过临修或技术限度时,按事故因果关系进行推断,确定责任单位。

⑱事故调查组未及时通知有关单位接受事故调查,不得定有关单位责任。有关单位接到通知后,应派员而未派员接受事故调查的,事故调查组可以直接定责。

⑲铁路作业人员在从事与行车相关的作业过程中,不论作业人员是否在其本职岗位,由于违反操作规程、作业纪律,或铁路运输生产设备设施、劳动条件、作业环境不良,或安全管理不善等造成伤亡,定责任事故。具体情形按以下规定办理:

a. 乘务人员及其他作业人员在企业内候班室、外地公寓、客车宿营车等处候班、间休期间,因违章违纪、设备设施不良等造成伤亡,定有关单位责任。

b. 作业人员在疏导道口、引导或帮助旅客上下车、维持站车秩序过程中被列车撞轧而伤亡的,定作业人员所在单位责任。

c. 事故发生过程中,作业人员在避险或进行事故抢险时因违章作业再次发生伤亡,应按同一件事故定责;事故过程已终止,在事故救援、抢修、复旧及处理中又发生事故导致伤亡的,按另一件事故定责。

d. 铁路运输企业所属临管铁路发生的责任伤亡事故,定该企业责任事故。

e. 作业人员在工作或间歇时间擅自动用铁路运输设备设施、工具等导致伤亡的,定该作业人员所在单位责任事故,同时追究设备设施配属(或管理)单位的责任。

f. 作业人员因患有职业禁忌症而导致行为失控,造成伤亡的,定该作业人员所在单位责任。

g. 两个及以上铁路运输企业在交叉作业中发生伤亡,定主要责任单位事故;若各方责任均等,定伤亡人员所在单位责任,同时追究其他相关单位责任。若各方责任均等且均有人员伤亡,分别定责任事故。

⑳作业人员发生伤亡,经二级以上医院、急救中心诊断或经法医检验、解剖,证明系因脑溢血、心肌梗塞、猝死等突发性急病所致,并按事故处理权限得到事故调查组确认的,不定责任事故。医院等级不够的,须经法医进行尸表检验或尸体解剖鉴定。法医尸检或解剖鉴定报告结论不确定的,定责任事故。

㉑作业人员伤亡事故原因不清,或公安机关已立案但尚无明确结论的,定责任事故。暂时不能确定事故性质、责任的,按待定办理。若跨年度仍不能确定或处理时间超过法定期限的,定伤亡人员所在单位责任。在年度统计截止前,该事故已查清并作出与原处理决定相反结论的,可向原处理部门申请更正。

㉒铁路机车车辆与行人、机动车、非机动车、牲畜及其他障碍物相撞造成事故,按以下规定判定责任:

a. 事故当事人违章通过平交道口或者人行过道,或者在铁路线路上行走、坐卧造成人身伤亡,定事故当事人责任。

b. 事故当事人逃逸或者有证据证明当事人故意破坏、伪造现场、毁坏证据,定事故当事人责任。

c. 事故当事人违反国家法律法规,有明显过失的,按过错的严重程度,分别承担责任。

㉓铁路有关部门及其人员未能依法履行职责,发生下列情形之一的,应当追究其行政责任;涉嫌犯罪的,移送司法机关处理:

a. 违反国家公布的技术标准或国铁集团颁布的规章、技术管理规程和作业标准,擅自公布部门技术标准,导致事故发生的,追究相关部门及其人员的责任。

b. 在实施行政许可、强制认证、技术审查或鉴定,以及产品设备验收等监督管理职责的过程中,违反法定权限、法定程序和有关规定,或对相关产品设备等监督检查不力,造成不合格、不达标产品设备等投入运用,导致事故发生的,追究相关部门及其人员的责任。

2. 事故损失认定

事故相关单位要如实统计、申报事故直接经济损失,制作明细表,经事故调查组确认后,在《铁路交通事故认定书》中认定。下列费用列入事故直接经济损失:

(1)铁路机车车辆、线路、桥隧、通信、信号、供电、信息、安全、给水等设备设施的损失费用。报废设备按报废设备账面净值计算,或按照市场重置价计算;破损设备设施按修复费用计算。

(2)铁路运输企业承运的行包、货物的损失费用。

(3)事故中死亡和受伤人员的处理、处置、医治等费用(不含人身保险赔偿费用)。

(4)被撞机动车、非机动车、牲畜等财产物资,造成的报废或修复费用。

(5)行车中断的损失费用。

(6)事故应急处置和救援费用。

(7)其他与事故直接有关的费用。

有作业人员伤亡的,直接经济损失统计范围、计算方法等按《企业职工伤亡事故经济损失统计标准》(GB 6721—1986)执行。

承担直接经济损失费用的,法律规定,负有事故全部责任的,承担事故直接经济损失费用的 100%;负有主要责任的,承担损失费用的 50% 以上;负有重要责任的,承担损失费用的 30% 以上、50% 以下;负有次要责任的,承担损失费用的 30% 以下。有同等责任、涉及多家责任单位承担损失费用时,由事故调查组根据责任程度依次确定损失承担比例。负同等责任的单位,承担相同比例的损失费用。

(六)事故统计、分析

2007 版《铁路交通事故调查处理规则》结合铁路安全管理的实际,对事故基础管理工作进行了规范,明确了基层单位、各级安全监察部门应当建立的台账、报表等,并对事故统计方式进行了界定。在事故统计方面,《铁路交通事故调查处理规则》规定,责任事故件数由负全部责任、主要责任的单位统计,非责任事故、待定责事故由发生地的单位统计,改变了由发生局统计事故的规定。

1. 事故统计分析台账的建立

铁路相关部门及基层单位应按照《铁路交通事故调查处理规则》规定,建立事故统计分析制度,健全统计分析资料,并按规定及时报送。

各级安全监察部门负责事故统计分析报告的日常工作,并负责监督指导有关部门(单位)做好事故统计分析报告工作。

2. 事故的统计报告的原则

事故的统计报告应当坚持及时、准确、真实、完整的原则。

3. 事故统计方式

事故的统计应按照事故类别、等级、性质、原因、部门、责任等项目分别进行统计。每日事故的统计时间,由上一日 18:00 至当日 18:00 止。但填报事故发生时间时,应以实际时间为准,即以零点改变日期。

责任事故件数统计在负全部责任、主要责任的单位,非责任事故和待定责任事故件数统计在发生单位,相撞事故统计在发生单位。负同等责任或追究同等责任的,在总数中不重复统计件数。

一起事故同时符合两个以上事故等级的,以最高事故等级进行统计。

4. 发生人员伤亡的事故的统计

(1)人员在事故中失踪,至事故结案时仍未找到的,按死亡统计。

(2)事故受伤人员因正常手术治疗而加重伤害程度的,按手术后的伤害程度统计。

(3)事故受伤人员经救治无效,在 7 日内死亡,按死亡统计;经医疗事故鉴定委员会确认为医疗事故的,或 7 日后死亡的,按原伤害程度统计。

(4)事故受伤人员在 7 日内由轻伤发展成重伤的,按重伤统计。

(5)未经医疗事故鉴定委员会确认为医疗事故的伤亡,按责任事故统计。

(6)相撞事故发生后,经调查确认为自杀、他杀的,不在伤亡人数中统计。

(七)罚则

2007 版《铁路交通事故调查处理规则》主要明确了对运输企业及职工违反法律行政法规的规定,迟报、漏报、瞒报、谎报事故及事故调查工作中违规违纪的责任追究。

铁路运输企业及其职工违反法律、行政法规的规定,造成事故的,由铁路相关部门依法追究行政责任。构成犯罪的,依法追究刑事责任。

铁路运输企业及其职工迟报、漏报、瞒报、谎报事故的,对单位,由铁路相关部门处 10 万元以上 50 万元以下的罚款;对个人,由铁路相关部门处 4 000 元以上 2 万元以下的罚款;属于国家工作人员的,依法给予处分;构成犯罪的,依法追究刑事责任。

铁路安全监察室迟报、漏报、瞒报、谎报事故的,由铁路相关部门对直接负责的主管人员和其他直接责任人员依法给予处分;构成犯罪的,依法追究刑事责任。

干扰、阻碍事故调查处理的,对单位,由铁路相关部门处 4 万元以上 20 万元以下的罚款;对个人,由铁路相关部门处 2 000 元以上 1 万元以下的罚款;情节严重的,对单位,由铁路相关部门处 20 万元以上 100 万元以下的罚款;对个人,由铁路相关部门处 1 万元以上 5 万元以下的罚款;属于国家工作人员的,依法给予处分;构成违反治安管理行为的,由公安机关依法给予治安管理处罚;构成犯罪的,依法追究刑事责任。

在事故调查中,调查人员索贿受贿、借机打击报复或不负责任,致使调查工作有重大疏漏的,由组成事故调查组的机关给予处分,构成犯罪的,依法追究刑事责任。

四、2007 版《铁路交通事故调查处理规则》主要特点

2007 版《铁路交通事故调查处理规则》是严格按照《铁路交通事故应急救援和调查处理条例》规定和"三规合一"(行车、劳安、路外三个方面有关事故调查处理等规定)的要求制定的。从法律法规属性的凸显,到内容的重大调整;从条款大范围的增减,到事故等级的重新划定;从事故种类的明显增加,到铁路基本特色的保留等方面都充分反映出 2007 版《铁路交通事故调查处理规则》在范围、内容和结构上,发生了深刻的变化,这些变化是前所未有的。总结归纳以上变化,主要有以下十个方面的显著特点:

（一）具有法律属性的特点

2007 版《铁路交通事故调查处理规则》是铁路有记录的第十二部《铁路交通事故调查处理规则》,但按照国家行政法规而制定的,是铁路第一部具有法律属性的《铁路交通事故调查处理规则》。2007 版《铁路交通事故调查处理规则》每项条文都是严格依照《铁路交通事故应急救援和调查处理条例》规定的,明确了执法范围、权利、职责。

《铁路交通事故调查处理规则》对铁路运输企业等有关单位,在事故调查处理和加强安全基础管理上产生了重大影响,标志着铁路交通事故在调查处理上,走向了依法行政的法治化轨道。

（二）实现"三规合一"的特点

铁路行车事故、从业人员伤亡事故和路外交通事故实现了"三规合一"。"三规合一"整合不易,势在必行,具有积极效应和深远意义,主要体现在以下三个方面:

1. 突出了和谐铁路建设,坚持了以人为本的宗旨,在铁路交通事故调查处理中,把人的生命放在了第一位置。

2. 充分利用法律条件,最大限度地将从业人员伤亡事故的调查处理权利,依照《铁路交通事故应急救援和调查处理条例》规定,纳入了 2007 版《铁路交通事故调查处理规则》。

3. 有利于各级安监部门事故调查处理,集中进行事故统计、分析和报告,提高监察工作效率,整合安监部门监察力量。

（三）铁路事故种类发生重大调整的特点

1. 铁路事故种类调整的基本原则

《铁路交通事故应急救援和调查处理条例》规定了铁路交通事故分为特别重大事故、重大事故、较大事故和一般事故四个等级事故。《铁路交通事故应急救援和调查处理条例》将构成人员伤亡、重伤事故和直接经济损失,作为事故的首要条件,并根据铁路特点,确定了"冲突、脱轨、火灾、爆炸和相撞"5 个前提条件。2007 版《铁路交通事故调查处理规则》明确了客运、货运列车在繁忙干线、其他线路上,发生脱轨辆数及中断行车时间,或没有线别的脱轨辆数构成事故的条件规定,以及为铁路自行管理,明确了"可以对一般事故的其他情形作出补充规定"的条件。为此,以上《铁路交通事故应急救援和调查处理条例》的规定,是制定 2007 版《铁路交通事故调查处理规则》必须严格遵守的基本原则和可以使用的法律条件。

2. 铁路事故等级的分类

2007 版《铁路交通事故调查处理规则》将铁路事故分为以下四个等级：

(1)对特别重大事故、重大事故、较大事故,原则按《铁路交通事故应急救援和调查处理条例》规定,原封不动地纳入了 2007 版《铁路交通事故调查处理规则》。

(2)根据《铁路交通事故应急救援和调查处理条例》相关规定,一般事故分为四个事故等级,即一般 A 类事故、一般 B 类事故、一般 C 类事故、一般 D 类事故。

3. 新老《铁路交通事故调查处理规则》的对照

原《铁路交通事故调查处理规则》的重大、大、险性、一般(A 类)四类事故,分别被纳入2007 版《铁路交通事故调查处理规则》较大和一般事故中。其中,原重大事故一分为二,一部分纳入较大事故,一部分纳入一般 A 类事故;原大事故纳入一般 B 类事故;原险性事故纳入一般 C 类事故;原一般(A 类)事故纳入一般 D 类事故中。

需要说明,原一般(B 类)事故未列入铁路交通事故,按《铁路行车设备故障调查处理办法》另行管理,与 2007 版《铁路交通事故调查处理规则》同步施行。

4. 事故种类具有"三规合一"的特点

2007 版《铁路交通事故调查处理规则》不仅在章节、条款上,实现了"三规合一",而且在四个等级事故中,也实现了"三规合一"。例如,在一般 A、B 类事故中,突出了人员死亡、重伤的事故种类和路外"相撞"的事故前提条件,在一般 C、D 类事故中,增加了 C5 列车相撞、D4 调车相撞和 D20 抛掷物体造成人员伤害等事故种类。

5. 保留了原事故属性的基本特点

铁路险性和一般事故,是铁路行车事故管理的特点,它写入《铁路交通事故调查处理规则》已多年,现虽然事故名称改变了,但是两个事故种类的属性和表现形式,依然在 2007 版《铁路交通事故调查处理规则》的一般 C、D 类事故中得到完整体现,应在 2007 版《铁路交通事故调查处理规则》中发挥其积极作用。

(四)严格铁路事故管理的特点

2007 版《铁路交通事故调查处理规则》虽然拉大了较大及以上事故的构成条件,但是防止或杜绝较大事故和大力减少一般事故发生,将是铁路局集团公司在安全管理上的难点和重点,主要体现以下四个方面：

1. 原险性、一般事故中的大部分事故是没有后果的,以往均在铁路内部进行管理,现全部纳入 2007 版《铁路交通事故调查处理规则》中,成为国家确定的事故种类。为此,事故等级提升了,安全管理压力必然增加;

2. 铁路局集团公司发生一般 A 类事故,铁路相关部门将按原重大事故标准进行安全考核,与 2007 版《铁路交通事故调查处理规则》同步施行的铁路运输企业领导人员安全生产问责的办法,将按事故等级,对事故责任单位有关领导人员进行问责。

3. 原险性事故 15 种和一般(A 类)事故 17 种,在 2007 版《铁路交通事故调查处理规则》一般 C、D 类事故中,分别增加到 25 种和 21 种。

4. 一般事故部分种类的脱轨和中断时间没有宽松,如取消了电气化区段 90 分钟事故救援时间等。

以上四个方面明显反映出,铁路事故管理在 2007 版《铁路交通事故调查处理规则》中,不是削弱而是得到加强,事故管理更加严格。铁路事故管理的加强,要求各单位、各部门在安全生产管理上要有充分的思想认识,要求在安全措施和管理手段上要尽快相适应,加强铁路交通事故管理,促进安全基础管理水平的不断提高。

（五）适应范围扩大的特点

2007版《铁路交通事故调查处理规则》第三条规定,国家铁路、合资铁路、地方铁路企业以及专用铁路、铁路专用线等发生事故的调查处理,适应《铁路交通事故调查处理规则》,明确了铁路有关部门为铁路交通事故的调查处理主体。铁路有关部门认为必要时,可以参与或直接组织调查的权利,不仅明确了铁路有关部门事故调查处理的权限,关键是扩大了铁路有关部门的工作范围和所肩负的职责,对铁路有关部门如何进行事故调查处理,依法行政,履行监督检查职责,加强和规范事故管理,发挥应有作用,将是一个重大考验。

为此,铁路部门根据《铁路交通事故处理规则》的规定,应建立健全相适应的铁路交通事故调查处理和事故管理制度和实施细则。

（六）保留了铁路事故管理的基本特点

铁路坚持“四不放过”“抓小防大、超前防范”等管理特点,在2007版《铁路交通事故调查处理规则》第六条规定中得到完整体现,在一般事故分类上得到体现。在新的形势下,铁路局集团公司应把控制一般C、D类事故的发生,作为“抓小防大、超前防范”的奋斗目标,通过控制一般C、D类事故,努力实现一般B类及以上事故的减少或受控。为此,应根据2007版《铁路交通事故调查处理规则》的有关规定,调整和完善安全管理制度、办法和措施,坚持铁路传统、有效的安全管理手段。

（七）实行事故责任认定书的特点

2007版《铁路交通事故调查处理规则》另一个显著特点,就是实行事故责任认定书。在第四十三、四十七、四十八、四十九条规定都有明确规定。实行事故责任认定书的主要目的,是将原事故调查处理报告,对责任单位、人员造成事故的责任处理、责任追究或经济赔偿的行政处理方式,改为使用事故认定书的方式,认定书是对以上情况处理的唯一依据,具有法律效力。

认定书的制作和使用,是在事故调查组形成《铁路交通事故调查报告》后,并经派出的机关审查同意后,在调查工作结束后15日之内,由负责组织事故调查组的机构,负责制作事故认定书,并负责送达相关单位。

需要强调的是,今后凡发生一般及以上的事故,对铁路内部和路外单位,在事故定责处理上及赔偿上,均要使用《铁路交通事故认定书》,靠行政文件或命令的方式则不能使用,没有法律效力。

（八）统一事故调查内容的特点

2007版《铁路交通事故调查处理规则》第三十七条对事故调查取证,作出了8项具体规定。这个规定,集合了“三规合一”在事故调查取证方面的调查对象、内容、方法和程序等方面内容,统一了原“行车、人身、路外”事故调查的特点和重点,有利于规范事故现场调查,明确调查重点,发挥整体调查水平,提高事故调查质量和效率,促进安全监察工作水平的提高。

（九）规范事故报告、统计、分析工作的特点

1.2007版《铁路交通事故调查处理规则》第三章提出了明确要求,有以下方面:

(1)明确了事故报告原点(运输企业工作人员或其他人员)。

(2)明确了第一个接到事故报告的单位和人员(车站值班员、列车调度员、公安机关等)。

(3)明确了第二个接到报告是发生地安全监管办安全监察值班人员。

(4)明确了逐级报告的内容、程序和要求。

2.2007 版《铁路交通事故调查处理规则》第四章明确了拍发事故电报规定。在第三十一、三十四条中,连续出现两处 12 小时内拍发电报的规定。前者是对铁路相关部门提出的,要求立即派员参加事故调查;后者是指不需要参加事故调查,但须及时或在 12 小时内通知相关单位和人员。

这个规定请注意,第五章第六十八条规定未及时通知有关单位接受事故调查,不得定有关单位责任。这个规定与前两条规定相对应,就是说发生事故后,凡涉及其他单位的事故,应严格按第三十一、三十四条规定执行。

3.2007 版《铁路交通事故调查处理规则》第四十二条明确了提交《铁路交通事故调查报告》期限的规定。这是一个新规定,是严格按《铁路交通事故应急救援和调查处理条例》制定的,明确了对四类事故调查期限为 60、30、21 和 10 日,这个规定有利于事故调查,提高事故调查质量,具有积极意义。

4.2007 版《铁路交通事故调查处理规则》第六章中增加了"铁路交通事故基本情况表(安监报 3)"内容,按规定进行填写"铁路交通事故基本情况表"。该表内容基本涵盖了"行车、人身、路外"三个方面的事故数据,具有自动合成、计算等功能,与 2007 版《铁路交通事故调查处理规则》同步实施。

(十)事故种类和解释具有的新特点

对 2007 版《铁路交通事故调查处理规则》增加的事故种类、表述内涵和责任判定等内容,应全面掌握,准确理解。下面有几项内容需要重点把握:

1. 在"较大事故"事故中,规定了"中断繁忙干线铁路行车 6 小时以上"和"中断其他线路铁路行车 10 小时以上"两个事故条件,但是没有前提条件。可以理解为这两个事故条件既指列车发生"冲、脱、火、爆、撞"的事故中断时间,也包括在调车作业中发生"冲、脱、火、爆、撞"的事故中断时间等。

2. 在"一般 C 类事故"中,较原险性事故 15 条增加了 10 条,其中增加或修改了 14 条。主要是 C5. 列车相撞;C12. 列车中机车车辆断轴,车轮崩裂,制动梁、下拉杆、交叉杆等部件脱落;C13. 列车运行中碰撞轻型车辆、小车、施工机械、机具、防护栅栏等设备设施或路料、坍体、落石;C14. 接触网断线、倒杆或塌网;C15. 关闭折角塞门发出列车或运行中关闭折角塞门;C17. 列车运行中设备设施、装载货物(包括行包、邮件)、装载加固材料(或装置)超限(含按超限货物办理超过电报批准尺寸的)或坠落;C18. 装载超限货物的车辆按装载普通货物的车辆编入列车;C19. 电力机车、动车组带电进入停电区;C20. 错误向停电区段的接触网供电;C21. 电化区段攀爬车顶耽误列车;C22. 客运列车分离;C23. 发生冲突、脱轨的机车车辆未按规定检查鉴定编入列车;C24. 无调度命令施工,超范围施工,超范围维修作业;C25. 漏发、错发、漏传、错传调度命令导致列车超速运行。

其中,C5、C18、C19、C20、C21、C24、C25 等 7 项事故是新增加的,其他 7 项是经修改的原事故种类。

3. 在一般 D 类事故中,较原一般 A 类事故 17 条增加了 4 条,其中增加或修改了 8 项。主要是 D4. 调车相撞;D7. 调车作业碰轧脱轨器、防护信号,或未撤防护信号动车;D8. 货运列车分离;D17. 应安装列尾装置而未安装发出列车;D18. 行包、邮件装卸作业耽误列车;D19. 电力机车、动车组错误进入无接触网线路;D20. 列车上工作人员往外抛掷物体造成人员伤害或设备损坏;D21. 行车设备故障耽误本列客运列车 1 小时以上,或耽误本列货运列车 2 小时以上;固定设备故障延时影响正常行车 2 小时以上(仅指正线)。

其中,D4、D17、D18、D19、D20、D21 等 6 条事故是新增的,其他 2 项是经修改的原事故种类。其中新增的 D21 事故,是指达到一定影响程度的行车设备故障,按事故进行定性定责,这将是安监部门今后事故管理的重点、热点和难点。

4. 在事故"解释"中,较原《铁路交通事故调查处理规则》44 条增加了 8 条,其中增加和修改共有 29 条。在 29 条中有 23 条是增加的(行车 8 条、人身和路外 15 条)。同时,对条款的修改内容,也有较大变动。例如,明确了区间调车作业、机车车辆溜入区间,发生冲突、脱轨事故时,定列车事故。

复习思考题

1.《铁路交通事故应急救援和调查处理条例》的立法目的是什么? 适用范围有哪些?

2. 简述铁路管理机构对日常铁路运输安全监督检查以及铁路交通事故应急救援和调查处理职责的规定。

3. 简述铁路运输企业及有关单位、个人遵守安全管理规定,事故报告要求和积极开展应急救援义务的规定。

4. 事故应急救援和调查处理不受干扰阻碍的规定有哪些?

5.《铁路交通事故应急救援和调查处理条例》对事故等级划分有何规定?

6. 铁路交通事故发生后,铁路交通事故报告内容应包括哪些内容?

7. 铁路交通事故发生后,铁路运输企业、列车司机等有关人员,在事故应急救援工作中的有关职责有哪些?

8. 铁路交通事故发生后,保护铁路交通事故现场以及相关证据有哪些规定?

9. 铁路交通事故发生后,事故调查组开展铁路交通事故调查及提交事故调查报告期限有哪些规定?

10. 铁路运输企业承担赔偿责任的基本原则是什么? 铁路交通事故造成铁路旅客人身伤亡和自带行李损失赔偿责任限额的规定是什么?

11.《铁路交通事故应急救援规则》对事故应急救援工作的原则及事故应急救援机构与组成有何规定?

12.《铁路交通事故应急救援规则》规定铁路交通事故发生后,事故应急救援报告应遵循什么样的程序?

13.《铁路交通事故应急救援规则》规定事故发生后,列车司机、列车长、救援队、现场铁路工作人员的职责分别是什么?

14.《铁路交通事故应急救援规则》对规定事故发生后,现场指挥部工作职责有何规定?

15.《铁路交通事故应急救援规则》对事故发生后,人员伤亡与财产赔偿的事故善后有何规定?

16. 简述事故调查处理原则。

17. 熟悉事故等级分类。

18. 列举事故报告的主要内容。

19. 简述事故调查组的职责。

20. 熟悉事故责任判定及事故损失认定。

21. 简述 2007 版《铁路交通事故调查处理规则》的主要特点。

第五章
危险品运输

第一节　危险化学品生产、储存和使用

一、危险化学品安全生产形势不容乐观

化学品这种特殊的商品的存在和生产改善人们的生活,但其固有的危险性也给人类的生存带来了极大的威胁,引起世界各国的高度重视。从 20 世纪 60 年代开始,各工业国和一些国际组织纷纷制定有关法规、标准和公约,旨在强化化学品的管理,有效地预防和控制化学品的危害。

随着我国化工行业的迅速发展,行业的企业规模、数量和就业人数也有了较大的增长,但是庞大的生产经营队伍和从业人员,管理方式不完善和安全投入的严重不足,无疑蕴藏着巨大的安全生产隐患。我国化工安全生产形势比较严重,各类事故和职业危害频繁,已成为制约我国化学工业健康发展的重要问题。近年来我国安全生产形势有所好转,但由于多种原因的影响,重特大事故多发的势头没有得到有效遏制,大量事故隐患尚未得到整改,应对突发事故的能力亟待加强。

《危险化学品安全管理条例》于 2011 年 2 月 16 日由国务院第 144 次常务会议修订通过,根据 2013 年 12 月 7 日国务院令第 645 号发布的《国务院关于修改部分行政法规的决定》进行第二次修订。

二、总则

(一)制订目的

为了加强危险化学品的安全管理,预防和减少危险化学品事故,保障人民群众生命财产安全,保护环境。

(二)适用范围

危险化学品生产、储存、使用、经营和运输的安全管理,适用《危险化学品安全管理条例》。废弃危险化学品的处置,依照有关环境保护的法律、行政法规和国家有关规定执行。

(三)危险化学品的种类

危险化学品是指具有毒害、腐蚀、爆炸、燃烧、助燃等性质,对人体、设施、环境具有危害的剧毒化学品和其他化学品。

危险化学品目录,由国务院应急管理部门会同国务院工业和信息化、公安、环境保护、卫生、质量监督检验检疫、交通运输、铁路、民用航空、农业主管部门,根据化学品危险特性的鉴别和分类标准确定、公布,并适时调整。

(四)危险化学品安全管理责任

危险化学品安全管理,应当坚持安全第一、预防为主、综合治理的方针,强化和落实企业的主体责任。生产、储存、使用、经营、运输危险化学品的单位(以下统称危险化学品单位)的主要负责人对本单位的危险化学品安全管理工作全面负责。

危险化学品单位应当具备法律、行政法规规定和国家标准、行业标准要求的安全条件,建立、健全安全管理规章制度和岗位安全责任制度,对从业人员进行安全教育、法治教育和岗位技术培训。从业人员应当接受教育和培训,考核合格后上岗作业;对有资格要求的岗位,应当配备依法取得相应资格的人员。此外,法律规定,任何单位和个人不得生产、经营、使用国家禁止生产、经营、使用的危险化学品。国家对危险化学品的使用有限制性规定的,任何单位和个人不得违反限制性规定使用危险化学品。

(五)危化品安全监管部际协调机制

《危险化学品安全管理条例》涉及多个部门,明确了各部门的职责,为保证各部门间充分协调,解决跨部门的重大问题,很有必要明确建立部际联席会议制度。法律要求县级以上人民政府应当建立危险化学品安全监督管理工作协调机制,支持、督促负有危险化学品安全监督管理职责的部门依法履行职责,协调、解决危险化学品安全监督管理工作中的重大问题。负有危险化学品安全监督管理职责的部门应当相互配合、密切协作,依法加强对危险化学品的安全监督管理。对于各部门安全管理责任法律规定如下:

1. 安全生产监督管理部门负责危险化学品安全监督管理综合工作,组织确定、公布、调整危险化学品目录,对新建、改建、扩建生产、储存危险化学品(包括使用长输管道输送危险化学品,下同)的建设项目进行安全条件审查,核发危险化学品安全生产许可证、危险化学品安全使用许可证和危险化学品经营许可证,并负责危险化学品登记工作。

2. 公安机关负责危险化学品的公共安全管理,核发剧毒化学品购买许可证、剧毒化学品道路运输通行证,并负责危险化学品运输车辆的道路交通安全管理。

3. 质量监督检验检疫部门负责核发危险化学品及其包装物、容器(不包括储存危险化学品的固定式大型储罐,下同)生产企业的工业产品生产许可证,并依法对其产品质量实施监督,负责对进出口危险化学品及其包装实施检验。

4. 环境保护主管部门负责废弃危险化学品处置的监督管理,组织危险化学品的环境危害性鉴定和环境风险程度评估,确定实施重点环境管理的危险化学品,负责危险化学品环境管理登记和新化学物质环境管理登记;依照职责分工调查相关危险化学品环境污染事故和生态破坏事件,负责危险化学品事故现场的应急环境监测。

5. 交通运输主管部门负责危险化学品道路运输、水路运输的许可以及运输工具的安全管理,对危险化学品水路运输安全实施监督,负责危险化学品道路运输企业、水路运输企业驾驶人员、船员、装卸管理人员、押运人员、申报人员、集装箱装箱现场检查员的资格认定。铁路监管部门负责危险化学品铁路运输及其运输工具的安全管理。民用航空主管部门负责危险化学品航空运输以及航空运输企业及其运输工具的安全管理。

6. 卫生主管部门负责危险化学品毒性鉴定的管理,负责组织、协调危险化学品事故受伤人员的医疗卫生救援工作。

7. 工商行政管理部门依据有关部门的许可证件，核发危险化学品生产、储存、经营、运输企业营业执照，查处危险化学品经营企业违法采购危险化学品的行为。

8. 邮政管理部门负责依法查处寄递危险化学品的行为。

三、危险化学品生产、储存和使用

(一)危险化学品生产、储存的规划与安全审查

国家对危险化学品的生产、储存实行统筹规划、合理布局。国务院工业和信息化主管部门以及国务院其他有关部门依据各自职责，负责危险化学品生产、储存的行业规划和布局。地方人民政府组织编制城乡规划，应当根据本地区的实际情况，按照确保安全的原则，规划适当区域专门用于危险化学品的生产、储存。新建、改建、扩建生产、储存危险化学品的建设项目(以下简称建设项目)，应当由安全生产监督管理部门进行安全条件审查。

建设单位应当对建设项目进行安全条件论证，委托具备国家规定的资质条件的机构对建设项目进行安全评价，并将安全条件论证和安全评价的情况报告报建设项目所在地设区的市级以上人民政府安全生产监督管理部门；安全生产监督管理部门应当自收到报告之日起45日内作出审查决定，并书面通知建设单位。具体办法由国务院安全生产监督管理部门制定。新建、改建、扩建储存、装卸危险化学品的港口建设项目，由港口行政管理部门按照国务院交通运输主管部门的规定进行安全条件审查。

(二)危险化学品安全生产许可

危险化学品生产企业进行生产前，应当依照《安全生产许可证条例》的规定，取得危险化学品安全生产许可证。生产列入国家实行生产许可证制度的工业产品目录的危险化学品的企业，应当依照《中华人民共和国工业产品生产许可证管理条例》的规定，取得工业产品生产许可证。

负责颁发危险化学品安全生产许可证、工业产品生产许可证的部门，应当将其颁发许可证的情况及时向同级工业和信息化主管部门、环境保护主管部门和公安机关通报。

(三)危险化学品包装、容器

危险化学品生产企业应当提供与其生产的危险化学品相符的化学品安全技术说明书，并在危险化学品包装(包括外包装件)上粘贴或者拴挂与包装内危险化学品相符的化学品安全标签。化学品安全技术说明书和化学品安全标签所载明的内容应当符合国家标准的要求。如果危险化学品生产企业发现其生产的危险化学品有新的危险特性的，应当立即公告，并及时修订其化学品安全技术说明书和化学品安全标签。

危险化学品的包装应当符合法律、行政法规、规章的规定以及国家标准、行业标准的要求。法律规定危险化学品包装物、容器的材质以及危险化学品包装的型式、规格、方法和单件质量(重量)，应当与所包装的危险化学品的性质和用途相适应。其中生产列入国家实行生产许可证制度的工业产品目录的危险化学品包装物、容器的企业，应当依照《中华人民共和国工业产品生产许可证管理条例》的规定，取得工业产品生产许可证；其生产的危险化学品包装物、容器经国务院质量监督检验检疫部门认定的检验机构检验合格，方可出厂销售。

对于运输危险化学品的船舶及其配载的容器，应当按照国家船舶检验规范进行生产，并经海事管理机构认定的船舶检验机构检验合格，方可投入使用。对重复使用的危险化学品包装物、容器，使用单位在重复使用前应当进行检查；发现存在安全隐患的，应当维修或者更换。使

用单位应当对检查情况作出记录,记录的保存期限不得少于 2 年。

(四)危险化学品生产装置和储存设施的选址

危险化学品重大危险源,是指生产、储存、使用或者搬运危险化学品,且危险化学品的数量等于或者超过临界量的单元(包括场所和设施)。危险化学品生产装置或者储存数量构成重大危险源的危险化学品储存设施(运输工具加油站、加气站除外),与下列场所、设施、区域的距离应当符合国家有关规定:

1. 居住区以及商业中心、公园等人员密集场所。

2. 学校、医院、影剧院、体育场(馆)等公共设施。

3. 饮用水源、水厂以及水源保护区。

4. 车站、码头(依法经许可从事危险化学品装卸作业的除外)、机场以及通信干线、通信枢纽、铁路线路、道路交通干线、水路交通干线、地铁风亭以及地铁站出入口。

5. 基本农田保护区、基本草原、畜禽遗传资源保护区、畜禽规模化养殖场(养殖小区)、渔业水域以及种子、种畜禽、水产苗种生产基地。

6. 河流、湖泊、风景名胜区、自然保护区。

7. 军事禁区、军事管理区。

8. 法律、行政法规规定的其他场所、设施、区域。

已建的危险化学品生产装置或者储存数量构成重大危险源的危险化学品储存设施不符合以上规定的,由所在地设区的市级人民政府安全生产监督管理部门会同有关部门监督其所属单位在规定期限内进行整改;需要转产、停产、搬迁、关闭的,由本级人民政府决定并组织实施。

2005 年 11 月 13 日,某公司双苯厂发生爆炸事故,造成 6 人死亡,2 人重伤,21 人轻伤,由于应急处置不当,致使苯类污染物流入松花江,不但对下游水域沿江城市居民生活用水和环境造成严重影响,而且还造成了一定的国际影响。因此法律特别规定,储存数量构成重大危险源的危险化学品储存设施的选址,应当避开地震活动断层和容易发生洪灾、地质灾害的区域。

(五)企业采用自动化控制系统的要求

生产、储存危险化学品的单位,应当根据其生产、储存的危险化学品的种类和危险特性,在作业场所设置相应的监测、监控、通风、防晒、调温、防火、灭火、防爆、泄压、防毒、中和、防潮、防雷、防静电、防腐、防泄漏以及防护围堤或者隔离操作等安全设施、设备,并按照国家标准、行业标准或者国家有关规定对安全设施、设备进行经常性维护、保养,保证安全设施、设备的正常使用。

生产、储存危险化学品的单位,应当在其作业场所和安全设施、设备上设置明显的安全警示标志。生产、储存危险化学品的单位,应当在其作业场所设置通信、报警装置,并保证处于适用状态。

(六)生产、储存和使用剧毒化学品的安全管理

生产、储存剧毒化学品或者国务院公安部门规定的可用于制造爆炸物品的危险化学品(以下简称易制爆危险化学品)的单位,应当如实记录其生产、储存的剧毒化学品、易制爆危险化学品的数量、流向,并采取必要的安全防范措施,防止剧毒化学品、易制爆危险化学品丢失或者被盗;发现剧毒化学品、易制爆危险化学品丢失或者被盗的,应当立即向当地公安机关报告。

生产、储存剧毒化学品、易制爆危险化学品的单位,应当设置治安保卫机构,配备专职治安保卫人员。

（七）危险化学品生产仓储安全管理

危险化学品应当储存在专用仓库、专用场地或者专用储存室（以下统称专用仓库）内，并由专人负责管理；剧毒化学品以及储存数量构成重大危险源的其他危险化学品，应当在专用仓库内单独存放，并实行双人收发、双人保管制度。并且危险化学品的储存方式、方法以及储存数量应当符合国家标准或者国家有关规定。

储存危险化学品的单位应当建立危险化学品出入库核查、登记制度。对剧毒化学品以及储存数量构成重大危险源的其他危险化学品，储存单位应当将其储存数量、储存地点以及管理人员的情况，报所在地县级人民政府安全生产监督管理部门（在港区内储存的，报港口行政管理部门）和公安机关备案。

危险化学品专用仓库应当符合国家标准、行业标准的要求，并设置明显的标志。储存剧毒化学品、易制爆危险化学品的专用仓库，应当按照国家有关规定设置相应的技术防范设施。储存危险化学品的单位应当对其危险化学品专用仓库的安全设施、设备定期进行检测、检验。

案例点击

20××年×月×日，××公司危险品仓库发生特别重大火灾爆炸事故。事故造成165人遇难，直接经济损失超过68亿元，并对局部区域的大气环境、水环境和土壤环境造成了不同程度的污染。

（一）事故直接原因

××公司危险品仓库运抵区南侧集装箱内的硝化棉由于湿润剂散失出现局部干燥，在高温天气等因素的作用下加速分解放热，积热自燃，引起相邻集装箱内的硝化棉和其他危险化学品长时间大面积燃烧，导致堆放于运抵区的硝酸铵等危险化学品发生爆炸。

（二）事故间接原因

1. 严重违反城市总体规划和控制性详细规划，未批先建、边建边经营危险货物堆场。

2. 无证违法经营。

3. 以不正当手段获得经营危险货物批复。

4. 违规存放硝酸铵。

5. 严重超负荷经营、超量存储。

6. 违规混存、超高堆码危险货物。

7. 违规开展拆箱、搬运、装卸等作业。

8. 未按要求进行重大危险源登记备案。

9. 安全生产教育培训严重缺失。

10. 未按规定制定应急预案并组织演练。

11. 有关地方政府及部门存在玩忽职守、监管缺失、玩忽职守，督促检查不到位的主要问题，甚至出现弄虚作假，违法违规进行安全审查、评价和验收等问题。

（八）危险化学品使用

1. 危险化学品安全使用许可制度

使用危险化学品特别是使用危险化学品从事生产,在危险程度上并不亚于生产危险化学品,由此引发的事故也比较多,使用危险化学品成了危险化学品安全管理中的薄弱环节,《危险化学品安全管理条例》确立了危险化学品安全使用许可制度。使用危险化学品从事生产的企业,涉及各行各业,数量很大,如果规定所有使用危险化学品从事生产的企业都要取得安全使用许可证,实践中是做不到的。因此《危险化学品安全管理条例》规定,属于危险化学品生产企业的除外,使用危险化学品从事生产并且使用量达到规定数量的化工企业,应当依照《危险化学品安全管理条例》的规定取得危险化学品安全使用许可证。规定的危险化学品使用量的数量标准,由国务院安全生产监督管理部门会同国务院公安部门、农业主管部门确定并公布。因此,《危险化学品安全管理条例》对安全使用许可证制度的适用范围从两个方面作了限制:

（1）企业类型的限制。必须是使用危险化学品从事生产的化工企业。

（2）使用量的限制。使用量必须达到规定的数量标准。

同时具有这两种情形的企业,才需要取得危险化学品安全使用许可证。为了减少企业负担,法律规定,依法需要取得危险化学品安全生产许可证,不需要再取得危险化学品安全使用许可证。关于使用安全许可证颁发机关,法律规定,由设区的市级安全生产监督管理部门依法进行审查,45 日内作出批准或者不予批准的决定。为了联合防范,综合治理,《危险化学品安全管理条例》要求安全生产监督管理部门应当将其颁发危险化学品安全使用许可证的情况及时向同级环境保护主管部门和公安机关通报。

2. 危化品使用安全的要求

由于使用危险化学品的情形很多,涉及各个行业各类企业,其危险性有时也很大,所以有必要对此作出规定。《危险化学品安全管理条例》第二十八条规定,使用危险化学品的单位,其使用条件（包括工艺）应当符合法律、行政法规的规定和国家标准、行业标准的要求,并根据所使用的危险化学品的种类、危险特性以及使用量和使用方式,建立、健全使用危险化学品的安全管理规章制度和安全操作规程,保证危险化学品的安全使用。《危险化学品安全管理条例》还要求,申请危险化学品安全使用许可证的化工企业,除应当符合《危险化学品安全管理条例》第二十八条的规定外,还应当具备下列条件:

（1）有与所使用的危险化学品相适应的专业技术人员。

（2）有安全管理机构和专职安全管理人员。

（3）有符合国家规定的危险化学品事故应急预案和必要的应急救援器材、设备。

（4）依法进行了安全评价。

第二节　危险化学品的经营与运输

随着现代工业的发展,危化品管理工作现已被应用在了生产、农村产品加工以及医疗等产业当中,它对于经济发展,改善人民群众生活水平都具有十分关键的意义。由于危化品种类较多、特性也相对繁杂多样,在制造、储藏、运送和应用的过程中,还面临着很多危及人类健康和生态的概率。在这些情形下,企业怎样经营好危险化学品和管理工作好危化品运送的车辆道路交通安全性,防止危化品所具有的社会危害,从而确保企业可以进行长期稳定的可持续发展,也成了各界普遍重视的问题之一。

一、危险化学品经营安全

（一）危险化学品经营许可

国家对危险化学品经营（包括仓储经营，下同）实行许可制度。未经许可，任何单位和个人不得经营危险化学品。从事危险化学品经营的企业应当具备下列条件：

1. 有符合国家标准、行业标准的经营场所，储存危险化学品的，还应当有符合国家标准、行业标准的储存设施。

2. 从业人员经过专业技术培训并经考核合格。

3. 有健全的安全管理规章制度。

4. 有专职安全管理人员。

5. 有符合国家规定的危险化学品事故应急预案和必要的应急救援器材、设备。

6. 法律、法规规定的其他条件。

（二）危险化学品经营的禁止性规定

危险化学品经营企业不得向未经许可从事危险化学品生产、经营活动的企业采购危险化学品，不得经营没有化学品安全技术说明书或者化学品安全标签的危险化学品。

（三）剧毒化学品、易制爆危险化学品安全管理

依法取得危险化学品安全生产许可证、危险化学品安全使用许可证、危险化学品经营许可证的企业，凭相应的许可证件购买剧毒化学品、易制爆危险化学品。民用爆炸物品生产企业凭民用爆炸物品生产许可证购买易制爆危险化学品。除此规定以外的单位购买剧毒化学品的，应当向所在地县级人民政府公安机关申请取得剧毒化学品购买许可证；购买易制爆危险化学品的，应当持本单位出具的合法用途说明。个人不得购买剧毒化学品（属于剧毒化学品的农药除外）和易制爆危险化学品。

危险化学品生产企业、经营企业销售剧毒化学品、易制爆危险化学品，应当如实记录购买单位的名称、地址、经办人的姓名、身份证号码，以及所购买的剧毒化学品、易制爆危险化学品的品种、数量、用途。销售记录以及经办人的身份证明复印件、相关许可证件复印件或者证明文件的保存期限不得少于1年。剧毒化学品、易制爆危险化学品的销售企业、购买单位应当在销售、购买后5日内，将所销售、购买的剧毒化学品、易制爆危险化学品的品种、数量以及流向信息报所在地县级人民政府公安机关备案，并输入计算机系统。

二、危险化学品运输安全

在当前经济快速发展的时代背景下，危化品的运输安全成为危化品管理的棘手问题。在交通运输过程中，危化品运输存在的风险主要有以下三种：

（一）外界自然灾害带来的环境风险

环境风险主要包括自然的地理环境气候条件、交通情况，以及道路交通对周边环境等的影响因素。如果遇到比较恶劣的天气，如雨雪、风沙、大雾等气象条件下，不仅影响汽车的制动稳定性，而且行车带来困难，容易造成汽车事故，进而造成危险化学品运输安全事故。再如，在高温的气候环境里，存放危险化学品的器皿受日照影响，随着高温上升，内压强上升，会提高危险化学品发生爆裂的概率等。这些环境风险存在的情况，直接影响了危险化学品交通运输安全。

（二）操作不当和管理不善造成的人为风险

危险化学品储运作业人员的整体素质参差不齐，相当部分作业人员并没有必需的危险化学品专业知识。这些问题都是直接影响危险化学品运送安全的不稳定原因。而安全运送又离不开对人员的有效监督管理。许多危险化学品安全事故产生的直接原因，可能是运输设备损坏或交通环境引起的，但归根究底都与管理不当有莫大的关联。管理不善主要体现在质量管理体系不完善、生产管理没有执行力，以及安全监管工作不落实、交通事故应急处置制度不健全等方面。管理不善也使得危险化学品企业在产品运输过程中存在着很大的经营风险。

（三）交通运输物和货运机动车辆带来的财产风险

汽车状况也是影响危化品运输安重要因素。由于危险化学品具有易燃、易爆、高毒性等风险属性，在交通运输过程中也存在未知的安全隐患，也是造成道路运输交通事故的主要因素。因此，对危险化学品的包装和运输车辆都有严格的规定，坚固、平整和结实的配套，有利于减少危险化学品运输过程产生的冲撞、震荡以及环境气候带来的风险。《危险化学品安全管理条例》对此做了详细的规定，完善了危险化学品安全运输的各项规定。

1. 危险化学品运输许可

从事危险化学品道路运输、水路运输的，应当分别依照有关道路运输、水路运输的法律、行政法规的规定，取得危险货物道路运输许可、危险货物水路运输许可，并向工商行政管理部门办理登记手续。危险化学品道路运输企业、水路运输企业应当配备专职安全管理人员。

2. 危险化学品运输人员安全培训

危险化学品道路运输企业、水路运输企业的驾驶人员、船员、装卸管理人员、押运人员、申报人员、集装箱装箱现场检查员应当经交通运输主管部门考核合格，取得从业资格。

危险化学品的装卸作业应当遵守安全作业标准、规程和制度，并在装卸管理人员的现场指挥或者监控下进行。水路运输危险化学品的集装箱装箱作业应当在集装箱装箱现场检查员的指挥或者监控下进行，并符合积载、隔离的规范和要求；装箱作业完毕后，集装箱装箱现场检查员应当签署装箱证明书。

3. 危险化学品运输安全防护

（1）通过有资质企业运输

通过道路运输危险化学品的，托运人应当委托依法取得危险货物道路运输许可的企业承运。危险化学品运输车辆应当符合国家标准要求的安全技术条件，并按照国家有关规定定期进行安全技术检验。应当悬挂或者喷涂符合国家标准要求的警示标志。并且应当按照运输车辆的核定载质量装载危险化学品，不得超载。

（2）运输途中加强安全防护

运输危险化学品，应当根据危险化学品的危险特性采取相应的安全防护措施，并配备必要的防护用品和应急救援器材。用于运输危险化学品的槽罐以及其他容器应当封口严密，能够防止危险化学品在运输过程中因温度、湿度或者压力的变化发生渗漏、洒漏；槽罐以及其他容器的溢流和泄压装置应当设置准确、起闭灵活。

通过道路运输危险化学品的，应当配备押运人员，并保证所运输的危险化学品处于押运人员的监控之下。运输危险化学品途中因住宿或者发生影响正常运输的情况，需要较长时间停车的，驾驶人员、押运人员应当采取相应的安全防范措施；运输剧毒化学品或者易制爆危险化学品的，还应当向当地公安机关报告。

运输危险化学品的驾驶人员、船员、装卸管理人员、押运人员、申报人员、集装箱装箱现场检查员,应当了解所运输的危险化学品的危险特性及其包装物、容器的使用要求和出现危险情况时的应急处置方法。为了确保居民安全,未经公安机关批准,运输危险化学品的车辆不得进入危险化学品运输车辆限制通行的区域。

(3)剧毒化学品实行道路运输通行证管理

通过道路运输剧毒化学品的,托运人应当向运输始发地或者目的地县级人民政府公安机关申请剧毒化学品道路运输通行证。

申请剧毒化学品道路运输通行证,托运人应当向县级人民政府公安机关提交下列材料:

①拟运输的剧毒化学品品种、数量的说明。

②运输始发地、目的地、运输时间和运输路线的说明。

③承运人取得危险货物道路运输许可、运输车辆取得营运证以及驾驶人员、押运人员取得上岗资格的证明文件。

④依法取得危险化学品安全生产许可证、危险化学品安全使用许可证、危险化学品经营许可证的企业,凭相应的许可证件购买剧毒化学品、易制爆危险化学品。民用爆炸物品生产企业凭民用爆炸物品生产许可证购买易制爆危险化学品。规定以外的单位购买剧毒化学品的,应当向所在地县级人民政府公安机关申请取得剧毒化学品购买许可证;购买易制爆危险化学品的,应当持本单位出具的合法用途说明。以上相关规定的购买剧毒化学品的相关许可证件,或者海关出具的进出口证明文件。

为了保证效率,《危险化学品安全管理条例》规定,县级人民政府公安机关应当自收到前款规定的材料之日起 7 日内,作出批准或者不予批准的决定。予以批准的,颁发剧毒化学品道路运输通行证;不予批准的,书面通知申请人并说明理由。

剧毒化学品、易制爆危险化学品在道路运输途中丢失、被盗、被抢或者出现流散、泄漏等情况的,驾驶人员、押运人员应当立即采取相应的警示措施和安全措施,并向当地公安机关报告。公安机关接到报告后,应当根据实际情况立即向安全生产监督管理部门、环境保护主管部门、卫生主管部门通报。有关部门应当采取必要的应急处置措施。

(4)通过水路运输危化品的规定

《危险化学品安全管理条例》有条件放宽了水路运输危险化学品的规定,要求通过水路运输危险化学品的,应当遵守法律、行政法规以及国务院交通运输主管部门关于危险货物水路运输安全的规定即可。

(5)海事管理机构责任

海事管理机构应当根据危险化学品的种类和危险特性,确定船舶运输危险化学品的相关安全运输条件。

拟交付船舶运输的化学品的相关安全运输条件不明确的,货物所有人或者代理人应当委托相关技术机构进行评估,明确相关安全运输条件并经海事管理机构确认后,方可交付船舶运输。

(6)内河运输安全规定

①禁止通过内河封闭水域运输剧毒化学品以及国家规定禁止通过内河运输的其他危险化学品。除此之外的内河水域,禁止运输国家规定禁止通过内河运输的剧毒化学品以及其他危险化学品。国务院交通运输主管部门应当根据危险化学品的危险特性,对允许通过内河运输

的危险化学品实行分类管理,对各类危险化学品的运输方式、包装规范和安全防护措施等分别作出规定并监督实施。

②水路运输企业必须具备危险货物水路运输许可资格和专用运输船舶,不允许用普通运输船送危险货物。通过内河运输危险化学品,应当由依法取得危险货物水路运输许可的水路运输企业承运,其他单位和个人不得承运。托运人应当委托依法取得危险货物水路运输许可的水路运输企业承运,不得委托其他单位和个人承运。

通过内河运输危险化学品,应当使用依法取得危险货物适装证书的运输船舶。水路运输企业应当针对所运输的危险化学品的危险特性,制定运输船舶危险化学品事故应急救援预案,并为运输船舶配备充足、有效的应急救援器材和设备。

通过内河运输危险化学品的船舶,其所有人或者经营人应当取得船舶污染损害责任保险证书或者财务担保证明。船舶污染损害责任保险证书或者财务担保证明的副本应当随船携带。此外,通过内河运输危险化学品,危险化学品包装物的材质、型式、强度以及包装方法应当符合水路运输危险化学品包装规范的要求。国务院交通运输主管部门对单船运输的危险化学品数量有限制性规定的,承运人应当按照规定安排运输数量。

③危险化学品运输作业的内河码头及泊位安全规定。用于危险化学品运输作业的内河码头、泊位应当符合国家有关安全规范,与饮用水取水口保持国家规定的距离。有关管理单位应当制定码头、泊位危险化学品事故应急预案,并为码头、泊位配备充足、有效的应急救援器材和设备。

用于危险化学品运输作业的内河码头、泊位,经交通运输主管部门按照国家有关规定验收合格后方可投入使用。

④事先报告规定。船舶载运危险化学品进出内河港口,应当将危险化学品的名称、危险特性、包装以及进出港时间等事项,事先报告海事管理机构。海事管理机构接到报告后,应当在国务院交通运输主管部门规定的时间内作出是否同意的决定,通知报告人,同时通报港口行政管理部门。定船舶、定航线、定货种的船舶可以定期报告。

在内河港口内进行危险化学品的装卸、过驳作业,应当将危险化学品的名称、危险特性、包装和作业的时间、地点等事项报告港口行政管理部门。港口行政管理部门接到报告后,应当在国务院交通运输主管部门规定的时间内作出是否同意的决定,通知报告人,同时通报海事管理机构。

载运危险化学品的船舶在内河航行,通过过船建筑物的,应当提前向交通运输主管部门申报,并接受交通运输主管部门的管理。

⑤专用警示规定。载运危险化学品的船舶在内河航行、装卸或者停泊,应当悬挂专用的警示标志,按照规定显示专用信号。

载运危险化学品的船舶在内河航行,按照国务院交通运输主管部门的规定需要引航的,应当申请引航。

此外载运危险化学品的船舶在内河航行,应当遵守法律、行政法规和国家其他有关饮用水水源保护的规定。内河航道发展规划应当与依法经批准的饮用水水源保护区划定方案相协调。

(7)运输技术交底及协调要求

托运危险化学品的,托运人应当向承运人说明所托运的危险化学品的种类、数量、危险特性以及发生危险情况的应急处置措施,并按照国家有关规定对所托运的危险化学品妥善包装,在外包装上设置相应的标志。

运输危险化学品需要添加抑制剂或者稳定剂的,托运人应当添加,并将有关情况告知承运人。

(8)法律对于夹带、匿报和谎报的特别规定

托运人不得在托运的普通货物中夹带危险化学品,不得将危险化学品匿报或者谎报为普通货物托运。

任何单位和个人不得交寄危险化学品或者在邮件、快件内夹带危险化学品,不得将危险化学品匿报或者谎报为普通物品交寄。邮政企业、快递企业不得收寄危险化学品。为安全考虑,法律授权交通运输主管部门、邮政管理部门可以依法开拆查验。

此外。通过铁路、航空运输危险化学品的安全管理,依照有关铁路、航空运输的法律、行政法规、规章的规定执行。

第三节 《铁路危险货物运输安全监督管理规定》

近年来,党中央对安全生产工作作出一系列重大决策部署,立足新发展阶段,贯彻新发展理念,构建新发展格局,推动高质量发展,加快建设交通强国,统筹发展和安全,对铁路危险货物运输安全提出了新的更高要求。《安全生产法》《反恐怖主义法》《生产安全事故应急条例》等有关法律法规陆续颁布实施,铁路危险货物运输实践中也出现了一些新情况,亟须对规章进行全面修订。为贯彻落实党中央、国务院决策部署和法律法规规定,完整、准确、全面贯彻新发展理念,服务构建新发展格局,推动铁路高质量发展,解决货物运输实践中存在的一些突出问题,国家铁路局修订了《铁路危险货物运输安全监督管理规定》(以下简称《规定》)。新规章的颁布实施,将进一步完善铁路危险货物运输管理,强化危险货物运输安全监督管理,夯实铁路危险货物运输安全的法治保障。

一、修订的主要内容

(一)进一步明晰了危险货物范围

1. 在现行《规定》关于危险货物定义的基础上,明确危险货物原则上以《铁路危险货物品名表》为标准进行认定,同时进一步明确,对虽未列入《铁路危险货物品名表》但依据有关法规、国家标准确定为危险货物的,也需要按照《规定》办理运输,既便于实践操作,又全面强化对危险货物运输的安全监管。

2. 结合铁路装备技术发展、疫情防控应急等危险货物运输需求,在附则中明确了在符合安全技术条件下的特殊情形监管要求,做到原则要求和特殊需求相统一。

(二)进一步强化了危险货物运输全链条管理

此次修订,从危险货物托运、查验、包装、装卸、运输过程监控、应急管理等各环节,全面强化了对危险货物运输的安全管理要求。

1. 增加了对托运人在危险货物的保护措施、信息告知、运单填报、应急联系等方面的要求,强化危险货物运输源头管理。

2. 增加了铁路运输企业与相关单位签订危险货物运输安全协议的要求,切实明确各方职责,保证运输安全。

3. 根据《反恐怖主义法》,增加了对危险货物运输工具定位监控和信息化管理要求,做到危险货物运输全程可监控、可追溯。

4. 完善培训有关规定,在培训大纲、培训课程及教材、培训档案等方面强化了对运输单位的要求,同时明确了从业人员应当具备相关安全知识等要求。

5. 增加试运制度,对尚未明确安全运输条件的新品名、新包装等类别的危险货物,要求铁路运输企业组织相关单位进行试运,切实防范运输风险、保障运输安全。

6. 根据《安全生产法》,增加了危险货物运输安全隐患排查治理有关要求。

7. 加强危险货物运输应急管理,增加了应急预案及演练、应急处置等要求。

(三)进一步加大了对监管执法的保障力度

此次修订,全面落实党中央关于依法治国、依法行政的决策部署,推进信用监管,实施依法监管,提高铁路危险货物运输安全监管法治化、制度化、规范化水平。对铁路运输单位相关违法行为,由铁路监管部门记入违法行为信息库,并将行政处罚信息纳入信用平台和企业信用信息公示系统。同时,增加"法律责任"一章,对有关违法行为,在规章权限内增加了行政处罚措施。

二、主要内容

(一)强化运输源头安全管理

针对非法托运危险货物问题,《规定》建立了托运人在危险货物确定品类、防护措施、专门办理站点、提交证明材料、运单填报、应急联系等方面制度,明确托运人应当准确确定危险货物品类,对需采取特殊防护措施的危险货物采取相应措施,在公布的危险货物办理站办理托运手续,托运危险废物、放射性物质时应向铁路运输企业提交相应证明材料,运单应当载明危险货物的托运人、收货人、货物名称等信息,在危险货物运输期间保持应急联系电话畅通。

1. 托运人应当按照《铁路危险货物品名表》确定危险货物的类别、项别、品名、铁危编号、包装等,遵守相关特殊规定要求。需采取添加抑制剂或者稳定剂等特殊措施的危险货物,托运人应当采取相应措施,保证货物在运输过程中稳定,并将有关情况告知铁路运输企业。

2. 托运人应当在铁路运输企业公布办理相应品名的危险货物办理站办理危险货物托运手续。托运时,应当向铁路运输企业如实说明所托运危险货物的品名、数量(重量)、危险特性以及发生危险情况时的应急处置措施等。对国家规定实行许可管理、需凭证运输或者采取特殊措施的危险货物,托运人应当向铁路运输企业如实提交相关证明。不得将危险货物匿报或者谎报品名进行托运;不得在托运的普通货物中夹带危险货物,或者在危险货物中夹带禁止配装的货物。

3. 托运人托运危险化学品的,还应当提交与托运的危险化学品相符的安全技术说明书,并在货物运输包装上粘贴或者涂打安全标签。托运危险废物的,应当主动向铁路运输企业告知托运的货物属于危险废物。运输时,还应当提交生态环境主管部门发放的电子或者纸质形式的危险废物转移联单。

危险货物的运单应当载明危险货物的托运人、收货人,发送运输企业及发送站、装车场所,到达运输企业及到达站、卸车场所,货物名称、铁危编号、包装、装载数量(重量)、车种车号、箱型箱号,应急联系人及联系电话等信息。运输单位应当妥善保存危险货物运单,保存期限不得少于 24 个月。

（二）强化承运环节安全管理

针对违规承运危险货物问题，《规定》建立了安全查验、违规托运告知、签订安全协议等制度，明确铁路运输企业应当对托运人身份和证明材料等进行查验和收存，告知托运人违规托运的法律责任等有关注意事项，与相关单位签订危险货物运输安全协议。

1. 铁路运输企业应当实行安全查验制度。对托运人身份进行查验，对承运的货物进行安全检查。不得在非危险货物办理站办理危险货物承运手续，不得承运未接受安全检查的货物，不得承运不符合安全规定、可能危害铁路运输安全的货物。有下列情形之一的，铁路运输企业应当查验托运人提供的相关证明材料，并留存不少于 24 个月：

（1）国家对生产、经营、储存、使用等实行许可管理的危险货物。

（2）国家规定需要凭证运输的危险货物。

（3）需要添加抑制剂、稳定剂和采取其他特殊措施方可运输的危险货物。

（4）运输包装、容器列入国家生产许可证制度的工业产品目录的危险货物。

（5）法律、行政法规及国家规定的其他情形。

铁路运输企业应当告知托运人有关注意事项，并在网上受理页面、营业场所或者运输有关单据上明示违规托运的法律责任。

2. 运输单位应当建立托运人身份和运输货物登记制度。如实记录托运经办人身份信息和运输的危险货物品名及铁危编号、装载数量（重量）、发到站、作业地点、装运方式、车（箱）号、托运人、收货人、押运人等信息，并采取必要的安全防范措施，防止危险货物丢失或者被盗；发现爆炸品、易制爆危险化学品、剧毒化学品丢失或者被盗、被抢的，应当立即采取相应的警示措施和安全措施，按照《民用爆炸物品安全管理条例》《危险化学品安全管理条例》等国家有关规定及时报告。

3. 运输放射性物品的规定。运输放射性物品时，托运人应当持有生产、销售、使用或者处置放射性物品的有效证明，配置必要的辐射监测设备、防护用品和防盗、防破坏设备。运输的放射性物品及其运输容器、运输车辆、辐射监测、安全保卫、应急响应、装卸作业、押运、职业卫生、人员培训、审查批准等应当符合《放射性物品运输安全管理条例》《放射性物品安全运输规程》等法律、行政法规和有关标准的要求。托运时，托运人应当向铁路运输企业提交运输说明书、辐射监测报告、核与辐射事故应急响应指南、装卸作业方法、安全防护指南，铁路运输企业应当查验、收存。托运人提交文件不齐全的，铁路运输企业不得承运。托运人应当在运输中采取有效的辐射防护和安全保卫措施，对运输中的核与辐射安全负责。

4. 铁路运输危险货物的储存方式、方法以及储存数量、隔离等应当符合规定。专用仓库、专用场地等应当由专人负责管理。运输单位应当按照《安全生产法》《危险化学品安全管理条例》及国家其他有关规定建立重大危险源管理制度。剧毒化学品以及储存数量构成重大危险源的其他危险货物，应当单独存放，并实行双人收发、双人保管制度。

5. 危险货物运输装载加固以及使用的铁路车辆、集装箱、其他容器、集装化用具、装载加固材料或者装置等应当符合有关标准和安全技术规范的要求。不得使用技术状态不良、未按规定检修（验）或者达到报废年限的设施设备，禁止超设计范围装运危险货物。货物装车（箱）不得超载、偏载、偏重、集重。货物性质相抵触、消防方法不同、易造成污染的货物不得装载在同一铁路车辆、集装箱内。禁止将危险货物与普通货物在同一铁路车辆、集装箱内混装运输。

6. 危险货物装卸作业要求。应当遵守安全作业标准、规程和制度，并在装卸管理人员的现场指挥或者监控下进行。

7. 押运人员和应急处理器材、设备和防护用品相关规定。运输危险货物时,托运人应当配备必要的押运人员和应急处理器材、设备和防护用品,并使危险货物始终处于押运人员监管之下。托运人应当负责对押运人员的培训教育。押运人员应当了解所押运货物的特性,熟悉应急处置措施,携带所需安全防护、消防、通信、检测、维护等工具。

铁路运输企业应当告知托运人有关铁路运输安全规定,检查押运人员、备品、设施及押运工作情况,并为押运人员提供必要的工作、生活条件。押运人员应当遵守铁路运输安全规定,检查押运的货物及其装载加固状态,按操作规程使用押运备品和设施。在途中发现异常情况时,及时采取可靠的应急处置措施,并向铁路运输企业报告。

案例点击

20××年×月×日,A站承运到B站集装箱一个,箱号为TBJU5198717,托运人为××货运服务有限公司,票记品名为磷矿粉。货物到卸后,发现实际品名为"剧毒品克百威"(铁危编号61133)。经查,该箱为门到门运输,站外施封,托运人"××货运服务有限公司"为货运代办公司。

原因分析:

1. 为降低成本,货运代办公司故意捏报货物品名。

2. 车站防捏报措施重点不突出,落实不到位。车站对集装箱货物虽然按规定比例进行了抽查,但对容易发生捏报品名的货运代办公司托运的货物未作为重点抽查对象。

3. 计划受理等相关岗位货运员对不常运输的货物品名敏感性不强,未进一步核实货物来源。

(三)强化危险货物运输从业人员教育培训

针对铁路危险货物运输安全培训不规范、从业人员专业水平不高等问题,《规定》完善了铁路危险货物运输安全培训有关规定,强化了对运输单位的要求,明确了对押运人员的培训教育和从业人员应具备的相关安全知识等要求。《规定》第三十一条规定,运输单位应当对本单位危险货物运输从业人员进行经常性安全、法治教育和岗位技术培训,经考核合格后方可上岗。开展危险货物运输岗位技术培训应当制定培训大纲,设置培训课程,明确培训具体内容、学时和考试要求并及时修订和更新。危险货物运输培训课程及教材、资料应当符合国家法律、行政法规、规章和有关标准的规定。运输单位应当建立安全生产教育和培训档案,如实记录安全生产教育和培训的时间、内容、参加人员以及考核结果等情况,安全生产教育和培训记录应当保存36个月以上。同时,第三十二条规定,危险货物运输从业人员应当具备必要的安全知识,熟悉有关的安全规章制度和安全操作规程,掌握本岗位的安全操作技能,知悉自身在安全方面的权利和义务,掌握所运输危险货物的危险特性及其运输工具、包装物、容器的使用要求和出现危险情况时的应急处置方法。

(四)强化试运安全保障

《规定》坚持统筹发展和安全,支持开展新品名、新包装等类别危险货物铁路试运,明确规定商定安全运输条件、签订安全协议、试运方案符合国家有关规定并报铁路监督管理机构等方面的安全义务,为危险货物新产品试运提供安全保障。

(五)加强危险性信息管理

《规定》严格落实《危险化学品安全管理条例》和联合国《全球化学品统一分类和标签制度》(GHS)"一书一签"有关规定,建立铁路运输危险化学品托运人需提交安全技术说明书和安全标签的"一书一签"制度,及时准确提供化学品危险性信息,强化铁路运输危险化学品安全风险管控。

(六)强化运输过程安全管理

针对运输危险货物的铁路车辆在途管理等问题,《规定》落实《反恐怖主义法》有关要求,建立危险货物铁路运输工具定位监控制度,明确铁路运输企业应当通过定位系统对运营中的危险货物运输工具实行监控,对危险货物运输全程跟踪和实时查询。

(七)严格落实安全管理双重预防机制

《规定》严格落实《安全生产法》安全管理双重预防机制有关要求,明确运输单位应当建立健全铁路危险货物运输安全风险分级管控和隐患排查治理双重预防机制,健全风险防范化解机制,提高安全管理水平,确保铁路危险货物运输安全。

(八)强化应急管理

针对铁路危险货物运输事故应急预案不完善、应急演练针对性不强等问题,《规定》加强了对危险货物铁路运输应急管理要求,增加了运输单位在应急预案评审和应急演练等方面的要求;明确押运人员在异常情况时,按照应急预案开展先期处置;明确国家有关部门对危险货物铁路运输实施管制的,运输企业应当予以配合。

三、修订意义

(一)体现以人民为中心,服务经济社会发展

危险货物种类繁多,用途广泛,是工业、农业、医药、能源、服装、日化等行业的基础原料,与广大人民群众的生活息息相关。铁路安全高效运输危险货物,是降低社会物流成本、有效保障和改善民生的重要支撑。铁路危险货物运输管理既要坚持"安全第一"、把安全放在首要位置,同时要体现以人民为中心的发展思想,实现便民利企。

(二)服务保障国家安全和公共利益需要

《规定》深入贯彻以人民为中心的发展思想,坚持人民至上、生命至上,明确在紧急情况下,为保障国家安全和公共利益的需要,国家铁路局公布应急运输的危险货物,可不受《规定》有关限制,为紧急情况下酒精消毒液等疫情防控、应急救援等物资提供铁路运输保障,坚决守护人民群众的获得感、幸福感、安全感。

(三)从规章层面为危险货物新产品铁路运输提供了支撑

随着综合交通运输体系发展,社会物流需求不断增加,越来越多的产品对铁路运输提出了需求,特别是化工行业新产品不断出现,其中属于危险货物的,需明确铁路运输条件,保障铁路运输安全。为此,《规定》服务构建以国内大循环为主体、国内国际双循环相互促进的新发展格局,坚持统筹发展和安全,聚焦企业反映突出的危险货物新产品铁路运输需求,在总结铁路行业试运新品名、新包装等危险货物运输相关经验基础上,明确了新品名、新包装等类别危险货物铁路试运规则、程序和要求,为企业通过铁路运输新品名、新包装危险货物创造了便利,满足

人民群众生产生活对危险货物的需要。

（四）明确危险货物运输条件促进多式联运发展

《规定》在总结铁路危险货物运输相关经验基础上，积极借鉴国际国内有关经验，对包装、数量、危险物质含量等符合要求的危险货物，如含锂电池的消费类电子产品、含碘小于50%的碘酒、医药用的四氯乙烯等，《规定》明确在满足一定条件的情况下不作为危险货物运输，促进便民利企，为助力新能源产业等国家战略实施、降低社会物流成本、推动高质量发展提供有力支撑。《规定》参照联合国《关于危险货物运输的建议书规章范本》和铁路合作组织《危险货物运送规则》，对属于运输装备的组成部分、用于监测所运货物的设备等，明确不属于铁路危险货物，促进新装备、新技术运用；进一步完善与其他运输方式一致的危险货物的分类、品名、编号、标签等要求，为加快建设交通强国、促进危险货物多式联运及国际铁路联运发展起到积极推动作用。

复习思考题

1. 危险化学品安全管理应当坚持什么方针？
2. 简述危化品安全监管部际协调机制。
3. 危险化学品生产装置和储存设施的选址有哪些规定？
4. 简述危化品运输存在的主要风险。
5. 简述保证危化品安全运输的各项规定。
6. 简述《铁路危险货物运输安全监督管理规定》的主要内容。
7.《铁路危险货物运输安全监督管理规定》修订意义是什么？

参 考 文 献

[1]赵晓光,田根哲,陈兰华.铁路交通事故应急救援和调查处理条例释义[M].北京:中国铁道出版社,2007.

[2]中华人民共和国国务院.铁路交通事故应急救援和调查处理条例[M].北京:中国铁道出版社,2007.

[3]中华人民共和国铁道部.铁路交通事故调查处理规则[M].北京:中国铁道出版社,2007.

[4]方忠炳.法律基础教程[M].北京:中国检察出版社,2002.

[5]中国铁路总公司劳动和卫生部,中国铁路总公司安全监督管理局.铁路劳动安全[M].北京:中国铁道出版社,2013.